守正

专注科技创新投资

孙次锁 ◎ 著

《守正：专注科技创新投资》是一本针对科技创新行业风险投资的工具书。

本书分为行业投资特性、科技行业投资的关键点、风险投资新实践和未来重点行业的投资机会四个部分，结合作者多年投资实践经验，从科技创新成果产业化一般规律的角度，介绍了投资人如何才能找到更多的优质科技创新项目，提出了"募、投、服、管、退"五个关键环节，以实现项目成长和投资收益，从而获得投资人与创业者共赢的局面。

图书在版编目（CIP）数据

守正：专注科技创新投资 / 孙次锁著. —北京：机械工业出版社，2022.10
ISBN 978-7-111-71492-7

Ⅰ. ①守… Ⅱ. ①孙… Ⅲ. ①高技术企业 – 风险投资 – 研究 Ⅳ. ①F276.44

中国版本图书馆 CIP 数据核字（2022）第 156432 号

机械工业出版社（北京市百万庄大街22号　邮政编码100037）
策划编辑：李　浩　　　责任编辑：李　浩　侯振锋
责任校对：张亚楠　李　婷　责任印制：李　昂
北京联兴盛业印刷股份有限公司印刷
2022年10月第1版·第1次印刷
145mm×210mm·11.25 印张·3 插页·240 千字
标准书号：ISBN 978-7-111-71492-7
定价：88.00 元

电话服务　　　　　　　　　网络服务
客服电话：010-88361066　　机　工　官　网：www.cmpbook.com
　　　　　010-88379833　　机　工　官　博：weibo.com/cmp1952
　　　　　010-68326294　　金　书　网：www.golden-book.com
封底无防伪标均为盗版　　　机工教育服务网：www.cmpedu.com

推荐序

"科技兴则民族兴,科技强则国家强。"改革开放的 40 多年,是我国科技进步和科技创新不断取得重大成果的 40 多年。历经几十年的跨越式发展,科技创新已跃居国家发展全局的核心位置,我们迎来了科技创新的大时代。中关村是中国科技体制改革开放的试验田,是中国战略新兴产业和新经济发展的策源地,它起于技术创新、成于金融创新,几十年来形成的高效创新创业服务体系和生态系统,不仅为创新创业者提供了施展才能的广阔舞台,也为各类社会资本提供了深厚的增值沃土。

《守正:专注科技创新投资》(以下简称《守正》)的作者从科研开始参与科技创新工作,牵头完成了我国铁路自动检票机原理样机的研发工作,并负责完成了中国铁路系统第一批补票机的大批量销售,完整地参与了多项铁路系统自主研发科技成果的研究、转化和产业化过程,同时也是一位科技成果转化企业的创业者,熟悉科技创新投资规律和科技企业成长发展规律。十多年来,他参加和主持了兆易创新、钢研纳克、精进电动等一批优质硬科技项目的早期投资和服务,并在投资过程中提炼出了书中提到的科技创新投资"三把尺子"的标准。他在中芯国际的工作中,深度参与和见证了半导体产业的发展,掌握了半导体产业链的系统知识。他主导创建了中关村协同创新基金,累计管理了包含母基金和直投基金在内的十几只基金，积累了大量实践经验和案例，总结形成了"四种能力"和"五步实践"的经验和心得，成为《守正》的核心内容。该书是作者多年科技创业投资工作实践和思考的总结。

期待《守正》这本书可以让政、产、学、研、用、金、介、媒等科技创新相关从业人士有所收获和启发：帮助政府部门更高效、更精准地服务科技成果转化；启发产业界更好地进行产业升级和选择并购标的；指导科学家和创业者们提高创业的成功率；促进科研机构更多地以市场需求引导科研工作；助力金融机构发掘优质科技项目；帮助中介机构了解科技企业成功规律以提升服务质量；帮助媒体更多地掌握科技发展趋势以准确宣传。

中关村是科技创新创业者梦想成真的地方，希望《守正》这本书能让更多人了解科技创新股权投资的相关知识，了解中关村这片神奇的土地，并参与到服务科技创新的事业中来，打造共同服务科技创新的新生态，帮助更多科技创业者实现梦想，共同开启中国创新发展的新纪元，为实现中华民族伟大复兴的中国梦贡献一份力量。

中关村发展集团总经理

宣鸿

前　言

持之以恒，做难而正确的事，这是我多年从事科技创新投资工作所坚守的信念。

在当今的投资市场上，很多投资人的投资行为准则是追着热点跑——移动互联网火热的时候就投资移动互联网，模式创新受追捧的时候就投资模式创新，共享经济热闹的时候就投资共享经济，这两年的半导体投资也受到了投资人的竞相追逐。我不主张这种"追风口"的投资行为。虽然投资人可以适时调整投资方向和策略，但绝不能一窝蜂地扑向风口，"追风口"的投资就是投机。事实上，每位投资人的认知不同，所擅长的领域也各有不同。投资赚的就是认知的钱，没有掌握行业规律而盲目追风，随风口而动，这是一种很危险的行为，不但投资的钱可能打水漂，也会造成社会资源的极大浪费。

人间正道是沧桑，投资市场千变万化，但科技创新投资的坚守笃行才是正道。抵住风口的诱惑，做自己擅长的事情，持之以恒，坚定不移，才能行稳致远。

思考和理解明代哲学家王阳明"致良知"的心学主旨，也启发了我的投资哲学。其中的"知"既是价值观，也是方法论。在投资实践中只有坚守正道、知行合一，才能实现"致良知"。本书的内容主要是围绕科技创新的投资规律来展开的，从价值观到方法论，再到新实践。树立正确的投资价值观和掌握正确的投资方法论是两条核心的内容线。

衷心希望本书的一些内容可以让硬科技投资人、创业者以及从事科创服务的政府及企事业单位工作者有所启发和收获。

本书结合我多年投资实践经验，从科技创新成果产业化的一般规律角度，分享了投资人如何才能找到更多的优质科技项目，并以合理交易结构投资项目，以及如何通过投后服务和管理，实现项目成长和投资收益，从而获得投资人与创业者共赢的局面。

对于创业团队，尤其是科技创新项目的创始人及团队来说，可以通过了解投资人的偏好，学习被投科创企业的共性特点，努力以此为标尺，不断提升创业水平，从而获得投资人青睐，为项目最终走向成功获得助益。

从事科创服务的政府及企事业单位工作者，则可以通过对科技创新成果产业化一般规律的了解，更多地从投资人视角审视、分析和研究科创项目，发现更多的优质创业项目，在政策措施上重点支持成功概率较高的企业，提高招商引资的成功率，实现所在地区经济的高质量发展。

本书的投资方法论和新实践主要侧重于早中期的科技创新项目，具有一定的时间局限性，并且仅是个人观点，希望读者以包容和开放的心态阅读，切勿盲目照搬和刻舟求剑。

在本书的写作过程中，我得到了孙奇茹、张嘉芮、韩娜、张一、黄岩、韩勤、白银冰、吴晨静、杨辰等朋友和同事的帮助和支持，心怀感念，在此一并致谢！

最后，感谢中关村发展集团各级领导和同事的支持和帮助！

目 录

推荐序
前　言

第一篇　风险投资新主流

第一章　科技创新：人类进步的引擎 / 002
第一节　难以复制和模仿的硬科技 / 004
第二节　破解"李约瑟难题" / 006
第三节　"大变局"加速科技创新 / 011
第四节　捕鲸业与古典风投 / 013
第五节　硅谷沙丘路与现代风投 / 017
第六节　新风向和主旋律 / 023

第二篇　科技投资的"庖丁解牛"

第二章　技术偏好型的善意投资人 / 028
第一节　偏爱"人无我有" / 028
第二节　善良比才华更重要 / 034
第三节　善于长跑的"耐心资本" / 037
第四节　放低心态，做好"副驾驶" / 044

第三章　时势造英雄，求是炼真金 / 047
第一节　选择比努力更重要 / 047
第二节　求是与第一性原理 / 052

第四章　团队、市场和技术：三把尺子测未来 / 056

第一节　投资人心中的完美创始人 / 057

第二节　从科学家到企业家的多道坎 / 061

第三节　团队，团队，还是团队 / 064

第四节　如何与创业者打交道 / 071

第五节　股权结构与利益分配 / 072

第六节　刚需：判断伪需求与真需求 / 077

第七节　市场容量的逻辑与计算 / 080

第八节　为什么不投"小老头" / 081

第九节　知己知彼，百战不殆 / 084

第十节　准确把握科技发展的趋势 / 085

第十一节　领先就是机会 / 087

第十二节　产权清晰是根本，持续研发是关键 / 090

第十三节　标准化才能规模化 / 092

第十四节　"三把尺子"与双向多米诺骨牌 / 092

第十五节　技术经理人：成果转化的黏合剂 / 094

第五章　四种核心能力铸后盾 / 096

第一节　挖掘优质项目的能力 / 097

第二节　快速判断项目的能力 / 102

第三节　优化交易结构的能力 / 109

第四节　整合资源提供增值服务的能力 / 123

第三篇 风险投资新实践

第六章 募：募资之道，解决有限合伙人的问题 / 132
第一节 有限合伙制基金与设立流程 / 132
第二节 常见有限合伙人的特点与需求 / 139
第三节 基金募集难点——众口难调 / 153

第七章 投："本垒打"的投资秘籍 / 163
第一节 初识股权投资 / 163
第二节 投资流程的规范化和体系化 / 167
第三节 投资团队的激励与约束 / 169
第四节 在尽调中分辨"瑕疵"与"硬伤" / 173
第五节 谈判技巧："秀肌肉"和求共鸣同样重要 / 190

第八章 服：五链融合的万能"插座" / 194
第一节 不同投后服务模式的特点 / 195
第二节 五链融合服务生态 / 197

第九章 管：动态管理风险坍塌点 / 203
第一节 投后管理的常见工作 / 203
第二节 识别风险坍塌点，预防雪崩 / 204

第十章 退：玉汝于成，功成而退 / 209
第一节 退与投的密切关系 / 209
第二节 资本市场：投资人最青睐的退出方式 / 210
第三节 其他退出方式 / 230

第四篇 "兵家"必争之地

第十一章　半导体：工业粮食 / 236
第一节　半导体产业概览 / 236
第二节　IC 设计 / 239
第三节　半导体制造 / 259
第四节　半导体封测 / 273

第十二章　医疗健康：长寿之路 / 277
第一节　医疗健康产业概览 / 277
第二节　药品 / 281
第三节　医疗器械 / 297
第四节　医疗服务 / 304

第十三章　新能源汽车：移动之家 / 306
第一节　新能源汽车的发展 / 306
第二节　纯电动汽车 / 310
第三节　燃料电动汽车 / 325
第四节　智能网联汽车 / 330

后记　未来可期 / 341

PART ONE

创新一直是人类发展和进步的重要途径，科技创新则为各国带来了蓬勃发展和竞争优势。科技创新将是中国构建新发展格局、实现高质量发展的必由之路，而硬科技也将成为科技创新的制高点。经过 30 多年的发展，风险投资为我国高科技、高成长企业以及实体经济发展带来了极大的资本助力，涌现出了一大批独角兽级的科技创新型企业。投资科技创新企业逐渐成为风险投资的新主流。

第一篇
风险投资新主流

第一章 科技创新：人类进步的引擎

科学与技术，人们通常将其统称为科学技术，简称为科技。两者既有密切联系，又有重要区别，科学与技术是辩证统一体。科学解决理论问题，更关注基础研究，是技术的理论指导，为技术的发展提供基础和支撑。技术解决实际问题，更关注应用研究，也会反过来推动科学发展。科学要解决的问题是发现自然界中确凿的事实与现象之间的关系，并建立理论把事实与现象联系起来，其反映的是现实世界各种事实之间本质性的规律及知识体系。技术的任务则是把科学的成果应用到实际问题中去，通常体现为根据自然科学原理和生产实践经验而发展、衍生出的各种工艺操作方法与技能。

科技在人类文明进程中起着独一无二的推动作用。纵观历史，人类社会就是在一次次科技革命与产业革命中不断向前发展的。每一轮的科技革命和产业革命都会重构全球创新版图和全球经济结构，甚至重构世界政治格局。

科技革命是对科学技术进行全面的、根本性变革。全球近代历史上发生过三次重大的科技革命。

第一次科技革命,时间是18世纪60年代到19世纪中期,以蒸汽机的发明和使用为主要标志。

第二次科技革命,时间是19世纪中期至20世纪初,以电力的发明和广泛应用为主要标志。

第三次科技革命,时间是20世纪四五十年代至今,以原子能、电子计算机、空间技术和生物工程的发明和应用为主要标志。

与科技革命相伴而来的是产业革命。18世纪以来,科技革命尤其是技术革命一直是产业革命的先导,而产业革命则是技术革命的结果。

与二次科技革命相对应,随之很快发生了三次产业革命。第一次产业革命是机械化革命,主导产业包括纺织、煤和铁、机械、蒸汽机和铁路等。第二次产业革命是电气化革命,主导产业包括电力、石化、钢铁、汽车和家电等。有学者认为,第三次产业革命可以分为两个阶段。第一阶段是电子和自动化阶段,关键技术有电子、自动控制、激光、材料、航天和原子能等技术,主导产业包括电子工业、计算机、原子能、航天和自动化产业等。第二阶段是信息化和智能化阶段,关键技术有信息、云计算、量子通信、智能和绿色等技术,主导产业包括信息产业、电子商务、物联网、无线网、大数据、智能制造、先进材料、智能机器人、智慧城市、绿色能源和生物产业等(见图1-1)。

吴军在《全球科技通史》一书中提出,无论从空间维度还是时间维度上,科技在文明发展与进步中的作用都是独一无二的。在产业革命之前,无论是东方还是西方人均GDP都没有本质的变化。但产业革命发生后,人均GDP就突飞猛进,在欧洲,200年间增加了50倍;而在中国,短短40年就增加了150多倍。

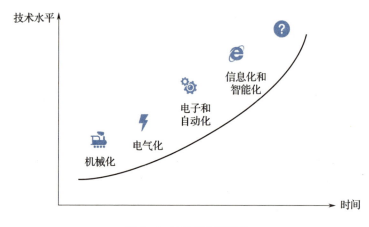

图 1-1 产业革命的进程

进入 21 世纪以来，全球科技创新进入空前密集活跃的时期。长期以来，创新一直是人类发展和进步的重要途径，也是人们应对各种竞争与挑战的最有力工具和方法。21 世纪，**只有科技创新，即通过科技创造新价值，才能为各国带来蓬勃发展和竞争优势。**

第一节　难以复制和模仿的硬科技

硬科技是指对人类经济社会产生深远而广泛影响的革命性技术，其底层是由科学研究支撑的，具有较高的技术门槛和技术壁垒，难以被复制和模仿。硬科技是一个动态发展的概念。以进入 21 世纪以来的科技发展为例，硬科技简单来说就是以半导体、生物技术、航空航天、光电芯片、新材料、新能源、人工智能、智能制造等为代表的高精尖科技。也有一种较为狭义的硬科技定义，认为硬科技的成果需要以产品的实体体现，技术的应用需要借助于复杂的劳动工具（如机器、装置等）。

下面再来谈谈硬科技与高科技、软科技以及黑科技的区别。

高科技是相对于常规技术和传统技术而言的，是科学、技术、工程最前沿的新技术群，通常已经形成一定的科学、技术、生产一体化的生产体系，并且在市场上已经开始得到推广，比如光纤通信、光通信器件等。

硬科技是以自主研发为主，需要长期研发投入、持续积累形成的高精尖原创技术。在科技创新体系中，硬科技是比高科技更核心、更高精尖的原创性技术，被视为"比高科技还要高的技术"。区别于由互联网模式创新构成的虚拟世界，硬科技更多属于由科技创新构成的物理世界。当硬科技发展到了一定拐点，它的爆发力很强，有望成为未来创新发展的新引擎与发力点。

软科技一般是指以互联网等为载体的商业模式创新。过去30年，中国在"ToC""ToB""ToG"领域成就了阿里巴巴、腾讯、字节跳动、美团等大批国际化的中国式软科技巨头。可以说，我国现存的科技巨头大多数属于软科技范畴，虽然目前在众多领域实现了国际性的影响力，但也暴露出了缺乏硬科技支撑等"无根之木"的问题。

中国工程院院士、华中科技大学原校长李培根提出，切莫认为大数据、人工智能、工业软件等数字技术是与"硬科技"对立的"软科技"。数字技术其实是硬科技中的一部分，它看起来是"软形式"，表现出的却是"硬能力"。

黑科技是指具有隐藏性、突破性、开拓性和颠覆性，超越现有科技水平的创新高科技或产品，包含新硬件、新软件、新技术、新工艺、新材料等。

以近年来大众逐渐熟悉的航空航天领域来看，实现飞行属于科技范畴，四旋翼无人机属于高科技范畴，航天技术、火箭发射与卫星发射技术属于硬科技范畴，而火箭回收发射技术则属于从黑科技逐渐转向高科技范畴。

第二节　破解"李约瑟难题"

硬科技伴随着人类科技创新的发展而发展。

从全球来看，16～18世纪，英国凭借牛顿的经典力学理论与瓦特的蒸汽机发明，成了世界科技中心。之后，西门子发明直流发电机开启了以电气化为特征的第二次产业革命，爱因斯坦提出相对论开创了物理学新时代，德国成为19世纪末20世纪初的头号科技强国。第二次世界大战前后，爱因斯坦移民美国、世界首颗原子弹在美国试爆成功、贝尔实验室的肖克利研究小组成功研制出了晶体管，种种科技进步成果都促使美国取代德国成为世界科技中心并保持至今。

在历史的长河中，成为世界科技强国、科技中心和创新高地的国家具备一些共同特点，那就是拥有一批世界一流的科研机构、研究型大学和创新型企业，涌现出一批世界顶尖水平的科学大师和专业技术人才，能够持续产出重大的、原创的科学思想和科技成果，并引领世界科技发展潮流和方向。

中国是世界上早期人类文明的主要发源地之一，也是世界上使用火，发明弓箭、陶器、农牧业、天文和医药等最早的地区之一。英国学者李约瑟博士在对中国科学技术发展进行研究后发现，在15世纪之前，中国的科学技术发展水平远超西方，除了造纸术、指南针、火药、印刷术这四大发明外，还有很多发明都首创于中国，如机械钟、铸铁技术、瓷器、万向架、马镫马具、独轮车、拱桥等，中国的科学技术曾经令西方望尘莫及。

"为什么近代科学只在欧洲文明中发展，而未在中国文明中成长？"李约瑟在他编纂的《中国科学技术史》中提出疑问。这个疑问被学术界称为"李约瑟难题"，引起国内外学者的广泛关注。

李约瑟提出，重农抑商的官僚体系或许是古代中国没有能够自发产生科技革命的主要原因。国内学者林毅夫则指出，以儒教礼学文化为基础的封建科举制度扭曲了技术创新的激励机制，使得中国在世界近代科技发展的历史长河中一直处于被动和落后的局面。

从18世纪60年代开始，西方国家先后掀起轰轰烈烈的科技革命，经济社会飞速发展，而当时的中国仍然沉睡在"天朝上国"的梦幻之中。直到西方列强的坚船利炮轰开国门，中国才开始了以自强和兴国为目的的技术学习，先后经历了洋务运动、维新变法、辛亥革命、新文化运动等制度与文化的改革与尝试，但由于战争连绵、政局混乱以及经济结构不稳定，中国与前两次科技革命失之交臂。

20世纪50年代，中国刚刚从枪炮与战争中站立起来不久，满目疮痍，百废待举，科技尤其如此。当时，国内专门的研究机构一度不超过30家,全国科技人才一度不足5万人。1949年中华人民共和国成立时,制约科技发展的因素有很多,国内资源严重不足,国际环境十分恶劣。尽管如此,1949年10月31日,新中国诞生还不到一个月,毛泽东便亲自颁发了中国科学院铜质印信,标志着新中国科技事业的起点。中国科学院相继成立了各产业研究机构、大学研究机构和地区研究机构,新中国的科技体制开始建立。

这一举措在全国及海外华裔科技人员中引起了强烈反响。新中国科技事业就像一块巨大的磁石,吸引着热切盼望报效祖国的科技人才,一大批新型科技机构迅速建立,长期滞留海外的科技人才争相归航。据中国当代史相关材料记载,中国科学院建立时,侨居国外的科学家大约有5000人,到1956年底,有近2000名科学家回到祖国。到1955年,全国科学技术研究机构已发展为840多家,科学技术人员增加到40多万人。

1956年1月,全国知识分子问题会议召开,会议鲜明地提出:科学是关系到我们的国防、经济和文化各方面的有决定性的因素。在科学技术的巨大和迅速进步面前,我们已经落后,"我们必须急起直追""我们必须赶上世界先进科学水平"。会议向全国人民发出了"向科学进军"的号召。

在国家科学规划委员会的领导下,以中国科学院为基础,集结全国数百名科学家,制定了《1956—1967年科学技术发展远景规划》,拟定了57项重大科学技术任务,为中国的原子能、电子学、半导体、自动化、计算技术、航空和火箭技术等新兴科学技术发展奠定了基础,促进了一系列新兴工业部门的诞生和发展。

此次规划,绘制了新中国第一张科技发展蓝图,也改变了中国被动承受全球科技冲击和接受挑战的状态,开启了积极应对和参与全球科技竞争的新篇章。

1963年,国家制定《1963—1972年科学技术发展规划》,被称为"十年科技规划",安排重点科研项目374项,规划了农业、工业等各方面的最新科学技术的研究和运用。仅几年时间,就取得了"两弹一星"、电子计算机、射电望远镜等一批重要成果。

两次科技长远规划的制定和实施,让中国科学技术事业在现代化道路上迈出了坚实的步伐。这期间,地质学家李四光等人根据"陆相生油"理论,打破了西方学者的"中国贫油"说(1959年);中国首枚探空火箭发射成功(1960年);中国第一颗原子弹和氢弹成功爆炸(1964年和1967年);生物学家们在世界上首次人工合成牛胰岛素(1965年);成功发射"东方红一号"人造卫星(1970年)……大科技时代的中国已经觉醒(见图1-2)。

图1-2 科技创新大事记

在新中国的历史上,自力更生与引进、消化、吸收、创新相辅相成,成了我国工业化、现代化的重要元素。在自力更生的方针下引进吸收,在消化吸收的基础上有所创新,形成了我国工业经济的完整体系或产业链。

在新技术革命的浪潮迅猛发展之际,中国拉开了改革开放的序幕。改革的责任和开放的视野使中国政府和中国有志之士敏锐地觉察到了新技术革命对中国乃至全球的影响。1984年，当时的国家科委发起组织了关于迎接新技术革命与我国对策的大讨论，同年提出关于科技体制改革的方案，中央政府提出"科学技术工作必须面向经济建设，经济建设必须依靠科学技术"的方针。1985年，中共中央出台了《关于科学技术体制改革的决定》。1986年，国家"863"计划正式启动，在此后催生了一大批具有世界先进水平的研究成果，缩小了同世界先进水平的差距。1986年国家科委部署研究课题，开展《中国高新技术开发区研究》，在对世界科技工业园区和国内条件调查分析的基础上，于1987年提出在中国有选择地进行高新技术开发区的建设试点。同期，一批知识分子仿效硅谷经验，大胆开始了科技经济一体化运行的新组织模式探索，中关村电子一条街迅速生成。至此，新技术革命的号角响彻中国。

改革开放初期，我国的科技产业发展主要以引进生产线为主。当时，电视机、冰箱等家电设备都属于科技产品，但中国缺乏设计、研发能力，主要靠"市场换技术"，引入生产线。

在用市场换技术后，中国进入了引进消化吸收再创新的阶段。以高铁为例，从20世纪90年代末开始，中国走出了引进、消化、吸收、再创新的道路，根据国情、路情进行创新，目前中国已经形成了具有自主知识产权、国际先进水平的高铁技术体系。而在汽车产业，如一汽大众、一汽奥迪、华晨宝马、北京现代等也是如此，都是通过国内企业与外资企业合作，进行引进消化吸收再创新。

进入 21 世纪，特别是 2010 年以后，中国终于进入了自主创新阶段。从"两弹一星"到军事强国，从"东方红一号"到"神舟十四号""天宫一号"再到"问天实验舱"，从"银河一号"到"天河一号"再到"神威·太湖之光"，从龙芯系列通用芯片到 5G、AI、类脑芯片全面开花……中国已经取得了一大批自主创新成果。

科学技术从来没有像今天这样深刻地影响着国家的前途命运，也从来没有像今天这样深刻地影响着人们的日常生活。党的十八大明确提出，坚持企业在创新中的主体地位。直到今天，硬科技创新力终于爆发，迎来了发展的黄金时代，"李约瑟难题"迎刃而解，企业在科技创新中的主体地位得到不断强化。

第三节 "大变局"加速科技创新

中美竞争新格局成为中国加速科技创新的"催化剂"。

2018 年 4 月，美国商务部发布公告称，美国政府在未来 7 年内禁止中兴向美国企业购买敏感产品。虽然同年 7 月，在中兴再次缴纳 10 亿美元罚金的条件下，美国商务部取消了禁止供应商与中兴商业往来的禁令，但这场制裁导致中兴损失了 35 亿美元收入，其中 22 亿美元来自未能及时交付产品，这使得中兴直接失去了规模可观的美国市场。

2020 年 5 月 15 日，美国政府又发动对华为的"断芯"制裁，要求芯片制造商必须获得许可，才能生产华为所需的零部件。这让华为不得不断臂求生，卖掉荣耀。同时由于缺芯，其手机业务

2020年第四季度出货量暴跌42%，从全球第一降至第五。

此后，芯片、新材料、高端制造核心设备等一大批企业用户都被惊醒了。一方面"卡脖子"的境地促使国家投入大量资源进入这些行业，给了这些行业内的企业更好的政策和扶持，"集中力量办大事"。另一方面，用户方的企业也对国内新技术和新产品有了前所未有的开放心态。

实际上，基础薄弱的不只是芯片。2018年，《科技日报》总结了我国在信息技术、高端制造、新材料等领域面临的35项"卡脖子"关键技术。除了芯片，操作系统、光刻机、锂电池隔膜、激光雷达、触觉传感器……无不依赖进口，其核心原因在于我国科技力量相对不足。这种不足已经严重制约了产业结构的升级和经济发展。

内部因素来看，从中国自身发展的规律来看，此前借助中国庞大的人口红利和发达国家前三次科技革命技术扩散的红利，我们用了40年的时间将中低端的制造业进行剥离，完成了一次产业革命的起飞和积累。然而，经过几十年的快速增长和发展，技术扩散的红利逐渐触及天花板。中国亟须通过科技创新，发掘经济高质量发展的新动能。

2020年以来，"硬科技"发展呼声渐起，成为下一个发展篇章的新主题。能否抓住第四次科技革命同场竞技的入场券，实现多个科技领域从0到1的突破，在同场竞技中与国际领先水平并驾齐驱并在部分领域实现超越，成为我国迎接国际科技竞争的关键点。

数百年来，从人类经济社会发展的历程来看，科技创新是重要发展引擎，是应对许多全球性挑战的有力武器。而未来，**科技**

创新也将是中国构建新发展格局、实现高质量发展的必由之路，硬科技无疑将成为各国占领科技创新制高点的重要争夺地。

第四节　捕鲸业与古典风投

1999年12月，国务院办公厅转发科技部等部门《关于建立风险投资机制的若干意见》的通知中，对风险投资给出了权威定义：风险投资（又称创业投资）是指向主要属于科技型的高成长性创业企业提供股权资本，并为其提供经营管理和咨询服务，以期在被投资企业发展成熟后，通过股权转让获取中长期资本增值收益的投资行为。建立风险投资机制要创造良好的外部环境和改革制度，培育适应社会主义市场经济规律的，有利于加速技术创新和成果转化的，能将经济部门推进技术进步与金融部门保障支持有机结合的经济运行体系。其主要内容包括：投资主体、投资对象、撤出渠道、中介服务机构、监管系统等。

作为企业融资的一种形式，风险投资和风险投资基金是广义私募股权市场的一部分。风险投资即机构企业和富有的个人，主要针对创立不久的增长驱动型创业企业的股权以私募形式做出的投资。风险投资者主要以退出作为实现资本回报的手段，而不是通过分红来获得收入。

风险投资不是一般的金融投资，也不是一般性质的资本运作。与传统的金融服务不同，风险投资是在没有任何财产抵押的情况下，以资金与公司创始团队持有的公司股权相交换，投资行为是建立在对创业者所持有技术甚至理念的认同基础之上。风险投资的对象大多数是处于初创时期或快速成长时期的高科技企业。由于此时的产品在技术上尚存在许多不确定因素，产品的市场前景不甚明了，因而投资的风险十分突出。

风险投资不需要抵押，也不需要传统意义上的偿还。如果投资成功，风险投资者将获得几倍、几十倍甚至上百倍的回报；如果不成功，投资往往就打了水漂。对创业者来讲，使用风险投资创业即使失败，通常也不会因风险投资而扛上债务。

风险投资在助推近代科技创新发展中的作用举足轻重。

经济学家陈志武提出，当年英国盛世靠的是海外商业贸易，而美国盛世靠的是科技创新。这两种特色的盛世所需要的金融支持也不同：前者需要的是债务、银行和保险，而后者需要的则是以股票为代表的风险资本。

风险投资对美国经济发展发挥了重要的推动作用。在美国每年成立的新公司中，只有不到1%能得到风险投资，而且所有的风险投资只占其国内生产总值的约0.2%。但这些风险投资对整个经济发展的推动远远大于这个比例。著名企业家、投资人彼得·蒂尔在《从0到1》一书中提到，风险投资基金支持的公司所创造的工作岗位占私营公司全部工作岗位的11%；得到风险投资基金支持的12家大型科技公司加起来价值超过2万亿美元，比其他所有科技公司加起来都多。

有不少研究者认为，史上首个重大且可考的风险投资事件，乃国家意志的产物。西班牙女王伊莎贝拉一世才思敏捷，她经由联姻和军事手段于1492年统一了西班牙。同年，女王同意哥伦布的再三请求，资助哥伦布航海探险所需的资金、船只、船员和补给品，助力他出海探险。这一决定获得了无比丰厚的回报。哥伦布历尽艰辛，在一个多月的航行后发现了新大陆，满载而归，极大地拓展了西班牙的领地，带来了源源不断的黄金收入，西班牙一跃成为欧洲霸主，于是女王成为伟大的"风险投资家"。此次"风险投资"及其收获，也掀开了后来延续几个世纪的欧洲探险和殖民海外领地的时代序幕，成为一个改写人类科学文明进程、世界政治版图和国际经济史的里程碑事件。

有观点认为，史上风险投资的雏形可以追溯到西欧文艺复兴时期。彼时商人雇用船只，开展海外贸易，船长和船员分得部分利润作为酬劳。"Carried Interests"即来源于此，意指船只"承载之收益"。

不过，系统化采用类风险投资模式的当数美国捕鲸业。独立战争后，美国内需旺盛，人们将目光投向海上。鲸鱼浑身皆为宝，鲸须是女性胸衣、裙撑、雨伞、鱼竿等商品的重要材料，鲸油可用于照明、浣洗粗糙羊毛和润滑机器，抹香鲸的排泄物则是珍贵香料龙涎香的重要来源。捕鲸回报惊人，但风险巨大。捕鲸业兴起后，风险较低的近海沿岸水域鲸鱼很快就被捕杀殆尽。不得已之下，捕鲸船只能从浅海驶入深海，捕鲸范围很快从北大西洋扩展到大西洋深处甚至北太平洋、南太平洋。

相比于陆上产业，捕鲸业风险较大。捕鲸船与给养需要投入巨资，往往出行两三年才能往返。19世纪50年代，一次捕鲸航行平均耗时3.6年。根据文献记载，19世纪从麻省新贝福出发的787艘船，有1/3沉没或损毁。"一次失败的航行会使船长遭受类似现代创业失败的所有耻辱"，比现代创业更大的代价也不时会出现，那就是失去生命。海上天灾人祸频发，一不小心就会葬身大海。

既然捕鲸如此凶险，共担风险才是好办法。19世纪，捕鲸业的融资方式与现代风投颇为相似：捕鲸的资金由富裕的个人投资者提供，个人投资者并不了解捕鲸的具体路线，也没有雇用船长和组织船员的人脉，他们会将资金交给充当中介的捕鲸经纪人，并占有捕鲸船的相当大一部分股份，而船长和船员也会通过一套分成系统来建立分红支付机制。与现代风险投资中的流程相似，在投资前，捕鲸经纪人会对船长、船员的资质等各方面情况开展尽职调查。

长期教授美国商业和经济史的哈佛大学商学院教授汤姆·尼古拉斯在其所著《风投》一书中详细叙述了捕鲸业运作过程中，经纪人开展尽职调查、通信监督情况。捕鲸经纪人负责为捕鲸业吸引资金，为投资者提供投资机会。为了对冲捕鲸过程中的意外风险，还会为之购买保险，船舶和鲸鱼产品都是可保利益。很多时候，经纪人自身也会选择购入捕鲸船的部分股份，还会通过持续再投资来扩大收益。

捕鲸业的激励机制与今天的风险投资（VC）业颇有相似之处：投资者拿走可观的部分利润，剩余利润由船长和船员支配。据史料记载，捕鲸业的整体投资回报率居各行之冠，平均年化高达15%，最高甚至达到60%。可观的回报吸引了无数资金进入，捕鲸业成为19世纪美国的五大支柱产业之一。高峰期，美国捕鲸船只数量占全球八成之多。

可以说，捕鲸业的资本大冒险奠定了美国风险投资模式的经验基础。

第五节　硅谷沙丘路与现代风投

对于史上最早的风险投资起源于捕鲸业的说法，也有人质疑，甚至有人认为最早的风险投资起源于中国，即吕不韦对秦庄襄王的早期资助。目前更主流的观点认为，现代风险投资是美国的发明。由于篇幅所限，本书在风险投资历史的回溯中，主要以中、美为主，略去了欧洲、日本等地的风险投资史。

一、风险投资在美国

19世纪下半叶，美国的风险资本开始活跃，从大修铁路、卡耐基建立钢铁帝国，到爱迪生革命性地发明了电灯，其中都有风险资本的影子。

第二次世界大战结束后，冷战开始。在这场无声的战争中，美苏双方都加紧科技创新，开拓市场，加强自己的竞争力。在此背景下，一些有识之士看到一种特殊的需求：创新公司尤其是那些意在军用科技民用化的创新公司急需大量资金，这种客观需求孕育了当代风险投资事业的产生和发展。

进入20世纪，世界上第一家风险投资公司出现，那就是1946年由哈佛商学院教授、欧洲工商管理学院创立者多里奥特成立的美国研究与发展公司（ARD）。

多里奥特不仅创立了第一家风险投资公司，而且还为风险投资的运作制定了一系列的原则，比如"风险投资家在投资后参与创业企业的管理是风险投资区别于其他投资的一种重要标志"

"风险投资是投资于人的""我宁愿投资于第一流的人、第二流的项目,而不是第一流的项目、第二流的人"。他的这一著名理念常常为后人所引用。也有学者把这个原则总结为:把赌注押在骑手身上,而不是骏马身上(Bet on the jockey, not the horse)。多里奥特也因其对风投事业的重大贡献而被誉为"风险投资之父"。

20世纪50年代以后,有限合伙制逐渐普及,为科技创新企业在20世纪60年代到80年代迎来第一轮"井喷"创造了条件,推动了硅谷的形成与发展。20世纪60年代到70年代,美国风险资本大量投资于硅谷的电子和计算机行业的初创公司,对硅谷崛起成为世界首屈一指的科技区,对美国保持领先的超级大国竞争优势,做出了其他传统金融机构和政府部门无可替代的贡献。

如果要了解美国的风险投资发展史,必定绕不开一家公司——仙童半导体。

20世纪50年代,人称硅谷天使投资/风险投资"祖师爷"、真正意义上提出"风险投资"一词的人阿瑟·洛克走上历史舞台。他把大量美国东海岸的资本投入到西海岸,这些钱资助了很多硅谷早期企业,其中最为引人瞩目的是帮助了八个才华横溢的年轻博士。在这八个年轻人中,就包括集成电路发明者之一罗伯特·诺伊斯、摩尔定律发现者戈登·摩尔等,他们个个都在此后成就非凡。彼时,他们共同成立了著名的仙童半导体,一个曾经"统治"了半个硅谷的传奇公司。鼎盛时期,美国半导体的人才一半以上都与仙童有关。

之后,由于种种原因,这八个年轻人分道扬镳,离开仙童,成立了大名鼎鼎的英特尔、AMD等公司。而仙童、英特尔培养的大量人才中，不少都受到洛克和仙童"八叛逆"的影响，纷纷投身投资事业，比如 KPCB 的创始人之一尤金·克莱纳、红杉资本创始人唐·瓦伦丁、苹果首位投资人迈克·马克库拉。这些传承自"仙童帮"的人脉网络，投资出了一批具有时代意义的科技巨头，比如网景、戴尔、迈克菲、eBay、雅虎、谷歌、亚马逊等公司。"它就像个成熟了的蒲公英，你一吹它，这种创业精神的种子就随风四处飘扬了。"苹果创始人乔布斯这样评价仙童在硅谷发展中的重要意义。

20 世纪中叶，硅谷开始取代美国东海岸，成为创业和高科技创新的中心。风投历史上的三位重要人物：1961 年成立的戴维斯洛克公司的联合创始人阿瑟·洛克、1972 年成立的 KPCB 的联合创始人托马斯·帕金斯和 1972 年成立的红杉资本的创始人唐·瓦伦丁，都充分利用了硅谷的优势，巩固了硅谷这一新兴创投圣地的地位。

KPCB、红杉资本……这些众多风险投资机构聚集之地——沙丘路，成了全球风险投资的代名词和创业者的圣地。如今，在美国，没有一个创业者不知道沙丘路。区区 5.6 英里长的沙丘路，密布着 300 多家风投机构。在纳斯达克上市的科技公司中，至少有一半是由沙丘路上的这些风险投资公司投资的。

20 世纪 90 年代，新一轮科技革命在全球掀起，直接促成了此后互联网时代的到来。在此期间，全球特别是美国等国家有关网络科技的专利申请数量大幅增长，在风险投资的助力下，成长出了诸如谷歌、亚马逊、脸书、爱彼迎等新一代巨头企业。反过来，互联网科技企业又将自己获得的资源以风险投资、并购整合的方式重新投入市场，进一步点燃了科技创新领域的热情。

可以说，正是因为风险投资的存在，人类社会才得以加速步入了信息社会、互联网社会。

风投行业的制度化离不开政府政策的推动。在风险投资的发展历史中，美国政府一直扮演着重要角色。立法者通过制定政策，允许机构投资者在做投资选择时提高风险容忍度、改变对投资收益的征税以及促进更多的高技能移民，从而塑造了有利的环境。此外，美国政府还通过为大学的基础研究提供资金扮演着美国风投公司的角色，为创业企业拓宽发展道路。

二、风险投资在中国

我国的风险投资始于20世纪80年代，被称为创业投资。1985年3月，中共中央在《关于科学技术体制改革的决定》中第一次明确提出，对于变化迅速、风险较大的高技术开发工作，可以设立创业投资给以支持。从此，我国风险投资在政府支持下开始发展起步。

1986年，由国家科委和中国人民银行支持，国务院批准成立中国新技术创业投资公司，这也是中国境内第一家创业投资公司。此后，中国招商技术有限公司、江苏省高新技术风险投资公司、武汉东湖高新技术服务中心、广州技术创业公司等陆续成立。

1995年，国家颁布了《设立境外中国产业投资基金管理办法》，鼓励中国境内非银行金融机构、非金融机构以及中资控股的境外机构在境外设立基金，投资于中国境内产业项目。随着中国IT业和互联网的快速发展，大批外资风险投资机构进入中国投资,并通过新浪、搜狐、网易等中国企业在海外资本市场成功上市获取丰厚回报。

1998年,全国"两会"期间,时任全国人大常委会副委员长、民建中央主席成思危代表民建中央在全国政协九届一次会议上提交了《关于尽快发展我国风险投资事业的提案》。该提案因立意高、分量重,被列为政协"一号提案",引起了党中央和国务院的高度重视与社会各界的关注。成思危也因此被誉为"中国风险投资之父"。

各级政府相继推出了各项鼓励和扶持风险投资发展的政策和措施,先后出台了《关于促进科技成果转化的若干意见》、《关于加强技术创新,发展高科技,实现产业化的决定》及《关于建立风险投资机制的若干意见》等重要法规和意见。

除各级政府积极出资组建风险投资公司外,一些大型工业公司和证券公司也开始涉足风险投资行业。境外风险投资机构开始进入中国,并针对处于创建期、成长期的软件和互联网企业进行了一系列投资。历史数据显示,从1997年到2001年底,我国风险投资机构从53家增加到246家,管理的资金总额从51亿元增加到405亿元。

随着政府对风险投资行业的高度重视,社会各界对风险投资充满信心,风险投资出现了强劲的增长。

1992年,IDG资本进入中国,市场的参与者以美元基金为主导。在外资风投支持下,中国互联网行业上市第一波浪潮兴起。2001年,中国加入世界贸易组织后,外商投资随之增长。伴随着政策刺激和网络大潮兴起,中国风险投资行业正作为一个朝阳行业冉冉升起。

21世纪之初,互联网泡沫破灭,国外风险投资遭受重创,大批外资机构亏损,萌芽中的中国风险投资业也在2001—2002年左右步入了几年的调整期。

2004年5月,深圳中小企业板正式登场,一批符合条件的成长型中小企业获得上市融资机会。此举为创业板市场建设打下了基础,为本土风险投资退出创造了另一种国内途径,推动了国内风险投资回暖。

2005年,《创业投资企业管理暂行办法》出台。

2006年,《中华人民共和国合伙企业法》进行修订,进一步扫除了私募股权(PE)投资面临的法律障碍,使得国际PE基金普遍采用的有限合伙组织形式得以实现,推动了国内私募股权基金正规化、规模化、国际化的进程。

据清科研究中心统计,2008年共有81家中外创投机构新募集116只基金,其中新增可投资于中国境内的资金额为73.10亿美元。

2009年,酝酿已久的创业板正式推出,意味着风险投资在国内可以通过创业板上市退出来获得收益。风险投资机构受对创业板预期的影响,并由于国内经济基本面好转、投资活动恢复活力,投资案例数量和投资规模环比增长显著。到2009年,人民币基金募资35.67亿美元,占总数的60.9%,此前长期处于市场弱势地位的人民币基金首次在基金数量和募资总额上全面超越外币基金,开始占据市场主导地位。

此后,中国创投行业进入了长达十余年的快速发展期。

2014年9月,"大众创业、万众创新"的口号首次公开提出。此后,在"双创"大发展和"供给侧改革"的推动下,国内优质可投资产不断涌现，大批民营 VC 和 PE 机构、国资机构、金融机构、战略投资者等纷纷入场，为股权投资市场注入活力，同时行业竞争也日益激烈。

2018 年 4 月，《关于规范金融机构资产管理业务的指导意见》（以下简称"资管新规"）正式出台。虽然短期内金融机构和企业均会经历阵痛，但长期看将出清市场违规主体，优化资源配置，提升金融服务实体竞争的能力。由于"资管新规"、协会自查等相关要求，私募股权投资市场整体趋稳，VC 和 PE 机构的工作重心逐渐转向投后和风控，开启精细化管理之路。

第六节　新风向和主旋律

经过 30 多年的发展，风险投资为我国高科技、高成长企业以及实体经济发展带来了极大资本助力，硬科技企业的创新力量在促进国家发展中起到了至关重要的作用。

从 2010—2020 年的统计数据看，风险投资方向由消费逐渐倾斜到科技，重金布局在生物技术、医疗健康和半导体行业。经过多年发展，我国社会经济环境正发生着深刻的变革——经济迈向高质量发展阶段、科技创新能力显著提升、人口红利逐渐转变为人才红利、碳中和提上日程、能源结构发生改变等。在科技创新的时代背景下，新经济企业的生存与实体经济的发展均面临着全新的挑战，需要更多创新要素的输入。

与此同时，股权投资市场竞争加剧。据清科研究中心分析，近年来机构资源配置逐渐向"投后"倾斜，通过提升服务内容的广度、力度、精度迭代出不同的服务模式，以满足不同企业在不同阶段的发展诉求,形成与企业的价值共创共同体,并最终实现企业、机构、创新产业链乃至更广泛的社会价值的正向循环。

2018年11月,科创板横空出世。科创板精准定位于"面向世界科技前沿、面向经济主战场、面向国家重大需求",主要服务于符合国家战略、突破关键核心技术、市场认可度高的科技创新企业,重点支持新一代信息技术、高端装备、新材料、新能源、节能环保、生物医药等高新技术产业和战略性新兴产业上市。硬科技重点涵盖的八大领域与科创板支持的六大方向基本一致。

2019年7月,首批25家科创板企业正式发行交易,VC和PE退出市场迎来利好。2020年8月,首批18家创业板注册制企业正式发行交易。2019—2020年,在复杂的国际环境和监管升级下,中国股权投资市场进入调整期,市场回归价值投资,机构更加注重提升自风险控制和投后管理能力。

科创板的上线,为创新创业企业提供了新的融资方式,也为市场化风险投资机构和私募股权基金的退出提供了方便,**市场对高新技术和战略性新兴产业企业的偏好逐渐形成**。"硬科技"概念也逐渐成为各地政府引导基金的新方向。

在风险投资的推动下,中国已涌现出一大批独角兽级的科技创新型企业。2020年,共计145家中企在科创板注册上市,63家中企在创业板注册上市,注册制下上市企业总融资超过2800亿元。这与20世纪八九十年代美国风险投资对美国经济的推动,特别是对高科技产业发展所起的决定性作用十分吻合。

2021年1月,财政部、工业和信息化部联合印发《关于支持"专精特新"中小企业高质量发展的通知》指出,2021—2025年,中央财政累计安排100亿元以上奖补资金,分三批支持1000

余家国家级专精特新"小巨人"企业培育工作。专精特新企业主要围绕《中国制造2025》十大重点领域,并着力突破工业"四基"瓶颈,通常瞄准"缝隙市场",在细分领域拥有竞争优势,能有效提升产业链韧性并最大程度解决"卡脖子"问题。截至2021年底,国家级专精特新"小巨人"企业共有4922家,其中在A股上市的公司有311家。

2021年11月15日,北交所敲锣开市,81家首批上市公司集体亮相。这是我国资本市场改革发展的又一重要标志性事件。自此,北交所与上交所、深交所形成错位发展,聚焦"专精特新"中小企业,与新三板形成全链条服务体系,并继续坚持向深沪交易所转板制度。北交所的开市,一方面代表着我国多层次资本市场的日益完善,让高科技高成长的公司持续获得资本助力;另一方面也有利于VC和PE机构的退出,分享企业的成长价值,蓄力下一轮创新企业发展。

对各位创业者来说,当下有一个变革性的机遇正在发生,那就是投入科技创业的洪流。有知名创投机构负责人说,一线机构至少80%以上的钱会投在科技上,有些甚至高达95%。近年来,以先进制造、医疗为代表的科创投资占比明显上升,再加上国内科创板和"专精特新"等科技企业利好政策的相继落地,科技投资已成为风险投资行业的共识。随着疫情形势稳定,全国经济活动逐渐恢复,围绕"科技兴国""进口替代""医药健康"等主题的投资热度高涨。可以说,**当前风险投资最大的发展趋势就是对科技创新、硬科技的投资,硬科技已经成为VC和PE投资的新风向和主旋律。**

PART TWO

在投资的各个阶段，投资人和创业团队会面临围绕利益分配、控制权的诸多拉扯与博弈。**投资人需要善于发掘双方的利益共同点，遵循正和博弈原则，谋求更长远的利益共赢。**对前期投入期漫长的硬科技企业来说，尤其需要这样的善意投资人。

"善意"并不仅仅是一种道德品质，它一方面来自客观层面——对技术型企业发展规律的认知，另一方面来自主观层面——关乎投资人的自我修养与格局认知。

顺势而为、实事求是，是科技投资人应遵循的两大原则。这要求科技投资人一方面要"仰望星空"，判别大势；另一方面要"脚踏实地"，明辨眼前。**投资需要低头拉车，更要抬头看路，环境的变化正迫使我们重新认识科技创新和产业发展的趋势，在新发展阶段做难而正确的事。**投资是一门永无止境的学问，也是一门艺术，需要在社会、经济、人性、信息流通等各种纷繁复杂的影响因素和变量之间寻求最优解。然而，万变不离其宗，在投资策略发挥作用的背后，**投资人及其投资行为在本质上受到的最大考验是其原则与价值观。**

投资本身复杂程度无须赘述，但如能善用标尺，找到关键变量，则能帮助投资人尽可能地化繁为简，曲径通幽。团队、市场和技术就是判断项目的关键标尺。在这些科技投资中，投资人的自我定位、原则、标尺，均需投资人通过躬身其中的长期实践积累，通过不断培养挖掘优质项目、快速判断项目、优化交易结构、整合资源提供增值服务这四种关键能力而最终践行。

第二篇
科技投资的"庖丁解牛"

第二章　技术偏好型的善意投资人

投资人如何摆正与创业者、企业家的关系？首先需要认清投资的本质，即投入一定金额的资金，获得一定比例的股权，股权增值以后再通过卖出一定比例的股权，从而获得一定金额的资金。该笔资金减去前面所投入的资金就是该笔投资的收益。

在这一关系中，投资人和创业者都是股权的权益拥有者，都希望股权价值增加得越多越好，都愿意为股权增值而付出努力，双方面临共同的目标，利益高度一致。在股权增值的过程中，**创业团队是主要因素和主要力量，投资人是次要因素和辅助力量**。因此，可以形象地说，**投资人除了提供资金和增值服务以外，主要是"搭便车"**，搭上企业成长的便车。

需要明确的是，若想投资硬科技领域，投资机构或投资人需要**明确一个自我定位——成为技术偏好型的、善意的耐心投资人**。

第一节　偏爱"人无我有"

不同的风险投资人对投资项目都会有自己的偏好性，这种偏好性体现在其遵循的投资策略上。**技术偏好就是偏好于投资有一定技术门槛的科技创新企业**。相比于模式创新，科技创新项目竞争壁垒和投资壁垒高，同时回报慢、周期长，硬科技投资尤其如此。尽管如此，投科技创新、投硬科技仍然成了现阶段及未来较长时期内的风险投资新偏好。

近两年来，全球范围内无论是独立风险投资机构，还是企业风险投资基金，大部分的风险投资人都瞄准了科技初创公司。在全球风险投资市场，中国的表现颇为突出。英国私人投资数据公司普雷钦的报告显示，过去两年，中国风险投资金额连续显著增加，"与以往风险投资主要集中于电子商务等行业不同，2021年中国风险投资主要集中于半导体、生物科技和信息技术等领域"。

做硬科技投资需要投资人经过更长时间的摸索学习，建立起自己的学习系统，对某些行业、某些公司拥有比别人更深、更独到的理解，才能够对行业和公司的表现做出更加准确的判断。有一定技术门槛的科技创新企业至少具备两个特点。

（1）团队中研发人员占比较高，且研发人员层次较高，资历很深，在细分领域具有一定的行业影响力，得到业内人士在技术上的高度评价和认可。院士、国家实验室和技术创新中心等机构主要负责人、高校科研带头人、杰青等高端科学人才的技术成果转化和产业化项目，就较受技术偏好型投资人的认可。

（2）持续不断研发从而形成和丰富自己独有的专利库。这些技术是经过多年积累的，只有持续积累的技术，其门槛才相对牢固，同时还需要不断研发新技术从而实现技术迭代，不是"一招鲜"，而是需要不断加固技术"护城河"。

如何判断一项技术的技术门槛？以下有几项可以遵循的原则：

技术越底层越好。比如是否属于核心原材料、核心器件相关技术等。所有产品都是可分解的，都是由若干不同的组成部分构成的，最终都能分解成很微观的材料分子。在这一分解过程中，越底层的技术所形成的产品越具备基础性功能，越能成为很多产品的组成部分，也就越重要，当然技术难度也更大。对只停留在应用层面创新的公司来说，未来的厮杀会越来越惨烈，因为门槛低，新进入者会很多，同质化严重。无论处于哪个细分领域，竞争都会越来越趋向底层技术。底层技术门槛就是创业者的"护城河"。真正拥有核心技术的公司会具备更高的竞争力、拥有更高的投资价值，也会越来越受到资本的追逐和政府的支持。

持续积累的技术更好。与一般的模式创新产品不同，科技创新产品需要很长时间的积累，需要从量变到质变的过程。**技术本身的门槛高低与科研时间的长短有关系**。科技创新企业的发起设立是创业团队在有一定科学技术积累的基础上开始的，意味着这些技术已经经过了很多年的积累和发展，是已掌握核心技术的"延长线"（见图2-1），**具备很高的技术门槛，这是科技企业的立司之本**。技术创新类企业，需要持续不断地研发，从而形成和丰富自己独有的专利库。只有持续积累的技术，才能构筑相对牢固的门槛。

对硬科技企业来说，如果核心团队里缺乏行业"老兵"就是硬伤。在投资过程中，需要特别警惕那些过去没有坚实而漫长的研发履历却大谈特谈硬科技创新的人。没有漫长的蛰伏期积累，就不可能在硬科技领域实现一定程度的原始创新、本源创新，这

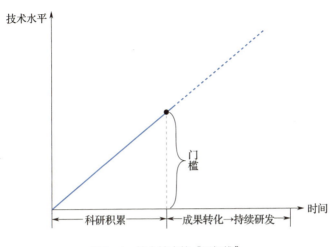

图 2-1 核心技术的"延长线"

理应是投资界的基本常识。因此,创始团队过去的履历是否和所从事的硬科技产业有直接相关性,是重要的判断依据。

同行认可度越高越好。科学技术本身就有不同的技术路线和技术流派,大家在一个行业里互相交流讨论,也有各种各样的行业论坛和技术交流平台,因此在同一个圈子里的信息基本上是畅通流动的,技术团队也基本上都能做到知己知彼,而且每个技术团队的技术路线处于不同的发展阶段,也有一定程度的竞争和比较。鉴于上述基本规律,在行业内能够脱颖而出的、得到大家认可的技术团队,未来成功的可能性更大。

稀缺性越高越好。最好是"人无我有"。"人无我有"的产品在面临市场竞争时,可以通过产品的压倒性优势来弥补市场开拓能力不足方面的劣势,这一点在项目早期就可以预计到。"人有我优"的产品在市场竞争中很难靠产品技术本身的优势获胜,往往需要进一步比拼市场营销能力,而早期项目的未来市场营销能力很难判断。基于这一点,**科技创新投资更偏爱"人无我有"的技术和产品**。

平台型技术比项目型技术更好。产品本身是技术的具体化和表现形式,是技术与最终用户实现交互的界面体现。

有些技术可以作为很多产品共同的、基础的组成部分,这种技术可以支撑和衍生出很多表现形式不同的产品与应用。有了这类技术,在更多应用产品的研发中,就可以围绕核心技术模块进行积木搭建,效率高、成本低、成功率高,这类技术我们称为平台型技术(见图2-2)。相较之下,有些技术应用领域偏窄,仅能用在当前所开发的产品上,企业未来在研发新的产品时仍需要新技术,无法基于现有核心技术进行模块化、积木化研发,导致研发成本高、周期长、成功率低,我们称这种孤立的技术为项目型技术。还有些技术虽然门槛很高,但能够应用的市场空间很窄,很难实现商业化,导致投资人往往会"望而却步"。此类技术和产品更需要通过国家财政资金获得大力支持。

图2-2 平台型技术示例

掌握平台型技术的企业可持续研发能力强，发展空间更大，更能得到投资人的青睐。从可投资性而言，相比于平台型技术，项目型技术受持续研发潜力的影响更适合并购，因而其上市可能性较小。项目型技术不是最理想的投资标的，但也并非决不可投，只是投资价格要足够理想。

企业想要始终保持领先性就需要不断迭代。当今社会，有时效性的绝不仅仅是新闻报道，技术及其所代表的价值也同样极具时效性。技术是硬科技企业的"护城河"，在一个开放竞争的环境里，新技术的更新和迭代是最终实现颠覆性创新的利器。

技术升级的天花板越高越好。除了平台型属性外，技术最好还具备不断迭代升级的空间，这样企业不只是能"搭积木"和拥有横向发展的产品拓展空间，还有了产品不断升级的纵向提高发展空间，为企业带来更广阔的市场和发展空间。当然，这些技术不管是横向还是纵向发展，依靠的都是核心技术团队。打铁还需自身硬，**必须是由创业团队自身掌握的技术才牢靠**，而不是通过外部授权获得的。

在投资中，我们坚信**"成功是成功之母"**，而非"失败是成功之母"。技术开发如此，连续创业者也是如此。技术开发有成功的先例，创业者有成功创业的经验，会成为投资中的重要评判标尺。一项没有研发成功过的技术，在未来成功的概率难以预测。一般情况下，科技创新投资人不会投资一直研发失败的技术专家。

第二节　善良比才华更重要

"善意"可以从主观和客观两个维度来理解。

主观理解，善意是投资人的一种修养，要与人为善。俗话说："与人为善，于己为善；与人有路，于己有退。"还有句话说得好，"善良比才华更重要"。相比其他行业，投资人更需要拥有广阔的胸襟和一颗善良的心，只有心怀善意，才能彼此信任和各自担当责任。善意是一种智慧，也是长期之道。正所谓"好人有好报"，善意本身就是最具智慧的一种投资。善意的投资人终会发现，善良从不会落空，一定会回赠予你。

客观理解，**善意需要投资人善于寻找与所投团队的利益一致性**。在被投企业发展顺利时，很少有投资人和创业团队发生争执的情况，大家的利益是共同且高度一致的；在发展不顺利时，僧多粥少或者是利益不一致就会出现各自为了自身利益而争执，甚至损害对方利益的情况。从长期主义和延迟满足的原理来看，只有在企业和创业团队的利益得到保障的情况下，投资人才能实现利益最大化，否则即使赢得了一时的利益，那也仅仅是小利或是不长久的利益。

如何理解"善意"呢？善意的耐心投资人不仅要陪伴企业成长、与企业互利共赢和共渡难关，还要善意地做好"副驾驶"，帮忙不添乱。善意的投资人通常有以下三大表现。

一、ESG 与社会责任投资

社会责任投资是指投资过程中在财务回报的考量之外,将环境保护、社会责任和公司治理(简称 ESG)等因素纳入投资的评估决策中,这是投资人和投资机构社会责任担当的体现。近年来,社会责任投资在促进环境保护和保护相关者利益方面的作用越来越明显。

风险投资人的理念对资金的去向会起到决定作用,反过来说,资金的用途也是在投资一种理念,继而用这种理念来创造价值。风险投资是有价值观的,而价值观恰恰是 ESG 投资的起源和基础,对社会负责的价值观使其履行环境、社会、公司治理责任。

风险投资和社会责任投资的结合考虑是投资价值观的要求,同时也具有经济回报上的可持续性。越来越多的投资实践表明,社会责任投资的收益率高于至少不低于传统投资,这消除了对社会责任投资的疑虑,从而使得更多的投资人更加积极主动地参与社会责任投资。

有投资人做了一个很形象的比喻,之前认为好行业、好公司、好价格,即"三好"公司是好的投资标的特征,而现在应该在"三好"的基础上,进一步充分考虑环境保护好(E)、社会责任好(S)、公司治理好(G)等因素为企业带来的影响,挖掘"六好"公司。

二、包容试错,共同成长

技术创业的过程往往是把实验室或者原型技术尽快投放到市

场应用上，获得市场反馈，然后快速迭代升级。这是一个反复试错的过程，不断地试错，不断地改进，直到产品取得市场用户的青睐，进入自然增长的轨道。在这个有时会显得非常漫长的过程中，投资人要与创业团队共成长，包容小失败，允许试错，耐心陪伴，共渡难关，共享收益。

三、拥抱正和，摒弃零和

善意的投资人一定是遵循正和原则的，不会因自身利益而伤害团队利益，而是寻求利益一致性，遵循正和原则，摒弃零和做法。

善意与否，往往取决于对短期收益、长期收益的理解。**善意的投资人，其实往往愿意牺牲短期利益，看得更长远，是一种"延迟满足"。**比方说，被投企业要进行新一轮融资，虽然新一轮融资的价格一般都比前一轮高，但加上接老股等因素，新一轮融资的综合价格可能会比上一轮的实际价格低。这时可能会有上一轮的投资机构提出反对。如果静下心来理性思考就会明白，实际上，企业和投资人在估值问题上利益是高度一致的——倘若能实现高估值，创业团队是最不愿意接受低估值的。一味地要求企业保持高估值可能会影响企业融资，如果融资失败，企业可能"死"得更快。这时投资人能做的只有接受和支持，而不是一味地和企业较劲、给企业设坎，从而影响企业后续运转。面对困难时，我们最需要做的就是同舟共济。

为被投企业提供全方位的投后增值服务也是一种善意的表现，比如帮助企业对接上下游资源、政策优惠扶持、资本支持、空间落地等。向企业提供增值服务既是对企业善意的表现，也是对自身已投资金安全和收益负责任所履行的义务。

设置合理的交易结构，不设计"霸王条款"，也是善意投资人的重要表现之一。一些强势的投资机构可能会在投资意向书（TS）中设置"特殊约定"，比如在一定期限内独家排他，在协议中会设置回购、对赌、优先权、一票否决权等众多条款。有些条款具备一定的合理性，但有些条款实质上是"霸王条款"，导致了创业团队与之前投资者的权益被严重侵害，影响了企业发展，也损害了被投企业和新投资人自身的长远利益。

第三节 善于长跑的"耐心资本"

科学家创业，往往十年磨一剑。科技企业的发展周期通常较长，而耐心资本恰恰能容忍其这一特点。 耐心资本的投资者聚焦的不是短期回报，而是期望能在投资项目未来发展或扩大规模时收获长期收益。

要成为耐心资本，做有耐心的投资人，首先要理解科技成果转化和产业化的自然规律和常识，理解科技企业发展的规律，之后才能在认识规律的基础上耐心地等待开花结果。在投资一家企业之前，投资人应该清楚地了解企业未来五年的发展规划，甚至是八年的发展规划，在此后发展过程中，耐心等待它一步一步走完。

在第一步基础研究完成后，通常要经历技术应用开发、原理样机、工程样机、产品样机，之后才能进入小规模试验（小试）、中试,最后实现量产。而量产并不意味着结束,还需要不断地进行产品迭代升级(见图2-3)。

图2-3 硬科技产业化的规律

在实操过程中,"耐心"通常会与基金期限出现错配。不少投资人以基金期限为由催促企业尽早进入下一阶段,但这个理由其实站不住脚。事实上,好项目不难退出,以基金期限等理由来催促企业的不耐心行为,往往是由于一些投资人心里没底,对自己所选择的投资对象不够有信心。

科技创新投资基金存续期限通常不小于5年,一般是5+2年的期限,更长的还有6+2、7+2、8+2年,最长的甚至到10+2年。这是在顶层设计时就充分考虑了"耐心资本"的初心和定位,尽量避免未来出现基金期限与投资项目IPO期限不一致的问题。如果出现基金期限与所投资项目发展预期不一致的情况,可以考虑通过股份转让退出,不要将退出方式局限于企业IPO这一种。

一、战略投资和财务投资

战略投资和财务投资是股权投资最主要的两种业务模式。在本书中的投资策略等章节,我们主要讨论的是财务投资。

战略投资者往往已经是相关产业领域的领军企业，一般来说在投资标的选择上会偏好于和本企业所属行业相关的企业。很多战略投资者寻找目标企业的目的就是与母公司主营业务协同，为母公司发掘产业扩张的机遇，实现外延式增长。战略投资者不仅能帮助被投企业提高资信度和行业地位，还能帮助被投企业获得技术、产品、上下游业务（如上游核心部件供应、客户订单等）或其他方面的互补，通过高价值的增值服务来提高企业的盈利水平和盈利增长能力。但战略投资者对被投企业来说也存在一定的弊端，有些战略投资者可能只希望被投企业为自己稳定供货或者提供某些固定资源供给即可，甚至可能出于自身产业布局和利益考虑，不希望被投企业上市。这种战略投资者投资创业型小企业的目的主要是服务主业平台，例如美团收购摩拜等经典案例。

财务投资者更多的是从资本回报的角度选择投资标的。私募股权基金的逐利性决定了资本将从夕阳行业和盈利能力弱的企业退出，并流向未来发展前景更好、收益水平更高的行业和企业。当然有些私募投资机构也有自身的不同行业倾向。

战略投资者和财务投资者的角色有时也会互相转化。创业公司在不同发展阶段对资源的需求不同，因此适合选择的投资者角色也不同。如果创业公司还处在初期研发阶段，选择战略投资者的意义并不大。但如果产品研发即将完成，对大客户等资源比较渴求，这时战略投资者就能发挥比较大的作用。

二、基因决定论：投资机构众生相

投资人的风格与投资机构自身的基因密切相关。机构出身、股东构成、实控人的背景、创始团队过往经历、知识结构、创始人及团队性格等各种因素形成的企业文化，往往就形成了投资机构的风格。

市场上常见的投资人和投资机构背景有：券商（投行）出身、券商直投、大厂（产业）出身、大厂直投（战略投资）平台、老牌机构、老兵新平台、央企产业投资平台、央企金融平台、地方国企平台等。

从资源优劣势来看，金融资源丰富的投资机构偏资金端，募资能力强，但产业资源偏少，往往在投资企业时能给出较高的估值，但产业上下游增值服务能力偏弱，其投资有些是"击鼓传花"式的资本运作思维方式，前面投了后面有人"接盘"即可；而产业背景较强的投资机构偏资产端，熟悉产业但募资能力偏弱，向被投企业开出的估值相对理性或偏低，但其往往最懂创业者，有丰富的产业资源和增值服务能力，主要秉持产业价值式的投资思维，与企业共同成长，赚取的是企业增值价值，通常不会靠"吹泡泡"炒高估值，也不会把"击鼓传花"套利作为主要盈利模式。

从不同投资阶段来看，老牌VC、老兵新平台、产业投资平台在投资阶段上通常偏早期，后期再每轮持续加磅。券商背景的投资机构、央企金融平台、地方国企投资平台在投资阶段上通常偏后期，资金量大。不过，当前各个机构的投资阶段界限已有逐渐模糊的趋势（见图2-4）。

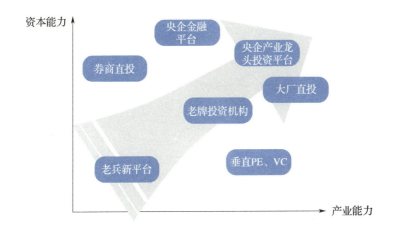

图2-4 投资机构的产业能力与资本能力

从善意程度来看,逐利性是影响善意程度的一大因素。逐利是所有市场化投资机构的正常属性,但不同背景的机构逐利程度不同,也会相应影响其投资风格和对创业团队的善意程度。通常来看,民营背景的机构比国有背景的机构逐利性要强很多,相对缺乏耐心。同时,有些战略投资者考虑的是战略因素而非财务回报,这有可能会对企业影响很大。

在商言商,须注意的是,善意是有度的,并非投资机构能满足企业各种要求才叫善意。善意的基本底线是在遵守契约的基础上不伤害团队和企业。如果能经常性地站在企业团队的角度去考虑并支持企业团队所做的决定,那就是更具善意了。

从投资模式来看,投资机构可以分为流水线型、概率型、精品型、资源型、专业型。在投资圈曾有一家投资机构被称为异类,被业内称为"乡下来的野蛮人"——他们冒险、乐观、强悍，到处与其他投资机构争夺项目，把号称贵族式的私募投资改造成为了"工厂流水线"。在这种流水线型投资模式下，找项目、谈项目、投后管理、做退出……每个环节都是专人负责，但没有一个人从头到尾对一个项目负责。多家昔日明星基金落败的事实，宣告了过度扩张的流水线型投资模式的失败。至今来看，这种流水线型投资模式并未获得积极的经营反馈。还有一类投资机构，我们称为概率型投资机构，它们不惧怕顶级风险，愿意"用100%的钱去搏1%的可能性"（见图2-5）。

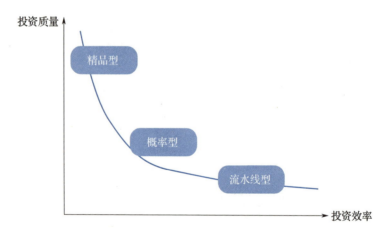

图2-5 不同类型投资机构的效率与质量

精品型投资模式则与流水线型、概率型都不同，这种投资机构不会"为投而投"，对项目筛选标准较为苛刻，主张**慎投、精投、重投**。虽然精品型投资模式的基金规模不大，但收益率较高。而流水线型投资模式虽然规模大，但收益率较低。**一般情况下，基金规模与收益率呈反向关系**（见图2-6）。

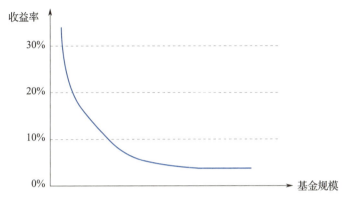

图2-6　基金规模与收益率的关系

三、市场进化论

适者生存是风险投资市场颠扑不破的真理。在市场进化的过程中，一批一批新机构诞生，也有一批一批老机构关门大吉。为了更好地适应变化得以生存，机构运营模式、盈利重点都在不断地调整和改变。市场的变化会影响投资的策略，甚至影响耐心程度，为了适应市场变化，投资人也在进化。"资管新规"出台后，投资市场出现了三个方面的进化。

（1）由于市场上的资金大多由国有体系提供，而且国有体系肩负着落实国家科技创新战略的责任，加之应对中美竞争新格局，因此更多资金涌向科技创新项目。资本市场的新变化也使得投资领域由模式创新转向科技创新，同时**科创板和注册制的推出加速了科技创新项目的退出周期，增强了投资科技创新的动力**。

（2）投资阶段由投资成熟期转向投资早中期，主要原因是科技创新企业的市值出现了一二级倒挂的现象，投资 Pre-IPO 项目很难取得一二级市场的价差收益。**一级市场的价格较高，投资收益阶段在往前移，只有投资早中期项目才能取得较好的收益**，这对投资机构投资早中期项目的判断能力提出了更高的要求，也对投资人的耐心提出了更高的要求。

（3）投资地域由原来的无区域限制转向有一定比例的资金返投到出资方有限合伙人（LP）要求的区域。这种现象的出现主要是由LP的构成决定的。在近一两年的资金募集过程中，大多数投资机构都不同程度地取得了地方政府的支持，而地方政府的资金主要以招商引资和扶持产业发展为主，对基金必然有一定的返投要求，因此出现了大多数基金都要求一定比例的资金投资到特定区域。一般情况下，国有资本比社会资本更具有耐心。

第四节　放低心态，做好"副驾驶"

在与创业团队打交道的过程中，投资人要放低心态和姿态，要做企业的"副驾驶"，帮忙不添乱。有位投资人曾经说过，创业者是开车的，投资人是坐在旁边副驾驶上帮忙看地图的人，可以帮创业者出谋划策。但我认为，除了少数有丰富产业、创业、投资多重经验的投资大咖之外，大多数投资人连"看地图"这项工作也未必能够胜任。投资人只需要挑选出好的团队，而其余的行业发展、技术路径、企业决策等方面，团队都要比投资人更为专业，理解也更为深刻。**投资人需要清楚，团队请投资人是来解决问题的，而不是来制造问题的。**

第二章 技术偏好型的善意投资人

投资人和被投企业之间的博弈与冲突往往聚焦于两点：利益分配和控制权分配。 在利益分配方面，有的投资人为了尽快推进下一步募资，喜欢"吹泡泡"，短期内有意提高估值，以便于自己的新基金募资，但过度"吹泡泡"反而会影响被投企业的后续融资；有的投资人作为老股东每一轮都追加认购，不让新股东进入，维持自己大比例占股，不愿意股权被稀释，以实现对被投企业的控制力和影响力；有的投资机构喜欢催促企业更快上市，以方便自身尽快变现。在控制权分配方面，有些投资人喜欢深度参与公司经营，在股东会、董事会议案上更多地站在自己立场看问题，而不是站在团队立场，容易影响公司经营发展，这也是出现问题后互相埋怨的根源。

利益好比鸡蛋，在煮熟前很难下手分配给不同的人，但如果先把鸡蛋煮熟了，再根据利益各方的偏好不同进行分配就容易多了。有人喜欢"蛋清"，有人喜欢"蛋黄"，在进行利益分配时，也更容易让各方达到相对满意，这就是"分蛋理论"。"分蛋理论"在投资人和创业团队出现利益冲突时能够更好地化解矛盾，促进各方达成一致（见图2-7）。

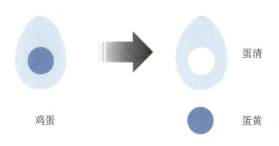

图2-7 分蛋理论示意图

如果把投资人和创业者的关系比作夫妻，投资人是"一夫多妻"，会投很多个项目和创业者，虽然其中一个项目失败了会带来影响，但毕竟手上还有其他的"牌"，不会导致其直接离开牌桌，但创业者对于自身项目的投入是100%的，因此，投资人对企业的重视程度一定不如创业者。在这场"夫妻"关系中，双方的投入注定是不均衡的（见图2-8）。

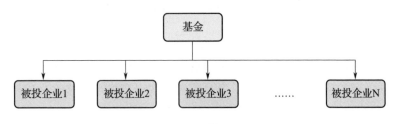

图2-8 基金与被投企业的关系

从免责角度出发，投资人也应对被投企业团队减少干预。很多投资人在进行投后服务时会"掺沙子""掺人""掺事"，例如介绍与自家机构有利益关联的业务，强制团队要用投资方介绍的服务、供应商，甚至掺杂个人利益等。通常当企业经营出现问题时，一般是创业者自身的问题，但是如果是投资人强制干预造成的问题，投资人自身也应该承担责任。

第三章　时势造英雄，求是炼真金

第一节　选择比努力更重要

不论是做投资行业也好，还是从事其他行业也罢，成败原因都可以归结为一个字——势。"世界潮流，浩浩荡荡，顺之则昌，逆之则亡"。孙中山先生的这句名言在今天依然适用。逆水行舟，艰难险阻，功败垂成。顺势而为，如水推舟，事半功倍。势就是一种趋势，一种方向，一种潮流。势就是江河，大江大河，滚滚东流，任何阻力在它面前都无能为力。逆流而行的人和事，很容易被摧毁；顺流而行的人和事，更容易成就非凡。投资人要有一双慧眼，辨明发展规律和大势，抓住历史时机。

势，既包括人类社会的发展趋势、国际形势和趋势、国内形势和趋势，也包括行业形势和趋势。自古以来，时势造英雄。善于观大势、谋大事，**在大局下想问题、做投资是一位优秀投资人的基本修养**。

当前，全球新一轮科技革命和产业革命正在孕育兴起，创新已经成为世界主要国家发展战略的重心。面向未来，谁能在创新中取胜、抢得先机，谁就能赢得未来全球竞争的主动权。以下这些大势值得关注。

(1) **关注国家发展规划及科技创新政策**，顺应国家发展大战略。

(2) **关注是否符合资本市场的大环境**，如科创板、注册制、北交所。2019年6月13日，科创板正式开板。科创板坚持面向世界科技前沿、面向经济主战场、面向国家重大需求，主要服务于符合国家战略、突破关键核心技术、市场认可度高的科技创新企业。重点支持新一代信息技术、高端装备、新材料、新能源、节能环保以及生物医药等高新技术产业和战略性新兴产业。科创板的推出为国内"硬科技"创新企业快速便捷地募集资金、迅速推进科研成果资本化带来了便利，也为风险投资基金提供了新的退出机制，进一步鼓励、激励风险投资投资于科技型初创企业。

(3) **是否契合行业发展大趋势**，如智能化、精准医疗。未来，在各个行业，无人化、智能化、节能化、高效化无疑是大势所趋。在项目面前，投资人需要首先做出一个基本判断，该项目的技术、产品是否符合未来的发展趋势，是否有助于提高效率、降低成本。如果我们要投的标的会使得成本支出越来越高或是有污染等隐患，那就与大势背道而驰，可以直接否决。

(4) **把握国际形势变化**，如中美关系、中印关系等。中美关系可能会影响某个产业内企业的上下游关系，这时需要考虑上游供应会不会"卡脖子"、下游应用会不会因中断而失去市场。地缘政治包括日、韩等邻国以及其他国家，它们与中国的关系以及在产业发展中可能带来的影响都应有所考虑。尤其是中美竞争新格局进一步明确了国家科技创新自立自强的发展趋势。

（5）**是否解决社会发展矛盾**，如人口老龄化、中美贸易摩擦中的"卡脖子"技术等。人口分析是投资判断中的一个重要影响因素。人口的结构、数量、特点、知识结构等都决定了社会发展的趋势和投资机会。生命健康等行业的市场逻辑往往要倒推到人口问题上，与男女比例、老龄化、各年龄群体发病率等密切相关。此外，还要考虑我国走向共同富裕的发展趋势，影响共同富裕的行业都不是未来发展重点，国家会出台相关政策促进共同富裕，比如"双减"政策、房地产政策、医药集采等。

顺势而为，即要认识规律、寻找机会、采取行动。对于投资而言，身处时代洪流中，必须认识规律、看清大势。在了解国际国内形势、国内外科技发展规律和趋势等大势的基础上，科技投资中还有一些趋势和做法正在逐渐成为行业共识。

（1）**要选择未来主流，即大市场、大赛道**。这要求投资人注重产业研究并擅长产业研究。"宁投凤尾，不投鸡头"，在上千亿元规模的赛道里，只要我们能投到前三名，就很可能会成功。如果是只有十几亿元规模的小赛道，即便我们投中赛道里的第一名，也不一定能取得成功。对于何为主流市场，如何进行市场容量判断，书中后续章节中会进行相应阐述。

（2）**早期潜伏等风来，投早、投小**。前些年随着资本市场流动性加大，资金更关注确定性高的明星领域或成长期项目，天使轮和种子期的投资受到一定冷遇，但"资管新规"出台以来，随着资本市场的价值回归，"投早、投小"将渐渐重归共识（见图3-1）。

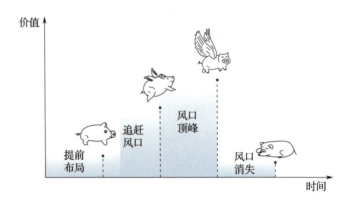

图 3-1 提前布局等风来

从科技发展规律、企业发展、资金使用效率等维度来看,投早、投小都是更明智的选择。

从科技发展规律来看,黑马更易诞生在早期阶段,这符合科技本身的发展逻辑。科技浪潮的更迭越来越快,初创企业敏感度、灵活度更高,更容易抓住技术与产业的新趋势,成为黑马。

从企业发展维度来看,早期科技企业更需要资金和人才的支持,这时候风险投资基金的投入和资源投入对初创企业来说往往是"雪中送炭"。

从资金使用效率来看,虽然资金投在早期需要承担较高风险,但回报空间无疑是最高的。早期项目如果真的是一个好项目,是有极大投资红利的。全面实行注册制之后,机构都在项目的更早期阶段进行投资,PE 后期阶段的投资红利已经所剩不多,获利空间较小。

案例

精进电动

精进电动成立于 2008 年 2 月 25 日，是新能源汽车电驱动系统的国内领军企业之一，从事电驱动系统的研发、生产、销售及服务，已对驱动电机、控制器、传动三大总成自主掌握核心技术和实现完整布局。公司为客户提供电驱动系统的整体技术解决方案，凭借卓越的产品性能、突出的系统级供应能力、领先的研发水平和高效的技术服务，赢得了国内外新能源汽车整车企业客户的信赖，这是我国少数能够持续获得全球知名整车企业电驱动系统产品量产订单的新能源汽车核心零部件企业。公司产品受到国际国内客户的广泛认可，与菲亚特克莱斯勒、Karma、上汽集团、吉利集团、广汽集团、小鹏汽车、比亚迪、东风集团、一汽集团、潍柴集团、北汽集团、中通客车、厦门金龙、长安汽车等知名整车企业建立了长期稳定的合作关系，并正在积极推进与美国、欧洲著名整车企业的进一步合作。公司获得了菲亚特克莱斯勒授予的北美杰出质量奖。精进电动及核心产品 2016—2019 年连续四届获得铃轩奖，并获得"中国心"新能源汽车动力系统奖项等多项荣誉。我在 2011 年投资支持了精进电动。而 2011 年全年，我国的新能源汽车产销共计 8368 辆和 8159 辆，当时路上的新能源汽车寥寥无几，现如今新能源汽车已成为购车一族的重要选择之一。随着新能源汽车产业的蓬勃发展，精进电动于 2021 年 10 月 27 日登陆科创板。

（3）提前布局，持续加磅。优秀的创业者、优秀的项目或赛道被低估的时候，就是投资人获得超级回报最好的机会。在投早、投小的基础上，随着时间推移，在企业不断发展的过程中需要一轮又一轮的融资，早期进入的投资人经过多年的投后管理和增值服务，对企业要比一般的新投资人更加熟悉，对于发展前景巨大的企业应该持续加磅投资，此时的投资会更加安全。提前布局要求投资人具备前瞻洞察力，在一个行业坐冷板凳时就能慧眼识珠，而不至于在风口的顶峰才跟风入场。

（4）有所为有所不为。顺势而为，除了顺外在的势，也要顺内在的势，顺自己团队的势。这也是实事求是的一个表现。"能力圈"原则是以巴菲特为代表的价值投资者坚守的重要原则之一，是指要围绕自己最熟悉的领域进行投资。能力圈并没有一个准确的教科书式的定义，通常我们顾名思义地认为，投资者基于自己的能力或认为自己具备的能力所能达到的范围就是能力圈。在投资的阶段、领域等方面，每个投资团队和投资人都有自己所擅长的，因此，投资人应该在自己的能力圈范围之内寻找投资机会，而不应觊觎能力圈之外的投机机会。

有所为有所不为，有两个层面的含义。一是意愿层面，善意投资人的定位指的即是在意愿层面的有所为有所不为；二是能力层面，顺应自己的势能和能力圈。

第二节 求是与第一性原理

实事求是是投资决策应遵循的最基本原则。"实事"就是客观存在着的事物;"是"就是客观事物内在的必然联系,即规律性;"求"就是去研究和探索,而不是理所当然,拍脑袋决定。世界万事万物都有自己的规律,人们的行动必须遵循客观规律。实事求是也是科学求索的精神体现,硬科技投资更要遵循科学精神。走向实事求是的反面,夸大自己的主观意识或者受到其他人主观意识的影响,极有可能付出惨重的代价,留下严重的后遗症。

要做到实事求是,首先要"求是"。"求是"是一个认知过程。"求是"的目标包括多个方面:认清自己以及所在机构的专业、知识结构、资源、偏好、擅长投资的领域和阶段等;还要认识社会规律和人性,探究社会的常识和人性的复杂性;认真研究行业规律,严谨、审慎、深刻、细致、客观。

"求是"的前提是必须要尊重常识。这些常识中有很多与人性与关,比如天上不会掉馅饼、不经过努力就能获得的东西往往靠不住、人大多是贪婪的等。"求是"的过程务必要严谨,不能走过场。尽调过程中走访的专家有可能是被投企业介绍的,要有打破砂锅问到底的精神,刨根问底追其根源,不能盲目相信。

审慎这一原则在企业做盈利预测时尤其重要。在产品已经定型,持续研发的产品方向也已明确,已有产品和增量产品各自的市场占有率、销售价格、服务等收入都能有相对客观、有依据的预测时,对企业的盈利预测才有意义。若非如此,盈利预测就会存在很多水分,缺乏参考价值。投资时必须拿捏好风险和投资的节奏,做足准备功课、量力而为、平衡风险。

要做到实事求是,第一个重要层面是把握第一性原理,透过表象看本质。商界有句名言，"客户不是要买电钻，而是要买墙上的那个洞。"消费者买电钻并不意味着他需要的是电钻，如果通过其他方式也能在墙上打出一个洞，或者干脆不需要这个洞就能解决客户的痛点和需求，那么电钻这个产业就会产生颠覆性变化。

第一性原理并不是一个时髦概念，早在两千多年前，亚里士多德就曾提出过这种思考模式。他认为，"在每一种系统的探索中，存在第一性原理，这是一个最基本的命题或假设，不能被省略或删除，也不能被违反。"这个词近年来被炒得火热，还要得益于硅谷"钢铁侠"——特斯拉创始人埃隆·马斯克。马斯克在网络支付、电动汽车、航天运输、新能源应用四大领域都取得了颠覆式的创新。在一次回答为什么能够在多个不同领域实现创新的问题时，他极其坦诚地公布了自己推崇的第一性原理思考法："通过第一性原理，把事情升华到最根本的真理，然后从最核心处开始推理……"**第一性原理就是一种严谨的思维方式，在投资过程中，要勇于打破知识的藩篱，回归事物的本质，去思考最基础的要素**，在不参照经验或其他的情况下，直接从事物最本源出发去寻求突破口，逐步完成论证。判断项目要建立底层模型，通过严谨的逻辑重构，得到解决问题的方式方法。

想要做到实事求是，**第二个重要层面是要聚焦目标、理性客观、排除干扰**。这些干扰可能来自于包括亲朋好友、领导同事、个人喜好、合伙人等各种渠道。

有些投资人往往会先入为主，对一个项目有自己的好恶，这将非常影响其对项目的客观判断。但在做出最终的决策判断之前,对企业的经营情况、业务、财务、法务等方面的尽调一定要做得足够深入、客观到位。

投资需要心无杂念,避免为了人情关系、为了投而投。比如,有个投资经理向合伙人极力推荐某项目,但分析后会发现该项目存在很多不足,投资经理推荐这个项目带着强烈的感情色彩。这种情况下,要么是推荐项目的投资经理能力不足,对事情的认识不够理性,要么是其人品有问题,与项目之间存在"猫腻"。投资人不能为了投资而忽略项目潜在的问题,必须要具备求是、钻研的精神。

投资是一场人性的修行。在投资行为中,人性始终是最大的变量。可以说,投资人最重要的工作之一就是要与人性打交道。实现"逆人性"投资,恐怕是投资者难以企及但又心向往之的目标。有一个故事这样讲:岸边的狐狸劝水里的鱼去另一块水塘,因为那里既风景怡人又有食物无数。鱼动心了。狐狸说:"你可以到我嘴里来,然后我把你带过去,我发誓绝不伤害你。"鱼答应了。可没走多远,鱼就感到疼痛刺骨,便挣扎着问狐狸:"你刚发过誓,为何还这么对我?"狐狸说,"我实在是情不自禁,因为捕食是我的天性!"古希腊哲学家说,人不能两次踏进同一条河流。但是,同样的错误,一个投资人却可能犯无数次。一些投资人就像故事中的那只狐狸一样,一碰到某种场景就会情不自禁,无法抗拒自己的本性。贪婪、恐惧、短视、从众、健忘等可能都是我们的天性,投资人必须与这些人性做自我斗争。

第四章　团队、市场和技术：三把尺子测未来

考夫曼基金会的一项评估显示，在美国每年新成立的约 60 万家公司中，只有不到 1% 的公司能得到风险投资。可见，风险投资对目标的选择必须是优中选优。虽然一千个人眼中有一千个哈姆雷特，但在投资领域，仍有一些放之四海皆准的关键投资因子。**团队、市场、技术——对一家科技创业公司来说，无疑是最关键的考量因素。**

创始人需要有诸多优秀的特质，才能带领团队走得足够远。对创业公司这艘远行的轮船来说，创始人无疑是最核心的力量，他是创业公司这艘最初的小船能否成功驶入市场洋流，并在自己的赛道中占据一席之地的舵手。关乎团队生死的战略选择、重要决策都是由创始人为主的核心团队做出的。但舵手和船长绝不是轮船能够在狂风暴雨中乘风破浪，在激烈如海盗侵袭般的市场竞争中存活下来的唯一决定性因素。船体结构是否坚固、船员之间分工是否科学、船员们的激励与奖惩是否合理……这些都是关乎其能否行稳致远的重要因素。

团 队

评估一个公司最重要的标准就是：团队、团队、团队。一个好的创业团队对创新公司的成功起着举足轻重的作用。

第一节　投资人心中的完美创始人

一、"既上过庙堂，也行走过江湖"的完美创始人

投资硬科技时，我们偏好高学历、有技术研发背景的创始人。团队里一定要有一位具有十年以上研发经验的核心成员。如果创始人是一名科学天才，一定会成为投资的优先项。

既上过庙堂，也行走过江湖——在投资人心中，拥有这种经历的创始人最完美。**创始人要做到雅俗并存，知人善任，知行合一，具备战略规划和执行能力，能做到战略上有定力、策略上有灵活性。**

（1）创始人必须要有战略眼光，并且对未来有长远预期与规划，而不是"脚踩西瓜皮滑到哪里算哪里"。战略是谋略，是企业发展方向的保障，重点在如何赢得市场。创始人需要志存高远，为企业设计一个高瞻远瞩的目标，不仅要获取收益，还要保证价值创造的可持续性。优秀的技术创始人在具备领先的科研技术能力的同时，往往也具备商界大家的风范。当然，投资人不会用职业经理人和成熟商人的标准去苛求他的商业运营能力，他可能不知道一些具体商业运营方面的细节。但他要有敏锐的商业嗅

觉、独到的商业眼光，有一定的商业远见，有对社会发展的深刻认知，能找到有相关商业才能的人配合自己管理企业。

（2）创始人必须极具执行力。执行力是让远见与规划落地，让"诗与远方""星辰大海"照进现实的保障。满足市场需求的科技产品是技术型企业生存的基础，随着市场需求的变化，企业需要不断升级产品，以持续满足市场需求，这实际上就是战略规划和战略执行的过程。落实战略的过程也即执行战略的过程，涉及市场营销、人力资源、财务管理、供应链、研发、信息化和企业管理等。创始人只会制定战略却没有执行能力，就是纸上谈兵。只有战略和执行相互结合，才能让企业乘势而上，激发生命力，从而创造出独一无二的市场竞争力。

二、创始人需具备的特质

创始人对一个团队的意义显而易见，毋庸赘述。带有鲜明个人魅力的创始人是一家公司的重要财富。在风云诡谲、变幻莫测的商界，人们已经达成共识：**创始人的认知边界，才是企业最重要的边界。**

在成为一名创始人之前，一个人首先需要明确知道一个残酷而真实的真理——成功属于少数人。**创业是"九死一生"的艰辛历程，对创业者有很高的要求**，并且大部分创业者都未能取得令人瞩目的成就。创业要忍受巨大的孤独，创业过程中经历的种种问题并不是都能与他人交流分享的，创业者只能在孤独中学会坚强和成长，也会改变很多人的性格。因此，**创始人更应该清醒地认识自己，包括自己的优势与短板。**

成功的创业者一般具有以下特质：**有格局、有胸怀、有眼光、讲诚信、懂感恩、高逆商、懂人性。**

(1) 有格局。格局既是心理空间和精神结构，还是生命容量，更是综合素养。只见树木，不见森林，即为缺失格局的表现。格局决定成败。古往今来，凡成大事者，必有大格局。常言道：再大的烙饼，也大不过烙它的锅。对个人来说，如果事业是烙饼，格局就是烙饼的锅。国学大师钱穆曾游览一座古刹，见到一个小沙弥，在一棵历经五百年的古松旁种夹竹桃，于是感慨："以前僧人种松树时，已经想到寺院百年以后的发展了；今天，小沙弥在这里种花，他的眼光仅仅是想到明年啊！"钱穆的感慨表明一个道理，即如果心中的格局太小，就会大事难成。格局代表人的胸襟、胆识等心理要素的内在布局，创业者的成败最重要的不是能力高低，而是格局大小。有格局的创始人更关注大局而不拘小节。

(2) 有胸怀。量小失友，度大聚朋。有了宽阔的胸襟、宽宏的度量，才能赢得信任，增进团结。在历史上，一个人的雄才大略，从来不是因为他自己有战无不胜的神力，而是有包容天下的胸怀。正所谓"胸怀决定眼界，胸怀赢天下"。

随着企业的成长，技术型创始人要想带领企业不断发展壮大，还需要在原有角色上成长进化。因此，科学家、技术专家们不仅需要有前瞻性，还需要开放和包容。比如在早期，技术型创始人可能要亲身参与技术产品研发的全过程；随着企业技术、产品路径的不断扩展，技术型创始人需要逐渐成长为技术型管理者，而非亲力亲为的技术研发者。创始人要通过执行计划、组织、领导、控制等整合各项资源，实现既定目标。在这个转变中，科学家、技术专家的胸怀至关重要。如果心胸狭隘，容不下能力强或是与自己有不同意见的人，就会影响企业留住优秀的人才，影响团队的稳定性。创始人不一定是最聪明的，但是要善于用人，善于用各种方式把不同背景和才能的人聚集到一起，并为其提供公平、合理的机会，使他们发挥个人潜能、实现个人价值，同时为企业创造价值。

（3）有眼光。眼光是一种洞察，是对事物的敏锐感。眼里没有蓝天的辽阔，也可以有白云的飘逸，没有大海的波澜壮阔，也可以有小溪的涓涓细流。眼光长远才会在未来收获意想不到的成功。眼光狭隘就只能沉湎于过去，看到眼前的利益。伯乐之所以能遇上千里马，正是因为他有敏锐的眼光，否则，就算千里马奔走于面前，他也会无动于衷。眼光长远才能收获成功的果实，成就一番事业。

（4）讲诚信。契约精神和诚信是立业之本，创始人千万别拿自己的信誉开玩笑，做人要诚信和厚道，讲诚信的人才能把事业做大。讲诚信的创始人会坚持契约精神，排除万难，从而赢得更多合作伙伴的青睐。

（5）懂感恩。一个人的成功应该感谢周围的人和事，怀着一颗感恩的心在社会上行走，运气会更好。人生路上的每一步都或多或少地会得到别人的帮助，师长的谆谆教诲，亲朋的亲切关心，同事的热情帮助，领导的信任和支持等，能记住别人滴水之恩的人，更能见贤思齐、谦虚谨慎，最终得到快速的进步和成长。懂得感恩的人是心胸宽广的人，对人生的态度是积极的、阳光的。企业创始人只有懂得感恩，路才能越走越宽，才能得到更多人的支持。

（6）高逆商。一个人遇到困难和问题时采取的态度，决定了其未来的发展方向。企业经营起起伏伏，只有内心强大的人才能走到最后。所有暗淡的日子都是最好的增值期，所有的坚持和付出都会在未来开花结果，就算暂时失败，也会找机会重新崛起。

（7）懂人性。在创业过程中，人性的话题无法回避。人性总有善恶两个方面，创始人应该建立正确的人生观和价值观，遵循人性规律，保持良好心态和正能量，处理好利弊平衡，为企业赢得生存和发展。

创始人管理企业不要做"老好人"。有人给"老好人"画了像：怕得罪部门负责人，从而伤了和气；怕得罪下属，从而不拥护自己。他们对于存在的问题总是避重就轻，睁一只眼闭一只眼。他们明哲保身，不讲原则，缺乏正气。在他们的观念里，谁也不得罪就是最好的处世之道。创始人如果做"老好人"，不仅是对自己不负责，也是对企业和下属不负责。创始人要勇于承担责任，否则迟早会被淘汰。相比于"老好人"，创业企业更需要的是"狼性"。"狼性"指的是带着野性去拼搏厮杀的精神。"狼性"最注重的是团队协作，不抛弃、不放弃的执着精神，以及克服困难的勇气等。创业企业需要带着"狼性"上阵拼杀。

第二节　从科学家到企业家的多道坎

科学家将自己的成果转移转化，主要有两种形式：第一种是卖成果；第二种带着成果走出象牙塔，走到市场上去，也就是创业。

教授、科学家亲自创业，无疑为科技型创业注入了浓厚的硬科技基因，但也存在诸多困难和多道坎，需要科学家自身从心理到能力上实现跨越，才有希望走向成功。创业面前，人人平等，科学家尤其要通过自我革命来跨越创业过程中的多道坎。

（1）实验室的成果从"书架"走上"货架"难。 有的教授、科学家会抱着这样的念头：我的技术在实验室已经有成果了，有了这些就可以很容易地将其转换成产品。但实际上，让试验成果达到能批量化生产所需的成熟度是一条极其漫长而曲折的路。

（2）科研思维与商业思维之间存在"次元壁"，必须打破技术先行的理念。 大部分科学家过去只钻研技术，市场嗅觉并不敏锐。但两者之间有很大的不同：做学术研究，追求的是将一个很细分、很前沿的问题，做到国内最先进、国际最先进，是探究理论的可行性，而无须考虑用户、成本、市场需求等问题，因而"钻牛角尖"的精神对于科研人员来说往往颇为可贵；而商业思维则要求在有限的资金、时间、人力、物力条件下，针对市场需求，寻找一种更先进、更高效、更低成本、更易接受的解决方案。

强调封闭性的科研和强调开放性的创业注定是两个概念，两者之间的艰难磨合埋没了一批批创业科学家。科研人员做企业容易有一个误区，就是过分看中自己的技术和成果，对市场了解比较少。其实在整个产业链里，技术只是一个环节而已，只有把企业各个环节配置好了才可能成功。

（3）资本与团队围绕股权的博弈。 教授、科学家创业有很大一部分都是技术入股，贡献不同，股权比例不同，这就可能会产生诸多潜在矛盾。科研团队不仅要参与创业，还需要真正投入创业，而股权激励就能起到激励核心技术团队的作用。教授、科学家创业拥有技术，但在资金方面并不充沛，还需要借助外部资本的力量，以股权换取资金，推动企业发展得更快。由于融资后股份被稀释，核心团队对于企业的控制权或话语权会被削弱，可以用来激励团队的股权也会所剩无几。创始人往往会陷入要股权还是要资金的两难境地。

为了避免后续融资陷入两难，科学家在创业初期应从两方面提前布局：一是科学家创业要加大出资力度，这样不仅可以避免早期估值过低、融资释放股权过多的问题，还可以表示科学家创业的信心和决心，增加后续投资人的信心；二是适时设立员工持股计划，根据企业发展进度，当达到重要里程碑时，由全体股东让利核心团队，留给后续核心研发团队更多机会，这也有助于推进公司的研发进展。

有些科学家往往忽略非技术投资人的作用和价值，对管理不屑一顾，认为技术才是一切。另一个极端则是科学家妄自菲薄，过分重视和依仗团队中并不与其相匹配的商业人才、市场人才。

（4）避免过度的个人英雄主义、理想主义情怀。在追求创业梦想的路上，创业者其实都怀揣着理想主义情怀。不过，对于已经有浓厚理想主义情怀的科学家和教授来说，如果团队中没有能够与之互相补位的伙伴，过度的个人英雄主义对创业来说可能未必是好事。

（5）专利权属要厘清。教授、科学家创业，很多都与高校、院所有着千丝万缕的联系。科学家和教授作为科技成果发明人，其投用于创业项目的成果是否属于职务科技成果、是否存在潜在的权属纠纷，这些都需要机构通过尽职调查来进行厘清。

(6) 有雄心壮志，但不要贪大求全。 大多数科学家，尤其是掌握了平台型技术的科学家，由于平台性技术的特定优势能够同时支撑多种品类不同应用的产品，这给科学家一种感觉，技术可以同时在不同领域研发成多种不同的产品。在这种情况下，有些科学家会希望用自己的技术每开发一款产品就成立一个公司，并实现该款产品的产业化，但这与投资人投资科学家创新的初衷是矛盾的。投资人投资科学家的创新时，既看重科学家的才能，也考虑到了科技成果产业化的不确定性。当科学家成立多家公司作为不同产品的产业化平台时，如果投资人只是投资了其中一家公司，就无法通过科学家的才能来弥补产业化的不确定性风险，一旦被投资的这家公司产业化失败，就会颗粒无收。因此，投资人希望投资科学家本人及其未来产业化的唯一平台公司。

以上这些坎儿，仅是基于业界对于教授、科学家创业的潜在问题的梳理，并非绝对化的公式。如今，科学家、教授的固有印象正在改变。不接地气、不能产业化、不懂人情、不懂人性、不懂管理也不再是教授和科学家的刻板标签。

第三节　团队，团队，还是团队

下者用己之力，中者用人之力，上者用人之智。凡是优秀的企业，必定有一个优秀的团队。而企业的成功绝不是个别创始人一个人的成功，肯定是发挥了团队的智慧，是团队的成功。

好的创始团队需要信任、团结、和谐，并为共同的目标而担负责任、协同工作。团队与团伙、群体有根本性的差异。团队与团伙的根本区别在于底层驱动力不同：团伙是以纯利益驱动，因利而聚，无利而散，而团队则是以愿景为驱动，人人具有使命感，即使没有短期利益，也会带着坚定的心走向目标。团队与群体也不同，团队成员之间是有分工和协作的，而群体只是一定数量的人聚集在一起，缺乏正式性和凝聚力。

创业团队要有优秀的人才，把大家的优势发挥出来。如果团队组织涣散，各有打算，创业是不可能成功的。企业竞争主要是人才竞争，只有发挥团队成员的潜能，才能实现企业长远发展并逐步强大。企业的生命力和竞争力关键在于企业无处不在、无时不在的团队精神。

一、团队考量维度

如图 4-1 所示，企业在不同阶段有不同的团队特点。**判断一个企业的团队如何，主要可以考虑八个维度：完整性、互补性、稳定性、专业性、国际化、学习型、默契度、亲密度。**

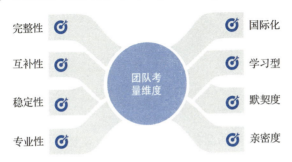

图 4-1 团队考量维度

（1）完整性。一个好汉三个帮。创业本身是一个复杂的系统任务。创业就像用塑料袋装水，在任何地方"扎眼"都会"漏水"。一个项目如果失败，有的是因为技术、产品不过关，有的是因为销售、市场拓展不行，也有的是因为团队不团结导致内部分崩离析，总之，任何一项问题都可能导致一个创业项目失败。

对硬科技企业来说，科学家无疑是一个团队的核心"财产"，但仅仅靠科学家撑不起一家创业公司。在团队的不同发展阶段，需要有CEO、CFO、CTO等合作伙伴与其配合。不管是什么职位，团队在所有重要工作上都要有人独当一面，这样才能将公司及整个团队的战略意图推动落实下去。

如果创业者不是一位集编程技术、销售、财务于一身的奇才，那他就得招募其他人填补这些职位。对于风险很大、资金很少的初创公司，找到优秀的人才并激励他们表现优异是很困难的，能否成功很大程度上还是归结于CEO的领导才能。团队即使在创业早期不完整，也应该随着企业的发展而逐步完整。

（2）互补性。当创始团队成员之间能够互相补位、发挥优势，才能应对未来的各种挑战。一项技术、一项应用如果紧紧围绕着科学家来做，最大的问题就是容易造成产品应用场景的短板。在某科研院所内，萌芽着不少科研项目，但很多科研项目仅有技术人员，没有生产、市场、销售人员，甚至有的仅仅有技术，连产品都没有。这样的项目距离成为一家成功的创业公司来说，还需要补上太多的人才。

除了专业方面的互补，团队成员最好在性格上也能互补。团队里有人偏激进，也有人偏保守，有人偏感性，也有人偏理性，这样有助于团队做决策时考虑得更加全面。

团队成员在资源获取上也需要互补。比如,有人认识一些技术侧、产业上下游的资源,有人认识一些政府渠道的资源,有人认识一些投资人的资源,这样就很容易整合资源,达到团队与公司利益最大化。

(3)**稳定性**。创业本身需要有较强的延续性,否则技术、产品研发中途出现重要人员离职,就可能会出现研发接续问题,甚至可能需要重新再来。核心团队的稳定性建立在团队之间共同工作较长时间的相互磨合,从而达成默契的基础上。

不过,创业公司运营的周期性和不断进入新的发展阶段,也意味着公司在一定周期内出现人员流动是正常的,甚至是必要的。当公司度过了一个完整的发展阶段或周期,进入下一个发展阶段时,对骨干团队会产生新的需求。这时,新人才的引入或许会给团队带来全新的生命力和推动力。

(4)**专业性**。只有具备了专业知识才能更好地形成企业的核心竞争力,凸显企业存在的价值和重要性。专业的事由专业的人来做将会事半功倍。不管是什么行业与领域,专业性永远是最关键的制胜武器。学历与文凭在当今社会之所以重要,本质上是因为它们代表着一个人在求学阶段所接受的专业学习。足够专业意味着在某一领域有深度的钻研。具备专业性的人,其背后必然需要巨大的储备与强大的内核。

(5)**国际化**。在经济学中,国际化是企业有意识地追逐国际市场的行为体现。它既包括产品国际流动,又包括生产要素的国际流动。美国学者理查德·D.罗宾逊在其著作《企业国际化导论》一书中提出了这一观点。不同的企业走向国际化的具体原因千差万别，受到各种不同因素的驱使。但是，无论出于何种原因，企业的国际化从根本上看都是出于整体战略的考虑，即为了寻求更大范围的竞争优势。为现有的产品和服务寻找新的顾客，寻找低成本的资源，在更大范围内学习新的技术和管理经验，积累对顾客需求的认识，由此打造出更强的核心竞争力，这些都需要通过国际化来实现。只有国际化的团队，才能在未来跟上全球最先进的技术和市场发展，才能具备国际竞争力，拥有国际化发展空间，成为全球有影响力的大公司。

(6) 学习型。学习型团队是通过培养弥漫于整个组织的学习气氛，充分发挥员工的创造性思维能力而建立起来的一种能持续发展的团队。发现、纠错、成长是一个人发展中不断循环的过程，也是学习的自然动力，团队也如此。团队成员需要在工作中学习，在学习中工作，学习应该成为企业工作中的一种常态化形式。需要强调"终身学习""全员学习"，尤其是管理决策层，他们是决定企业发展方向和命运的关键，因而更需要学习。企业通过保持学习能力，及时铲除发展道路上的障碍，不断突破成长的极限，从而实现持续发展。

(7) 默契度。团队成员应该相互补台，避免相互拆台。工作的成绩是团队每个人共同努力的结果，个人力量再强大，离开了团队平台也很难干成事。团队成员应该有整体观念，有大局意识，维护整体利益，发挥每个人身上特有的优势。

(8) 亲密度。在与创业团队交流时，投资人通常都会问："你们为什么会走到一起？"目的就是想了解团队成员之间的亲密程度。团队成员之间的亲密程度为什么重要？因为亲密关系的最大好处就是信任。信任是需要通过时间积累的，并且信任在人与人之间传递时是随着传递的人数增加而递减的。如果核心团队的几个人是多年的同窗、师生、同事、朋友等比较亲密的关系，那么在一些事情发生时，他们更倾向于首先选择彼此信任。比如，创始人安排某位联合创始人做一件苦差事，对方不会觉得"你在排挤我"，而是更倾向于从团队整体利益的角度出发思考问题。基于过去长期积累的信任关系，在亲密关系中，包容度往往也会更高。比如，一个人做了一件错事，让同在团队里的另一个人很难受，但这个人可能会将其行为视为无心之失，而不是做出更有深意的负面解读。

实际上，亲密关系对于信任建立的影响，不仅存在于创始团队内部之间，也能在创业团队和投资人之间发挥影响。在风险投资中，交易双方存在严重的信息不对称，需要风险投资人和创始人之间建立信任合作关系。比如，当风险投资人和创始人存在校友关系时，双方就能通过群体识别建立信任，提高沟通效率，降低信息不对称和交易成本，从而对风险投资产生重要影响。有研究发现，校友关系有助于风险投资人与创始人之间建立信任，使风险投资人敢于承担更高的投资风险，从而做出投资决策。

二、如何寻找合伙人

创始人有了创业想法之后，紧接着考虑的就是寻找志同道合的合伙人。寻找合伙人是创始人在核心团队建立初期的一项关键任务。真格基金创始人徐小平认为，合伙人的重要性超过了商业模式和行业选择，比是否处于风口上更重要。小米创始人雷军坦言，在创业最初长达半年的时间里，他花了至少80%的时间用于找人。

纵览全球，科技大佬们都有一些寻找事业合伙人的独特秘诀。特斯拉创始人马斯克在一段视频采访中透露，当他面试别人时，会询问他们的职业生涯、处理过的棘手问题、是如何解决这些问题的，以及如何在关键节点做出决策。这些足以让他对潜在事业合伙人有一个很好的了解。

如何判断出对方是否是一个优秀的人？互联网巨头Meta（原名Facebook，现已更名为Meta）的创始人兼首席执行官扎克伯格则认为，唯一能判断某个人是否真正优秀的方法是你是否愿意为那个人工作。他说："在我们的管理层，如果我没有创办一个公司，我会很荣幸为这些人中的任何一个工作。"**在寻找合伙人的过程中，连续创业者、在某些硬科技领域长期深耕的资深技术专家无疑更容易受到青睐。**《硅谷百年史》中写道，如果你没有失败过，那说明你还没有尝试；但如果你只是失败过，那说明你还不知道怎样正确地做事。

成功虽然也要靠运气，但是掌握规律的人运气更好。创业者虽然要开疆拓土，有的甚至需要开天辟地，做前人完全没有做过的事，但这并不代表创业完全没有规律可循。创始人的眼光、战略，选择的市场与赛道，搭班子、带队伍、识人选人用人的方法，制定的战略规划能否得到执行，所触达的产业资源、上下游资源、资本市场的资源、政府资源，能否支撑他做这些事等，是每一个成功创业者都要走通的"套路"。

第四节　如何与创业者打交道

与创业者打交道，首先是尊重。尊重是一门学问，懂得尊重别人就是尊重自己，就是将爱、善良和宽厚播种在他人的心里。尊重他人是成就卓越、获取成功的必备品质。孟子有云："爱人者，人恒爱之；敬人者，人恒敬之。"一个人若是能够尊重并理解他人，也必然能够得到他人的尊重和理解，这是高情商的体现。

（1）**创业者需要尊重，也值得尊重。**有时候，一些投资机构的投资经理会潜意识地认为自己是给钱的一方，所以会有一种"金主"般高高在上的感觉，自我感觉良好。实际上，这样的优越感大可不必。所有的投资机构都应该意识到，创业者是最伟大的，没有创业者的事业发展就没有风险投资的获利机会。

（2）**观察和了解创始人的性格特点。**性格反映的是创始人对现实的稳定态度，以及与这种态度相应的习惯化行为方式中表现出来的人格特征，更多地体现了人格的社会属性。有几个方面需要特别留意：看他对现实和自己的态度，如诚实或虚伪、谦逊或骄傲；看他的意志，如勇敢或怯懦、果断或犹豫；还要看他的情绪，如思维敏捷、深刻、逻辑性强或思维迟缓、浅薄、没有逻辑性。我们可以通过一些方式方法来判断他的性格是否靠谱以及品行好坏，品行好的人对事认真、对人坦诚、对己自律；观察他的言行，一个人的举手投足之间就能体现出其自身修养；留意他的行为细节，细节决定成败，不注重细节的人容易心态不稳定、性格冲动。

如何与创业团队打交道？可以约创始人一起用餐，甚至一起打牌。用餐通常是一个人最放松的时候，而打牌则是最能在轻松状态下考验出一个人逻辑思维能力的场景之一。

人类在社会交往中会天然地进行伪装，但在用餐、打牌的时候，这些伪装常常会在不经意间卸下。在酒桌上，一个人的性格特点往往会有所暴露：太好酒的人不能投，因为缺乏自制力；喝酒时借用毛巾吐掉或偷偷倒掉的造假行为者不可投，暴露了不诚实的人品；酒后耍酒疯的人也要谨防。

看人、看团队，要善用逻辑，巧妙消除信息的不对称。投资的过程也是投资人不断消除信息不对称、不充分并从中获得投资未来可能性的过程。信息洋流中，很多信息我们可能不知道，不妨学着用逻辑来消除一部分信息不对称的问题。比如，我们不确定在某个领域还有没有人比 A 的研发水平更好，但是假如 A 敢于从清华大学科研教职岗位干了 20 年后辞职专门来做这件事，那么可能就敢下定决心投他——既然 A 在某领域的科研最高学府从业这么多年，同领域里谁的技术最好、谁的水平最高，一定是了如指掌、成竹在胸的，在这种情况下，他还愿意辞职出来全力以赴地创业，那么他已经替投资人完成了一次选择，我们愿意信任这样的人才，与其一起并肩作战。

第五节　股权结构与利益分配

谈到股权结构的问题，首先要先说说利益。人们对利益的追求来源于人的本性。凡是能满足自身欲望的事物，均可称为利益。人们追求自身利益最大化是正常的，但追求自身利益的同时不能损害他人和社会利益，这是底线。俗话说，君子爱财，取之有道。另外，有时候，人们往往会为了短期利益而忽视长期价值。真正有价值的东西都是值得等待的。

企业的发展离不开一套合理的利益分配制度，并且要能体现团队的长远利益。**要实现创始人之间权利、义务与贡献的动态平衡，这就涉及股权结构。**总体来说，股权结构的合理设计有着以下五方面的意义，一是明晰合伙人之间的权责利，体现合伙人之间对企业的权利、义务和贡献；二是有助于维护企业和团队的稳定；三是企业融资时，合理的股权结构有助于保障创业团队对企业的控制权；四是股权结构设计的合理性会直接影响投资人的投资决策；五是进入资本市场时，监管机构对股权结构是否明晰、清楚、稳定都有明确的要求。

通过合理的股权分配设计，创业型企业能够团结创业团队核心成员、吸引高素质职业经理人、提高内部核心员工的主观能动性。面对有限的股权资源，如何通过合理有效的股权分配设计实现人力资源的战略目标。这对于高成长性的创业型企业尤为重要，甚至可能关系到企业的未来存亡。

设计股权结构最重要的一个基本原则是——权责对等。**股权结构意味着两件事：经济利益和控制权。**

什么因素会使一个人对团队贡献程度影响最大？在模式创新时代，拥有市场资源的一方可能是主导；但在硬科技创新下，如果技术人才与商业人才在权责利分配上出现对峙，掌握主导核心权责利的应该是技术人才。如果科学家、技术专家的技术具有不可替代性，那么他对于团队的贡献率就是独一无二的，通常需要占据较高的股份。

曾经有一家生命健康领域的创业公司，创始人手中有很好的技术，但常年生活在海外，对中国市场"两眼一抹黑"。在遇到商业合作伙伴时，创始人自愿让出了一大半的权益，技术团队占股30%，商务团队占股70%。在股权分配完成初期，大家对此都没有表示异议。但随着公司的发展，创始人自己带的技术团队逐渐出现了"军心不稳"的问题，随后骨干成员出走，给公司发展带来了极大震荡，影响了公司的持续研发和发展。

不建议均分股权。一家两人联合创办的创业公司每人50%均分、三人联合创办的创业公司每人33%均分，或是四人联合创办的创业公司每人25%，这几种结构下基本很难成事。"三个和尚没水喝"的情况比比皆是，必须有一股独大，才能在决策时更有效率，才能体现民主集中制。

控制权保护。企业在经过多轮融资后，在同股同权的情况下，创始人对企业的控制权将会随着企业引入资本的增加而不断地被稀释。往往在创始人股权没有绝对和相对控制权时，创始人和管理团队都有可能成为资本的牺牲品。若要确保创始人和管理团队对企业的控制权，则需要减少股权融资、增加债务融资。然而，现今创业企业一般都是轻资产结构，债务融资难度大，甚至会出现因为融资额度不足导致企业难以持续经营的情况。这样两难的情况困扰着很多创业企业。

在我国，《中华人民共和国公司法》（以下简称《公司法》）中对投资者的持股比例有几个重要界限，以此来保护投资者的权益(见图4-2)。

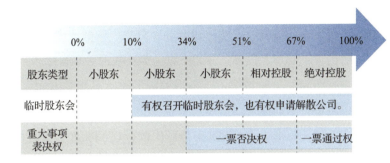

图4-2 持股比例的几个重要界限

(1) 持股比例达到10%,有权召开临时股东会或申请解散公司。《公司法》第三十九条规定:"定期会议应当依照公司章程的规定按时召开。代表十分之一以上表决权的股东,三分之一以上的董事,监事会或者不设监事会的公司的监事提议召开临时会议的,应当召开临时会议。"公司重大事项常常需要通过股东会来表决。持股比例超过10%的股东,拥有一定的话语权,可以提议召开临时股东会会议;而持股比例低于10%的股东,没有提议召开临时股东会会议的权力,只能被"牵着鼻子走"。

《公司法》第一百八十二条规定:"公司经营管理发生严重困难,继续存续会使股东利益受到重大损失,通过其他途径不能解决的,持有公司全部股东表决权百分之十以上的股东,可以请求人民法院解散公司。"解散公司的权力相当于掌握了及时止损的权力。在公司发展不及预期的情况下,持有10%以上股权的股东有权力召开临时股东会申请解散公司,不至于任由公司继续亏损。

（2）持股比例达到34%，重大事项拥有一票否决权。《公司法》第四十三条规定："股东会会议做出修改公司章程、增加或者减少注册资本的决议，以及公司合并、分立、解散或者变更公司形式的决议，必须经代表三分之二以上表决权的股东通过。"

在没有特别约定的情况下，公司章程的重大事项通常包括：修改公司章程、增加或者减少注册资本、公司合并，或者变更公司形式。在重大事项表决时，如果持股比例达到34%的股东投出反对票，则该项表决就无法通过。因此，公司要表决重大事项时，一定要征求该股东的意见。这就意味着，持股比例达到34%的股东在公司中拥有重要的话语权。

（3）持股比例达到51%，基本上可以控制公司决策。《公司法》第二百一十六条中规定："控股股东，是指其出资额占有限责任公司资本总额百分之五十以上或者其持有的股份占股份有限公司股本总额百分之五十以上的股东。"除重大事项以及公司章程特别规定的事项外，持股比例达到51%的股东决策事项都可以通过，即为公司控股股东。

（4）持股比例达到67%，拥有绝对控制权。若公司章程没有特别规定，持股比例达到67%的股东，对于公司的大部分决策事项都可以一票通过。该股东可以决定改变公司的经营范围、企业注册地等，可以称之为绝对控股股东。

因此，控制权保护是创业者所必然要面对和考虑的点。创业团队如果没有足够的股份和控制权，极可能会失去创业的动力。

在此，也给所有投资人提个醒，不要投资一家企业就想要大比例地占其股份。因为假使创业团队没有了创业动力，即便拥有这家公司 80% 的股份，意义也不大。

市　场

在这里，市场主要是指购买需求，包括现实客户和潜在客户。市场通过信息反馈，直接影响着生产什么、生产多少、上市时间以及产品销售模式等。

产品满足了更多的购买需求才能扩大市场。被誉为"微信之父"的张小龙说过，"产品要满足人的贪、嗔、痴，这就是人的共性。"比如，在中国能满足大部分人的共性需求就已经达到亿级用户了。市场是企业经营布局的核心元素。在决策中应坚持市场的主体地位，强化产能、产品研发等与市场的有效匹配。市场也是企业战略发展升级、投资人投资决策的重要依据。市场需求是一个复杂的系统，需要从市场中的各个元素出发，从消费群体、市场发展等角度进行分析。

第六节　刚需：判断伪需求与真需求

对科研人员来讲，一个技术攻关无论面临多少困难都要攻克，但有时"技术至上"式埋头苦干可能并未从市场角度考虑，很难得到市场的认可。因此，软件行业有一个很形象的说法：**"真正好的软件是用出来的，而不是开发出来的。"**分析和判断市场需求的"真"和"伪"是首要问题。**科技人才创业很容易在不经意间掉进一个陷阱，就是对市场存在主观"认为"。**

谷歌眼镜的一名早期核心人员曾经讲述了他们研发谷歌眼镜的过程。当时，谷歌研究院的六七名研究员热烈地讨论了一个问题，计算机从房间里的大型机向铁壳子里的台式机、桌面上的笔记本电脑、拿在手里的手机演变后，未来会演变成什么？他们的结论是可穿戴设备。

那么，到底是手表还是眼镜？研究员先做了一个内部调查，发现用户对手表的第一需求是装饰性、时尚度和功能，而智能需求并不是他们非常关注的。随后，在对智能眼镜的功能调查中，他们把通过谷歌眼镜搜索时间、天气、日历、通用知识等功能放进选项中，并得到了很多正面反馈。于是，如外界所熟知的，谷歌智能眼镜面市了。

当时，研发团队想当然地认为在自然世界中使用搜索是一个大多数人都会有的需求，并花费不菲做出了产品原型。然而，在随后公司内部征集了几千名员工进行产品体验后发现，大家使用最高频的应用功能并不是研发者设想得最为炫酷的戴着眼镜搜索万物，而是拍照和录像，特别是对家有小孩子，无法腾开手的家长。后来，很多极限运动爱好者、医生、驾驶员、警察等，都是因为在工作或活动中不方便用手拍照，成了谷歌眼镜的主要客户。但这个用户人群与研发团队当初的设想出现了非常大的偏差。

谷歌眼镜设计之初最酷的眼镜搜索功能在个人消费者中"叫好不叫座"，就是一个典型的伪需求。确切地说，伪需求问题并非只有科技人员创业才会遇到的，而是众多创业者都容易遇到的一个"大坑"。一直以来，数不清的创业者为了各种伪需求耗费了大量的时间和金钱,最终走向失败。

真需求和伪需求(假需求)的差别就是能否满足人们真正的需求。真需求是"needs",而伪需求是"wants"。真需求是人们真正需要的产品,而伪需求通常是人们想要但不一定真正需要的产品。科技创业和其他创业一样,都必须满足市场和用户的真需求才能走向成功。

真正的市场需求是既要有交易需求,又要有交易能力,才能形成一个需求闭环。很多科学家创业容易做出消费者有意愿买但却买不起的产品。比如,曾经有一位科学家牵头做了一款空气净化系统,比目前市面上所有的空气净化系统性能都要好得多,但最后核算成本,是市面上同类产品的好多倍。在这种情况下,市场需求其实也就不存在了。

这也能解释国产替代为何能成为投资界重点追踪的方向之一。之所以有国产替代的机会,是因为其背后的市场是真实存在的,投资人通常也不需要再去验证这个市场需求到底是不是伪需求(见图4-3)。

图4-3 国产替代的优势

第七节　市场容量的逻辑与计算

影响市场容量的因素包括市场存量规模、产品生命周期、增长速度、发展空间等。

如何分析、计算市场容量？最简单的办法是用逻辑推理。以一家汽车配件公司为例，首先要分析全球汽车总保有量，这些汽车里用得着该公司配件的有多少辆，现有存量和每年增量有多少，报废周期是 5 年、10 年还是 20 年等。我们用单价乘以总用量，再除以折旧或报废的年限，即可算出一年的采购量，再考虑市场增长情况，就可以知道每年这个市场的容量究竟有多大。计算方法如下：

$$M = p \times \frac{V}{t} \times (1 + a)$$

式中，M 是每年的市场容量；p 是单价；V 是存量；t 是报废年限；a 是增长率。

投资人莫要听信创业者在商业计划书里大谈特谈汽车市场几万亿美元、医疗健康市场几万亿美元或创新药市场多少亿美元，而是一定要有理有据、有逻辑地分析拟投企业产品真实的市场容量，从而判断项目所在赛道是否有前途。

一、数据推算法

将本行业的市场规模追溯到催生本行业的源行业或强相关行业。鸡生蛋，蛋生鸡，要想知道有多少鸡出生，数数蛋有多少便知道了。比如，每辆新能源汽车都会有电池，买了球拍必然也要买相应的球。两个行业之间产品有一定的相关性，其销售也有一对一或一对多的固定比例，此时我们就可以先测算强相关行业的市场容量，然后再根据两个行业产品的平均价格换算成目标行业的市场规模。计算方法如下：

$$V = P \times \frac{v}{p} \times N$$

式中，V 是目标行业市场规模；P 是目标行业产品均价；v 是源行业／相关行业市场规模；p 是源行业／相关行业产品均价；N 是两行业产品数配比。

二、需求推算法

根据产品的目标人群需求，来测算目标市场的规模。本方法适用于目标人群或者需求较为明确，目标人群规模也比较容易获得的情况。比如，某种药品的市场容量，目标人群即为该种药品适应证对应的患者，这类患者数量便是容易获取的数据。此时只需再知道目标人群购买的比例和均价即可。计算方法如下：

$$V = P \times a \times M$$

式中，V 是目标市场规模；P 是行业产品均价；a 是购买比例；M 是目标人群数量。

第八节　为什么不投"小老头"

只有在达到百亿元以上规模的市场里，早中期企业跑出来的机会才更大。**从成功概率来看，只有市场足够大、天花板足够高，投资成功的概率才会更高**（见图4-4）。

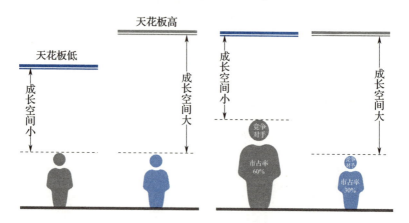

图4-4 市场天花板示意图

为什么要设定百亿元这个数字？因为IPO企业营业收入大概率要达到10亿元以上的门槛。一般情况下，一个起码能养得了一到二家上市公司的市场，才能称为主流市场。以此为要求来粗略估算，一个细分市场的空间要达到100亿元才能实现这个目标。

很多人喜欢投资隐形冠军。我在浙江、江苏等地见过不少隐形冠军企业。比如，有一家企业，占据了全国百分之六七十的市场，市场占有率是当之无愧的第一，但市场总规模加起来也不超过5000万元。或许企业利润也很可观，一年有1000万元的利润总额。作为一门生意，这个企业做得非常不错，但不一定有伟大的未来，因为它所有的价值已经充分展现出来了。如果投资了这样的企业，就很可能会成为"接盘侠"。

有些隐形冠军如果没有广阔的增长未来，其实就成了"小老

头"企业。在实际的创投市场中,辨别潜在的"小老头"公司其实并不容易。

伟大的企业 A 和"小老头"企业 B 在早期(t_1点)很难辨别。如果投资人能够在早期正确判断出 A 的潜力,并重磅投资,则可以在未来获得优异的回报;而判断错误则会导致该笔投资陷入僵局。当企业发展到了中后期(t_2点),A 和 B 的差别会很明显,投资人会更容易辨别出哪家企业更具投资价值,但中后期投资 A 相较于早期投资 A 收益可能会低一些(见图 4-5)。

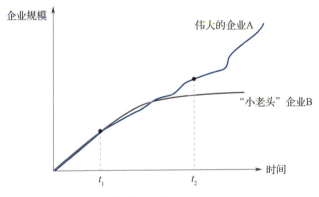

图 4-5 伟大的企业与"小老头"企业

如果一家公司连续五年年收入都在 1000 万元左右,或许就可以判断其很可能是"小老头"企业。但如果它前年亏损,去年净利润为 500 万元、今年净利润为 1000 万元,公司号称明年净利润将达到 3000 万元,这种情况下就应该抛开对方所绘制的净利润增长蓝图,分析其市场增长情况、市场竞争情况、产品形态,分析其利润数据"大饼"与其自身的实力是否匹配。

举个例子,假设有一家物联网企业,其产品主要应用在井盖上，但它的每个客户都需要挨个招标，挨个去"啃"，并且每个客户都相互独立很难形成规模效应，达成其承诺的营业收入需要跑上百家客户才能达成，那么这家企业在一年中几乎每天都在招标或者招标的路上。这种情况下，它突围的可能性就很小。

第九节　知己知彼，百战不殆

近年来，网上流行"内卷"一词，其核心意思是非理性的内部竞争，常常是指同行间竞相付出更多努力以争夺有限的资源，从而导致个体"收益努力比"下降的现象。面对竞争，创业者应该做到知己知彼。

不少硬科技行业产业链条长、参与者众多，对作为链条中一个环节的创业企业来说，每一个环节都可能对其产生或大或小的影响。投资人需要对各种规则做到心中有数，才能做出中肯的市场判断。面对投资，投资人也应该做到知己知彼。

比如，芯片产业由设计、制造、封测三大环节构成。以中芯国际为例，其上游供应商覆盖光刻机、刻蚀机、离子注入机、研磨机、研磨液、光刻胶、惰性气体、金属靶材等众多原材料和关键设备，主要客户是各类芯片设计企业，其下游还有封测子产业等。如果对此都能做到了如指掌并有能力对接相关资源，投资人对芯片制造产业的梳理与资源挖掘才能算得上称职。

再比如，医疗健康行业。做医疗投资的投资人，通常都有不少医院的朋友，否则在行业里应用端的资源就会十分匮乏，无论在项目来源、临床试验、临床应用与推广方面都会遇到很多困难。医院与医生一头连着"供给",另一头连着"需求"。

在后续行业研究的章节中,我们将会对几个重点行业进行详细解析。

另外,没有竞争的市场是可怕的,竞争对手的存在既是市场需求刚性存在的佐证,也是帮助企业变强和成长的重要条件。商场如战场,在残酷的市场竞争中,商机乃至胜机总是稍纵即逝,要想击败对手,笑到最后,必须做到一个"快"字,还需要集中力量,包括人力、物力、财力,精准打击,赢得竞争。

技　术

邓小平提出的"科学技术是第一生产力"的重要论断告诉我们,科学技术在企业生产力的诸要素中起着第一位的作用。

技术是企业竞争优势的重要来源,是科技创新的核心,也是企业可持续发展的重要保障。未来的竞争不是模式竞争,而是技术创新的竞争。**"人无我有,人有我优"的技术是创业企业的核心竞争力和生存发展的生命线**。技术是硬科技企业的"护城河",在一个开放竞争的环境里,新技术的更新和迭代是最终实现市场颠覆的利器。**从诸多企业兴衰成败的历史经验来看,技术创新是关键因素**。越来越多的企业意识到必须打造成为技术驱动型企业,必须在变局中掌握技术先机。

第十节　准确把握科技发展的趋势

技术偏好型的投资人,需要对拟投公司的技术原理和相关技术路线进行深入分析与比较,从而判断是否符合自身投资偏好。要从技术原理着手深入分析团队选择的技术路线是不是主流路线、相关的上下游配套如何、成功的概率有多大等。投资人还应从技术原理上分析该技术是否适合产品化、标准化、规模化,以后的质量和成本如何,能否满足市场需求。

各个产业会有不同的技术发展走向,但从基本趋势来看,智能化、节能化、高效率和低成本一定是各个行业的共同趋势。

一、智能化

智能化是指事物在计算机网络、大数据、物联网和人工智能等技术的支持下,所具有的能满足人的各种需求的技术属性,使机器能够胜任一些通常需要人类智能才能完成的复杂工作。比如,无人驾驶汽车就是一种智能化的产物,它将传感器、物联网、移动互联网、大数据分析、人工智能等技术融为一体。

随着智能家电、穿戴设备、智能机器人等出现和普及,人工智能技术已经开始进入到生活的各个领域。智能化趋势是科技发展和产业发展的必然。未来,各个领域、各个行业、各个方向都要向智能化发展。智能化的发展目标是无人化。随着人们对于人工智能的认知不断提升,未来智能化社会的发展也会更加多元。

二、节能化

拥有天蓝、地绿、水净的美好家园是人类的共同向往。2020年,中国做出了碳达峰和碳中和的承诺。实际上,节约资源是我国的基本国策。节约资源和保护环境始终是我国经济建设工作的重点内容。长期以来，我国在节能领域主要围绕提高能源效率而展开。国家通过设置单位 GDP 能耗等指标来对能源利用效率进行约束。未来，节能化依然会成为各行各业的重要主题。

三、高效率

高效率就是以更短的时间创造更大的价值。比如，"双十一"期间被网友称为"神舟速度"的智能快递高效服务、自动称重仪和自动上架及拣货机器人，有效地提升了关键环节的工作质量与效率。未来，技术的发展就是要支撑社会经济发展更加高效率。

四、低成本

低成本就是用更低的成本打造更好的产品。在劳动力不再低廉、能源价格不断攀升、政府对企业排污管理的力度加大等环境背景下，企业需要通过将技术竞争优势转向附加值更高的产品研发，从而实现低成本，应对激烈的市场竞争。同时，企业研发的最新技术和产品应该使得客户应用起来成本更低，提供更低成本的解决方案。

第十一节　领先就是机会

具备一定的技术领先性是硬科技项目立于不败之地的重要因素。**技术路线领先性越突出、越符合技术发展趋势、技术门槛越**

高，就越能获得技术偏好型投资人的青睐。要重点关注国外有成功案例、国内技术领先的稀缺标的（见图4-6）。

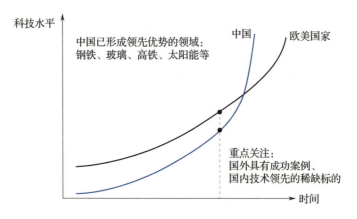

图4-6 技术的领先性

技术领先性并不是好的硬科技团队的充分条件，但是属于必要条件。一般来看，**值得投资的硬科技团队需要具有至少1~2年的技术领先性优势，但也不能太超前**，太超前的基础研究由于需要极高的研发投入，市场资本往往难以承担，一般需要国家层面的支持。以芯片为例，其面积、成本、工艺制程、算力、功耗、效率等指标可以综合判定出一款芯片的技术领先程度如何。

技术领先性还体现在竞争壁垒上。某个产品或者服务被跟随、模仿甚至抄袭的可能性有多大？短期内是否会面临激烈的竞争和追赶？这些都需要充分考虑。

第四章 团队、市场和技术：三把尺子测未来

> **案例**
>
> ### 品驰医疗
>
> 品驰医疗创立以来，先后承担了多项国家重点研发计划、国家科技支撑计划等课题，取得了众多完全自主知识产权的研究成果，并与清华大学、众多临床医院紧密合作，建立起"产学研医"的协同创新模式。2013年，它获得了系列脑起搏器和迷走神经刺激器产品注册证并上市销售，打破了美国公司在神经调控产品领域的垄断。
>
> 风起于青萍之末。2012年、2013时，清华大学李路明教授的科学家团队在昌平的一个小作坊里起步，后来获得了国家科技进步一等奖。如今，品驰医疗的产品已经在全国近260家医院完成超过2万例次植入，平均为每位患者节省10万元，已累计为我国患者节支超过10亿元。

想要始终保持领先性，就需要不断迭代。对高科技公司，特别是对硬科技公司来说，不断地迭代才能实现核心价值。不要觉得自己在初期拥有较高的门槛就能高枕无忧，就能始终保持这样的领先性，当时间窗口期过去，而公司还未进入收获期，没能在某一领域建立优势地位，昔日的技术领先性和竞争门槛可能已经不复存在了。

第十二节　产权清晰是根本，持续研发是关键

目前，我国的科技成果转化大部分都来自大院大所大学，还有少数来自海外高端留学人员，这需要注意专利权属是否清晰。通常国内的专利权属处理可能有以下几种形式：

（1）教授、科学家的企业和大院大所大学共同承担国家课题，专利的商业应用归企业，专利的学术研究归大院大所大学，一般在承担课题中需要写清楚（见图4-7）。

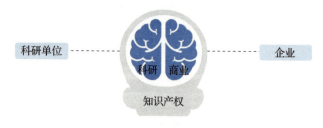

图4-7　科技成果知识产权的归属

（2）企业委托大院大所大学的横向课题，在委托研发时，一般会写明研发成果的知识产权归属，受托方保留学术研究方面的权利，但不允许其授权给第三方进行商业应用。

（3）大院大所大学所得知识产权直接转让给企业。这种情况下，一定要聘请符合财政部要求的资产评估机构做第三方资产评估，按照评估价格转让，做到公平公正，避免国有资产流失。

如果创业团队的技术来源于外部授权，则需要确认研究团队是否具备持续研发能力。产品管线规划就是企业未来的研发规

划，决定着企业的前途。投资投的就是未来，而具有未来持续研发能力的公司才会成长可期。"项目型"技术的科技企业投资价值有限，因为其未来可拓展的研发产品管线较少，发展空间有限，只具备并购价值，不具备独立上市价值（见图4-8）。

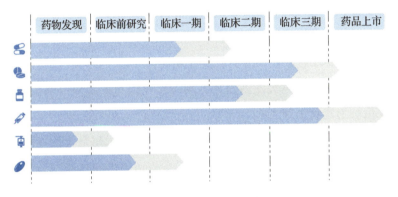

图4-8 产品管线规划示意图

以梦为马的科学家是社会进步的动力之一，但虚张声势的蓝图却不值得被信任。在一些项目中，创业者绘制了一副未来发展的美好蓝图，但与他的实际能力不匹配。

要想判断一家初创公司是否有与其规划的未来产品管线相匹配的能力，首先要看其团队，相匹配的人才储备与科学家团队是实现产品研发目标的关键。**在判断团队的能力时，一是要分析技术人员结构、知识结构与各研发模块组成的匹配度，从而确定团队的技术研发能力**；二是要看经济实力，比如新药研发所需要的资金投入巨大，如果项目设立了比较宏大的研发计划与目标，其融资能力必须要跟得上。

第十三节　标准化才能规模化

很多投资机构重点投资于产品类企业，兼顾部分服务类产品的企业，尽量避免工程类企业。为什么呢？因为一般能够做成产品的技术，都具备可标准化、可规模化的特点。首要的是标准化，**只有标准化的产品才可以实现规模化，而只有可规模化的业务才有可能越做越大，因为只有规模化才能有效降低产品成本，使最终消费者受益。**

科创企业最终交付给市场的不是技术本身，而是其最终演变而来的产品。对于早期科技企业，投资人需要研究其技术到产品的路径，分析产品的销售模式和企业的商业模式，从而判断其规模化的可行性与潜力。

有些科技企业技术研发形成的产品形态只能以工程类项目的形式提供，这种形态相比产品形态有着不同特点。由于工程类项目需要有前期的论证、过程的监控、最后的验收以及后期的维护服务，所以周期比较长、周转率低，对于企业的流动资金压力比较大，所得毛利润中很多支出给了资金提供方，净利润率也较低。如果再考虑到层层分包的可能性，应收账款会较多，且账期较长，这些都不利于企业的快速发展。

第十四节　"三把尺子"与双向多米诺骨牌

团队、市场、技术，这三者在实际操作中的先后排序应该是市场→技术→团队，从重要性上来讲则是团队第一。**投资人要高举高打，设立一个较高的目标和锚点。如果冲着 90 分的目标去努力，可能最终结果会是 70 分。但如果一上场就把标准设立为 70 分，那么可能最终筛选出的被投资企业只能达到及格线。**

（1）**要看市场天花板有多高，市场容量有多大。**要分两方面来看：现阶段的市场和未来的市场容量。

（2）**市场容量如果足够，那么就要看产品。**评估其技术产品在竞争格局中的领先性，是填补国内或行业空白，还是同等条件下更加物美价廉，以及交付的产品形态能否被市场接受等。

（3）**要看团队，看团队构成从逻辑上能否支撑相应的产品研发和商业运营。**假设某初创团队对外宣称自己要研发光刻机，则需要从团队中的技术创始人个人履历、过往经验、行业积累和技术水平上来看，他们有没有可能把光刻机研发出来、推向市场并得到客户认可。

在科技创新中，"100 个人做 1 天"和"1 个人做 100 天"是完全不同的。硬科技创新的很多东西不是靠写代码做出来的，而是需要有长期的经验积累和钻研。

团队能不能支撑技术？技术和产品能不能支持市场？市场容量是不是足以成就一家伟大的企业？**团队、技术、市场，这"三把尺子"的关系其实又如同双向多米诺骨牌一样，后者是前者的支撑，前者能否站得住脚又直接影响后者的价值是否有实现的可能性与必要性**（见图 4-9）。

图4-9 团队、技术和市场的关系

第十五节 技术经理人：成果转化的黏合剂

如何让更多的科技成果更快、更好地转化应用，这是一道令全世界头疼的难题。长期以来，科技成果转化难的一个重要原因是信息不对称。

比如，双方讨论一项技术时，科研人员通过实验参数来说事，企业方有时根本听不懂新技术的"奥妙"；而对企业经营者关心的投入产出比、回报率、市场优势等问题，科研人员则很难接得上茬。因此，既懂市场又懂技术的技术经理人，恰恰能够成为弥合这一沟通鸿沟的黏合剂。

要成为合格的技术经理人，懂技术通常是第一道门槛。他们往往是工科背景出身，能够快速理解产品的技术原理，分析产品的技术路线。他们既了解教授、科学家们的脾气秉性，又懂技术、懂资本、懂产业。他们对外能进行商务谈判，为科研团队争取利益；对内能帮科学家组建创业团队，在技术转化过程中出谋划策。

在科技服务业起步较早的美国，技术经理人行业已然兴盛。以美国斯坦福大学为例，具有理工科、商科、法律等多学科专业背景，能够提供技术分析、专利策略构建等形式多样的专业成果转化服务人员超过 50 人。而目前在我国，各一流高校、科研院所的技术经理人队伍均未达到这一规模。促进科技成果转化，我国还需要更多的技术经理人。

第五章　　　　　四种核心能力铸后盾

投资人提升能力的重要性不言而喻，能力与知识、经验、个性特质共同构成了人的素质，成为胜任某项任务的条件。

个人能力是自身最坚强的后盾，无论外界环境发生多大的变化，个人能力总是与自己如影随形，外在的东西都会随着时间的推移而发生变化，唯有个人能力不会随着时间的推移而丢失。

提升能力，首先要从知识结构上进行合理优化与提升，还需要结合职业和工作"补短板"。比如，沟通能力是投资人的必备素质之一。另外，还要注重从行动上约束自己，知识必须化为实践和行动，否则知识再多也只能是纸上谈兵，一定要注意把学到的知识、方法和工具运用到自己的投资实践中去。比如，学习了时间管理、目标管理、沟通方面的知识和方法，就要有意识地给自己制订一个如何落实的行动计划，以及如何检查自己的执行情况，如何改进自己存在的问题和不足。

投资是在不确定性中寻找确定性，通过信息差或认知差来寻找价值增长空间的过程。

需要注意的是，挖掘优质项目、快速判断项目、优化交易结构、整合资源提供增值服务这四种能力**是成为优秀投资人的必要条件,而非充分条件。

第一节 挖掘优质项目的能力

找到优质项目是一笔好投资的开端和源头。因此,挖掘优质项目是优秀投资人需要具备的首要能力。投资人需要深入到各领域中挖掘科创项目。何谓优质项目?越符合上文所述"三把尺子"的标准,项目越优质。门槛越高越优质,最好是全球领先;市场越大越优质;团队越优秀、越完整越优质。

涉及的重点渠道包括政、产、学、研、用、金、介、媒、展等,因此投资人要与这些渠道保持长期联系和沟通(见图5-1)。

图5-1 项目重点渠道九宫格

(1)"政"。涉及科技部、工信部、科技局、经信委(局)、各高新区管委会等支持高新技术企业发展的科技相关政府部门。

这些政府部门的职责和科技项目密切相关，它们负责的内容包括统筹推进关键共性技术、前沿引领技术、现代工程技术、颠覆性技术研发和创新，牵头组织重大技术攻关和成果应用示范等。投资人应该积极与这些部门建立联系，通过参与活动、推荐投资项目参与评审、在调研中建言献策等方式，与它们保持长期有效沟通，了解科技项目发展动态，并最大程度地争取接触优质项目的机会。

(2)"产"。涉及国内产业龙头，包括航天科工、航天科技、中芯国际、中航工业、中车等央企龙头，比亚迪、宁德时代、药明康德等民营企业龙头，以及各细分产业相关上下游企业。这些产业龙头和各类科技创新企业有着千丝万缕的联系，其下属公司、客户、供应商、合作伙伴或者竞争对手等都是优质项目的挖掘渠道。以产业为源头，就要求投资人深入剖析和梳理产业上下游分布、现状以及特点等。在此要求下，投资人应具备一定的产业背景、在某些细分领域具有多年的实业参与经验、有着丰富的上下游产业人脉资源等。投资人可以通过分析产业研究报告、深入企业了解情况、关注产业发展动态、扩展产业朋友圈、访问行业专家等途径提升寻找优质项目的能力。

(3)"学"。涉及回国创业的国际知名企业家、华人专家学者，海外一流大学的华人教授、专家、留学生、华人校友会，国内"双一流"大学校友会、科技处、教授、学者等。从某种意义上来说，早期风险投资就是对人的投资，而对于科技风险投资而言，有商业才能的科学家更是重点投资对象，因此来自于学校和企业的科学家和学者是挖掘优质投资项目的重要方向。投资人在投资实践中不可忽视的一点就是聚焦科学家。投资人应深入大学校园、华人校友会，了解海内外华人专家的研究现状并跟进发展动态，关注科学家的科研进展，做到对重点关注投资对象的实时追踪。

（4）"研"。涉及大院大所大学的科技处、科技成果转化中心、各研究室、知名学者等。如上所述，以人为源头，大院大所大学等科研机构的院士专家，是挖掘优秀科技创业人才和项目的"富矿"。

（5）"用"。涉及医药、石油、电力、化工、铁道、军工等。科技创新成果转化得以最终应用的这些单位和科技创新源头直接相关。它们是科技创新成果的最终用户。举例来说，医院既是医药健康行业前沿技术创新的重要相关方之一，又是相关科学技术的重要应用场景，大量优质项目或是直接由医院产出，或是通过与其他单位共同申请课题、合作研发等方式进行技术创新。因而，与医院保持密切互动，是挖掘医药健康行业优质项目的一个重要途径。以此类推，投资人也需要与其他涉及科技成果应用场景的建立长期联系。

（6）"金"。涉及银行、券商、担保、租赁、基金等金融机构。这些机构为科技创新项目提供了资金支持并建立了金融纽带关系。投资人与金融机构、投资同行建立信息沟通机制，探讨已有金融机构支持的优质项目是否有继续投资的可能，也是挖掘优质项目的重要途径。

（7）"介"。涉及财务顾问（FA）、律师事务所、会计师事务所、行业协会和联盟、商会等。FA是投资行业获取项目来源的一个公认渠道。需要强调的是,投资人不应过分依赖 FA。更多情况下,FA 会优先将项目推荐给头部机构,如果投资人所在机构不是头部机构,就存在被推荐的项目是被头部机构放过的可能性。此外,联盟、商会、创业社群等平台往往也聚集了不少项目,可以作为挖掘项目的渠道之一。

(8)"媒"。主要涉及媒体报道。一些深耕行业的媒体,也具备不错的行业研究能力,投资人可以在挖掘项目时作为信息参考。投资人通过媒体报道的领先技术,可以顺藤摸瓜找到企业。

(9)"展"。涉及项目路演、行业展览会、行业论坛、创新大赛、颁奖仪式等。举例来说,创新大赛、项目路演是投资人获取项目信息的线下渠道之一。对科创企业来说,参加创新大赛除了可以获得奖金和国家政策支持之外,参赛本身也被一些创业公司视为在投资人、行业合作伙伴面前亮相的机会。因此,投资人应积极参与一些含金量较高的创业大赛,如科技部举办的"中国创新创业大赛",从中寻找更多优秀的科创企业。

要想在这些渠道中如鱼得水,投资人需要具备极强的商务拓展能力。培养这一能力需从多处入手:谦虚是一种美德,是进取和成功的必要前提,为人处世要谦虚,不耻下问,眼里要能看到其他人的优点;勤能补拙,一方面永远保持空杯心态、不断学习,另一方面要勤奋努力,调研项目、参加路演不怕辛苦,腿脚勤快,可以将调研项目和筛选优质项目的比例关系比喻为"**分母越大,分子越优质**";具备吃苦耐劳的精神,投资人要敢于吃苦、善于吃苦、乐于吃苦,脚踏实地工作,保持良好心态,不轻易被困难和打击打倒;社交能力是投资人工作的基础,投资人要为人友善,喜欢交朋友,学会做自己的社交经纪人,要走出舒适区和陌生人交流,虚心地向行业专家学习请教;树立自己良好的口碑,为人处世德为先,投资人首先要学会做人,得到业内人士的认可才能赢得更多的资源。当前,投资人的个人品牌化已成为趋势,市面上众多投资人已拥有自己的品牌,有的是撰写专业报告出身,有的依靠撰写行业分析出了名,有的是因为投资某个明星项目提高了声誉,有的是所在基金公司带动个人打出了品牌。同时,基金管理公司也应该通过建立合理的激励约束机制,鼓励投资人提高商务拓展能力。

> **案 例**
>
> **钢研纳克**
>
> 钢研纳克依托于中国钢研科技集团有限公司,成立于2001年3月21日,是专业从事金属材料检测技术的研究、开发和应用的创新型企业。目前公司提供的主要服务或产品包括第三方检测服务、检测分析仪器、标准物质/标准样品、能力验证服务、腐蚀防护工程与产品,以及其他检测延伸服务。公司的服务和产品主要应用于钢铁、冶金、有色金属、机械、航空航天、高铁、核电、汽车、新材料、环保、食品、石化等领域。公司致力于成为中国金属材料检测行业的技术引领者。公司是国内钢铁行业的权威检测机构,也是国

> 内金属材料检测领域业务门类最齐全、综合实力最强的测试研究机构之一。公司拥有"国家钢铁材料测试中心""国家钢铁产品质量监督检验中心""国家冶金工业钢材无损检测中心"三个国家级检测中心和"国家新材料测试评价平台——钢铁行业中心""金属新材料检测与表征装备国家地方联合工程实验室""工业（特殊钢）产品质量控制和技术评价实验室"三个国家级科技创新平台。公司在高速铁路、商用飞机、航空航天工程、核电工业以及北京奥运会等国家重大工程、重点项目中承担了材料检测等攻坚任务。
>
> 我在2011年投资钢研纳克，企业于2019年11月登陆深圳证券交易所创业板，成为大院大所大学的成功项目典范。

第二节 快速判断项目的能力

一、弱水三千，只取一瓢

"二八法则"是由意大利统计学家维尔弗雷多·帕累托于20世纪初期提出的。帕累托指出，在任何特定的群体中，重要的因子通常只占少数，而不重要的因子则占绝大多数，因此，只要控制住具有重要性的少数因子就能够控制事物发展的全局。这一原理后来逐渐演变成被当今学界所熟知的"二八法则"，很快被各路专家学者在诸多领域推而广之，并且都惊人地适用。

风险投资过程中的信息判断能力至关重要，有助于筛选出具有创新能力和发展潜力的创业企业。从"判断"这个词的本身来分析，可分为"判"和"断"。"判"是分析研究，"断"是得出结论。如果分析研究不足，得出的很有可能就是武断的结论。首先，分析研究要有深度，具备刨根问底的精神，三个问是基础，即"是什么""为什么""怎么办"；其次，分析研究要有广度，投资人需要培养系统化研究能力，并通过系统化思维理清事物各个因素之间的有机关联；最后，分析研究还需要有知识积累和储备，这里不仅是指标准知识的积累，还包括社会知识等各种复杂的非标准知识。在科技发展瞬息万变、优质项目备受追捧的时代，从大量项目中快速识别优质项目并做出投资决策，成为一项极为关键的能力。

1. 打蛇打七寸，解决问题找根源

在具体的操作实践中，我们可以将复杂的判断难题简单化，即抓住重点，**打蛇打七寸，解决问题找根源**。任何事情都有轻重缓急，先解决事情的关键方面，难题就迎刃而解了。**不同项目的关注重点并不相同，团队是否优秀、现金流是否稳定、投资价格是否合理、技术门槛是否够高、国家的行业政策如何等都可以成为项目关注的重点。**

因此，从本质上来看，**判断力是一种逻辑思维能力，是一种理性思维**。有人认为，最能培养判断力的知识包括数学、物理、历史等，即便是在判断过程中非常重要的直觉灵感也不是感性情感的巧合，而是长期理性思维训练后积累的大概率产物。因此，从小学习数学、物理、历史等，也是今后整个人生中进行正确判

断的重要保证。这种说法有一定的道理。埃隆·马斯克就曾经说过,他判断投资方向所根据的就是物理第一性原理。

孔子说:"知者不惑,仁者不忧,勇者不惧。"那么,怎么样才能不惑呢?梁启超在 1922 年的一次公开演讲中说道,最要紧的就是养成判断力。想要养成判断力,第一步,最少须有相当的常识;进一步,对于自己要做的事须有专门知识;再进一步,还要有遇事能断的智慧。假如一个人连常识都没有,听见打雷,说是雷公发威,看见月食,说是蛤蟆贪嘴,那么一定会什么事都没有主意,碰到一点疑难问题,就靠求神问卜看相算命去解决,真所谓"大惑不解",成为最可怜的人了。

梁启超说,宇宙和人生是活的不是呆的,我们每日碰见的事理是复杂的变化的,不是单纯的刻板的,倘若我们只是学过这一件,才懂这一件,那么,碰着一件没有学过的事来到跟前,便手忙脚乱了。所以还要养成总体的智慧,才能有根本的判断力。

2. 努力成为 T 字形人才

虽然时代在改变,但梁启超在百年前对判断力的论述依然有用。具体到投资领域,总结来看,**培养判断力就是要培养 T 字形人才**。

如图 5-2 所示,**"T"**的一**"横"**代表投资相关知识的广度,涵盖商业、法律、财务、金融、哲学等,一**"竖"**代表行业专业知识的深度。"横"的能力培养需要多学、多干、多问、多思考,丰富人生经验和提高专业素养;"竖"的能力培养需要持之以恒,坚持"十年磨一剑",在细分领域长期深入学习。

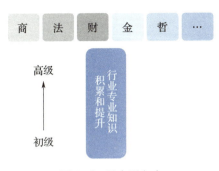

图5-2 T字形人才

3. 提高认知高度

好项目的判断标准可谓"仁者见仁，智者见智"。一般的私募选择投资项目会考虑市场是否优越、财务状况是否良好、管理团队是否优秀等。有学者具体阐述了公司要有更好的未来，并进一步成长为大企业的条件是能生产出优质的产品、能在较短的时间内初具规模。不过，企业价值评估具有一定的局限性，需要考虑到企业所处的不同行业、成长阶段、科研水平等诸多因素。

在投资项目前，投资机构就应搭建专业的投资管理团队，提高投资人员的相关知识储备。对同一个人、项目、赛道、市场所做出的不同判断，均取决于判断者自身的认知高度。如果用可丈量的具体高度来形容认知高度的话，认知高度为"1米"的人和认知高度为"2米"的人看同样的项目，其视角、评判结果大概率会出现较大偏差。**认知水平高的人往往能够正视并合理评估项目，而认知水平较低的人则比较容易仰视、过高评估项目**（见图5-3）。

图5-3 认知水平与项目评估

在投资实践中,投资人应有意识地提高认知水平。认知水平的提升更多地取决于一个人的学习力和思考力。认知是一套大脑内置的算法,是能帮人们做决定的思维方式。每个人的思维方式不一样,认知也就不一样。经常反思,多提炼多归纳多总结,就是认知升级最简单有效的方法。当我们反思昨天的时候,反思是不是有另一个看法或方法的时候,我们的认知已经在潜移默化中升级了。认知能力需要在生活中不断探索,不断向社会大课堂学习,在有意识地训练和磨炼中提升。与高手多交流也是提升认知能力的好方法,与谁合作甚至比做什么更重要。我们还需要秉持一颗开放探索的心,不断追寻未知的世界。

4. 不要追逐风口

投资人要保持客观理性,切忌盲目跟风、人云亦云。很多人在风险投资中喜欢追逐风口,而科技投资则要避开风口。盲目奔向风口的结局很可能是一片狼藉。真正成功的科技投资人并不追逐风口，他们也不会担心风口转移。没有追逐风口的投机之心，扎扎实实地深练内功才是更加合适的投资之路，尤其是对于投资硬科技而言，投资人更需要一份理性。任何风口都是整体产业基础和新技术演化到某个阶段的产物，而不能随意跨越阶段。不断出现的风口可能是一个机会，更有可能是致命的陷阱，稍有不慎就有可能会成为待宰的羔羊。**投资人应抛开风口影响，理性判断，坚信自己所擅长的才是自己的风口。**

5. 培养"肌肉记忆"

就如同篮球运动员不断练习会有投篮手感一样，判断项目的直觉需要在不断的练习中养成"肌肉记忆"，才能对优质项目习惯性地快速出手。不同项目的判断重点也不同，有的项目团队极其优秀，有的项目现金流好，有的项目价格够便宜，还有的项目技术门槛特别高、很稀缺，甚至有的项目是恰逢其时、国家战略需要。实现快速判断的效果就必须要果断，宁可错过也不要投错。该出手时要快速出手，该放弃时要果断放弃。针对一些不好做选择或者不知如何取舍的问题时，那就放一放，就好像匆匆忙忙地走遍天下，能否把一路上的美景尽收眼底？答案是否定的，甚至大部分时间我们都在错过美景。有时错过才是未来的开始，我们不要为错过的事物遗憾，而要把更多的精力放在眼前更值得的事情上，怕错过反而会错过未来更好的机会。弱水三千，只取一瓢。**任何选择都会有所取舍，投资不怕错过，就怕投错。**

二、项目推进的单线程与多线程

快速判断项目还涉及一个关键点，即短时间内专注于当下的项目，心无旁骛。现代职场的多线程任务处理能力往往被视为极其重要的工作能力，但在科技投资领域，这个偏好已然失效。冯·诺依曼的计算机工作方式更值得借鉴，即按顺序执行。举例来说，如图5-4所示，投资人如果每年投资四个项目，他更愿意每季度完成一个，还是一年内同时推进四个呢？科技投资人选择前者更为合适。在科技投资人的工作中，对项目的研究更深入、更难，**单线程往往优于多线程**，因为后者难以做到融入和深入，每个项目都容易流于表面，而且很耗精力，更为重要的是特别容易错失项目融资的窗口期。

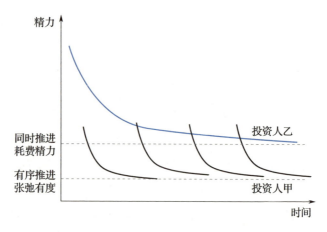

图5-4 投资人的单线程与多线程

当每次推进一个项目时，投资人通常会将其列入重点推进、放弃或待观察。当项目被发现存在不适合投资的要素时应选择果断放弃。当项目被列入待观察时可以选择冷处理，等时机成熟时再做重点推进。

第三节 优化交易结构的能力

一、关键条款与安全垫

优化交易结构和投资条款的目的是尽可能降低投资人的风险，保证投资人的合法权益。除了优化交易结构中的一些标准操作，本节将重点探讨针对科技公司属性的特殊条款。在投融资协议中，投资人的特别权利往往会约定反稀释条款、里程碑考核、团队锁定、认股权等。具体如下：

（1）反稀释条款。主要是指在目标公司进行后续项目融资或者定向增发过程中，私募投资人为了避免自己的股份贬值及份额被过分稀释而采取的措施。

（2）里程碑考核。对于早期的科技研发企业，设置里程碑考核条款和资金分批付款条款，可以提高投资人资金的使用效率和安全系数。

（3）团队锁定。投资人投资一家具有一定技术要求的企业，看重的就是团队的"才能"价值，因此往往会设定核心员工锁定条款，规定相关的核心员工在一定时期内不得离职，并且负有竞业禁止及保密义务。对于硬科技公司来说，科学家是核心资源。通常在投资时可以考虑锁定科学家本人，即约定其在本投资人退出之前不能离开该公司。更理想的状况是，约定在当前所投资的该公司上市之前，科学家所有的成果必须放在该公司进行市场化，不能在该公司主体以外获取任何形式的商业利益。

（4）认股权。对于未来发展前景广大的公司，要注意保留认股权，以方便后期追加投资。

（5）随售权。随售权又称为共同出售权。在投资条款中，目标企业除投资者以外的原股东如果向目标企业外的第三方转让其所持有的目标企业股权时，投资人有权按照原股东与第三方达成的价格与条件进入到该项交易中，按照持股比例与原股东一起向第三方转让其所持有的目标企业股权，也就是小股东有权利跟着大股东一起出售自己的股权。这是投资人的一种防御性选择权权利。在投资中，投资人衡量自己的投资是否具备价值的标准不单单包括公司的业务前景，还有更重要的一点是被投公司的管理层股东的稳定性。

强制随售权是私募股权投资涉及的部分特殊条款之一。它是指强制原有股东卖出股份的权利，如果被投资企业在一个约定的期限内没有上市或事先约定的出售条件出现，投资人有权要求原有股东和自己一起向第三方转让股份，原有股东必须按投资人与第三方谈好的价格和条件按比例向第三方转让股份。

（6）对赌。对于估值较高的公司，一般会设置反稀释与对赌条款，以保障投资人的自身权益。对赌主要是双方对于未来不确定情况的一种约定。如果约定的条件出现，投资方可以行使一种估值调整协议权利；如果约定的条件不出现，融资方则行使另一种权利。

（7）回购。对于有回购能力的公司，可以增加回购条款，从而增加投资人的安全垫。（安全垫是风险资产投资可承受的最高损失限额，是在固定比例投资组合保险策略中，计算投资组合现时净值超过价值底线的数额。）比较常见的对赌型强制回购条款如：公司连续两年净利润增长××%；公司在本协议签署之日起五年内实现合格上市等。

二、"降龙十八掌"不如"无招胜有招"

在投资实践的具体操作中，投资人需要特别注意的是，对赌与回购等特殊条款在使用时须慎重，调研考察创始人是否具备回购能力，对赌条款是否具有现实可行性等。新手投资人要特别注意，切忌在和一家企业谈判时就打出"组合拳"，**把所有条款强加给一家企业的做法是不可取的**。另外，接受所有投资条款的企业更需慎重，因为全盘接受也在释放一种危险信号，即急于获得融资，意味着企业可能正处于最危险的发展阶段，面临着资金链断裂的危机。

按照"一企一策"的原则拟定投资协议才是更高境界，就像"降龙十八掌"不如"无招胜有招"一样。每一个项目的核心关键条款都需具有针对性，与项目本身的特点高度相关。

在创投行业，强势的投资机构有时会提出某些"霸王条款"，包括强制要求超额投资、过多稀释创业团队股权、从投资人变成控股股东、独家意向书（TS）锁定后不投资、出于恶意竞争目的的尽调、强制回购和过分对赌、老股东阻碍新一轮融资等。这些条款短期内看似会让投资人受益，但在长期内却损害了投资人的口碑和信誉。在投资实践中，应该杜绝这些"霸王条款"。

比如，有些投资机构与多家企业签了独家锁定协议——企业在半年之内不能找其他机构融资，之后投资机构却迟迟不给企业发出正式的投资协议，使得企业提心吊胆，既怕耽误了自己的融资进展，又怕找了其他投资机构融资而被独家锁定投资机构起诉。而很多时候，一些投资机构广受诟病的原因之一就是，即便它们最终没有投资意愿，但也不会对创业者说"不"。

再比如，投资机构对企业做了详细的尽职调查，摸清了企业的"家底"却并不投资，原因是它投资了赛道里的竞争对手企业，以尽调之名行搜集信息之实，这种情况属于恶意竞争。

有些投资机构习惯于投资任何一家企业时都要签对赌与回购条款，但实际上并非所有交易都有必要。从投资人的角度考虑，如何判断强制回购是否必要呢？第一，我们需要理性分析在投资交易中为什么会出现对赌和回购，根本上源于对未来的不确定性，在对企业未来发展的看法上存在不同意见。投资机构与创始团队如果在未来发展的预判上谈不拢，可以考虑诉诸对赌和回购条款。因此，对于那些牛皮吹上天的团队，投资机构要求对赌和回购无可厚非。但如果团队自身并没有"吹泡泡"，没有对未来利润、上市节奏做出过于积极的预判，投资人和创始团队之间没有分歧点，那么对赌的必要性就比较弱，团队接受对赌的可能性也比较小。第二，分析创始人的资产情况。比如，一个企业家曾经创业成功，并将公司卖给了大企业，自己有着几千万甚至上亿元的身价，此时可以考虑与其签署回购。但如果是没什么资本积累的科学家创业，签回购协议的必要性也就比较低。从操作性来看，即便签了回购协议，对方也没有能力履行回购，因而没有必要给团队施加不必要的压力。

有些投资机构作为老股东,在每一轮融资时都要大额度跟投,拒绝稀释,企业进行了几轮融资,老投资人仍然还占百分之二三十,其主要目的是实现对公司的战略控制。

还有些投资机构在投资之前夸夸其谈,向被投资企业许诺各种投后服务,但由于很多投后服务很难量化,也无法落在协议上,导致投资后什么服务都不提供。这种情况容易出现在一些小型投资机构身上,为了能够获得投资额度,大开空头支票。

对于提出霸王条款的投资机构,创业团队有时也会进行反向尽调,调查投资机构是否有能力兑现承诺。在充分了解相应条款对于企业发展可能带来的影响的基础上,接受条款与否要看企业对于这笔融资的渴求程度。对于融资比较渴求的创始人来讲,对个人强制回购条款并没有太多的话语权。个人强制回购条款就如埋雷,同意意味着未来可能承担责任,不同意则可能面临当下因缺乏资金而无法继续创业。

三、掌握行业融资规律,与企业融资"共振"

提高核心竞争力,投资人需要掌握不同行业的融资规律。一般情况下,医药、半导体行业因为资金需求量大、项目周期长,一般需要的融资轮次比较多。比如创新药类的项目,业内有个说法,要用 10 年时间,花 10 亿美元,只有 1/10 的成功概率。这就要求创新药类企业不断地融资,以维持研发投入。同理,高端制造、新材料等重资产投入行业的项目,前期融资需要资金量也都比较大。

从融资节奏来看，创业企业可以简单地划分为两类：烧钱型和现金牛型。 前者往往需要通过大量资本投入来构建自己的 "护城河"。这类企业融资的特点通常是轮次多、融资周期短，可能一年两三次，甚至一年四次。这类企业融资规模大，创始团队的股份稀释也较为严重。创始团队为了实现对公司的有效控制，通常采用同股不同权的"AB股"架构。AB股，即将股票分为A、B两个系列，其中对外部投资者发行的A系列普通股每股有1票投票权，而管理层持有的B系列普通股每股则有多票（通常为10票）投票权。许多高科技上市公司，如美国的Google、Facebook、Groupon和Zynga，以及中国概念股人人、百度、优酷和土豆，就是创始团队有10倍于其持股比例的投票权，从而牢牢地掌控着对公司的管理话语权。这种结构有利于成长性企业直接利用股权融资，同时又能避免股权被过度稀释，造成创始团队丧失公司话语权，从而保障此类企业能够稳定发展。过去，这类企业通常以互联网企业为主，如阿里巴巴。在前些年，京东就属于这类通过烧钱投入大量资金建立竞争壁垒的企业。

企业融资往往需要考虑宏观环境、资本市场风向、企业里程碑达成情况等因素，以把握企业的融资节奏。 首先是宏观环境。在经济下行周期、资金面偏紧的情况下，应该采取"能融多融"的策略。在资本寒冬里，活下来是首要任务，因此要保证自己有充足的现金流。而在宏观环境较好、经济上行的情况下，现金流较为充足，则要优先考虑如何保证团队的股份尽量少被稀释。资本市场的风向也是影响创业团队融资节奏的因素。比如，当中美关系变得微妙时，整个大环境的关注点转向科技创新，硬科技的企业融资开始变得容易。同样是 100 元的资本，过去可能其中 80% 都流到了"互联网+"、移动互联网等模式创新类项目，而当下可能 80% 都流向了半导体、高端制造等科技创新类项目。对于不再受市场热捧的行业，其融资的总"蛋糕"相对变小了，对资金较为渴求的企业可能就需要考虑适当降低估值、放松条款，融资节奏也可能会拉长。相应地，也需要更加留意自身扩张的节奏，以避免因为过度扩张、融资跟不上而导致资金链断裂。

什么样的融资节奏是合理的呢？在过去，有 18 个月惯例，也就是 18 个月融资一次。不过，当前科技创新项目的融资节奏大多变成了 12 个月，甚至 6 个月、3 个月的融资周期都出现了。**投资人在关注企业融资时需注意，企业融资节奏过快或过慢都存在负面影响。**融资节奏过快存在着多种可能性，比如项目本身过于耗费资金、团队对现金流的把控能力不强等，并且过于频繁的融资工作也会极大地占用创始人精力。在宏观环境和资本市场风向具备较强确定性的情况下，企业需要合理建立自己的资金使用计划，规划并把控自身的资金使用情况，包括研发、采购设备、购置厂房、市场销售、团队扩张等，并把握融资节奏。融资节奏过慢，对于快速成长的创业公司来说显然也不利，因为企业需要维持领先性、竞争优势就必须在研发、生产、销售等方面抓紧时间上台阶。如果不能持续进步，通过融资推动企业业务实现阶梯式跃升，在激烈的竞争中就会不进则退。**投资人应该准确把握节奏，与企业融资需求相匹配。**

四、估值是算出来的,还是"谈"出来的

估值是投资重要的环节之一,也是投资协议的重要内容,投资前需要明确评估资产的公允价值。估值方法通常包括相对估值法、现金流折现法、成本法、清算价值法等。股权投资行业主要用到的估值方法为相对估值法和现金流折现法。

需要注意的是,必须根据被估值企业的发展阶段选择合理的方法。比如,对于处于初始阶段和快速发展阶段的企业来说,现金流折现法就并不适合,因为企业的现金流远未稳定和确定,甚至为负值。

更为重要的是,用模型得出的企业价值只是一个参考值,最后的估值仍需要投资人和创始团队之间进行艰难的谈判来得出,因此最后的估值也许只是利益相关者博弈的产物。

1. 股权估值方法

(1) 相对估值法

相对估值法是指将企业的主要财务指标乘以根据行业或参照企业计算的估值乘数,从而获得对企业股权价值的估值参考结果。

相对估值法在创业投资基金和并购基金中大量使用,使用可比价值对目标公司进行价值评估。常用的相对估值法包括市盈率法(P/E)、市净率法(P/B)、市销率法(P/S)、企业价值倍数(EV/EBITDA)等。

用相对估值法来评估目标企业价值的工作步骤包括:一是选

定相当数量的可比案例或参照企业;二是分析目标企业及参照企业的财务和业务特征,选择接近目标企业的几家参照企业;三是在参照企业相对估值的基础上,根据目标企业的特征调整指标,计算其定价区间。

1) 市盈率法(P/E)。市盈率反映了一家公司的股权价值相对于其净利润的倍数,是中国股权市场应用比较普遍的估值指标。其计算公式为:

$$市盈率 = \frac{股权价值}{净利润} 或市盈率 = \frac{每股价值}{每股收益}$$

不同行业的市盈率会有很大的差别。企业的净利润容易受经济周期的影响,因此市盈率指标也一样受经济周期的影响,这会导致企业估值水平在一个周期内呈现大幅起落的特征。对于股权投资基金之类的长期投资者而言,估值参考标准不应只是某个特定时刻的市盈率。而应以平均市盈率为参考标准(如一个完整的会计年度或三年平均)。

2) 市净率法(P/B)。市净率等于企业股权价值与股东权益账面价值的比值,或者每股价格除以每股账面价值。(股东权益又称净资产,即所有者权益,是指公司总资产中扣除负债后所余下的部分。)其计算公式为:

$$市净率 = \frac{股权价值}{净资产} 或市净率 = \frac{每股市价}{每股净资产}$$

对于资产流动性较高的金融类企业,其净资产账面价值更加接近于市场价值,因此市净率法比较适用于这类企业。不同行业的市净率可能存在巨大的差别。一方面,不同行业的资产盈利能力差异巨大;另一方面,一些企业拥有的无形资产并未进入其资产负债表,如垄断、品牌、专利和特定资源等。制造企业和新兴产业的企业往往不适合采用这种估值方法。前者的多数资产采用历史成本法计价,与市场公允价值差别较大;而后者的主要价值并不体现在资产价值上。除了行业因素之外,不同市场对企业的定价水平也有较大差异。

3) 市销率法 (P/S)。市销率也称市售率。其计算公式为:

$$市销率 = \frac{股权价值}{主营业收入} \text{ 或市销率} = \frac{股价}{每股销售额}$$

私募股权投资基金投资的创业企业,可能净利润为负数、经营性现金流也为负数,且账面价值比较低,这时候市销率可能就比较实用。它的一个局限是不能反映成本的影响,所以主要适用于公共交通、通信设备、商业服务、电子商务以及制药企业等销售成本率比较稳定的收入驱动型公司。

4) 企业价值倍数 (EV/EBITDA)。这种方法考虑了资本结构的影响和折旧摊销。对于重资产企业等折旧摊销影响比较大的企业,比较适用这种方法。其计算公式为:

$$企业价值倍数 = \frac{市值 + 净负债}{营业利润 + 财务费用 + 折旧 + 摊销}$$

(2) 现金流折现法

现金流折现法 (DCF) 是通过预测企业未来的现金流,将企业价值定义为企业未来可自由支配现金流折现值的总和,包括红利模型和自由现金流模型等。现金流折现法的基础是现值原则,即在考虑资金的时间价值和风险的情况下,将预期发生在不同时点的现金流量,按既定的折现率统一折算为现值,再加总求得目标企业的价值。

现金流折现法主要适用于目标公司现金流稳定、未来可预测性较高的情形。常用的现金流折现法包括股权自由现金流折现模型（FCFE）、企业自由现金流折现模型（FCFF）等。

1）股权自由现金流折现模型（FCFE）。在该模型中，股权的内在价值等于未来各年股权自由现金流用权益资本成本折现得到的现值之和。其计算公式为：

$$P_0 = \sum \frac{FCFE_t}{(1+k)^t}$$

式中，$FCFE_t$ 是第 t 年的 FCFE；k 是资本回报率/折现率。

2）企业自由现金流折现模型（FCFF）。相比于股权自由现金流，企业自由现金流当中增加了流向债权人和优先股股东的现金流，折现时所采用的折现率不再是权益资本成本，而是公司的加权平均资本成本（WACC）。其计算公式为：

$$P_0 = \sum \frac{FCFF_t}{(1+WACC)^t}$$

式中，$FCFF_t$ 是第 t 年的 FCFF；WACC 是稳定增长阶段的资本加权平均成本。

（3）成本法

成本法包括账面价值法和重置成本法。

1）账面价值法。账面价值法是指公司资产负债的净值，但要评估标的公司的真正价值，还必须对资产负债表的各个项目做出必要的调整，在此基础上，才能得出双方都可以接受的公司价值。

2）重置成本法（重置全价）。重置成本是指在现时条件下重新购置一项全新状态的资产所需的全部成本。重置成本法是用待估资产的重置全价减去其各种贬值后的差额作为该项资产价值的评估方法。重置成本法的主观因素较大，且历史成本与未来价值并无必然联系，因此它主要作为一种辅助估值方法。

（4）清算价值法

清算大致分为破产清算和解散清算。清算价值法是假设企业破产或解散时，将企业拆分为可出售的几个业务或资产包，并分别估算这些业务或资产包的变现价值，加总后作为企业估值的参考标准。采用清算价值法估值时，一般采用较低的折扣率。

对于股权投资机构而言，清算很难获得很好的投资回报。因此，在企业正常可持续经营的情况下，不会采用清算价值法。

（5）初创期科技类公司的估值

需要指出的是，传统的估值方法对于许多发展成熟、盈利稳定的企业仍是最好的估值方法，但对于一些业务模式特殊、业务扩张迅速但仍然亏损、处于早期研发阶段、短时间内无法产生利润或者现金流的企业而言，投资人需要灵活应用合适的估值方法。

概括起来，**影响科技类企业发展的因素包括团队能力、技术领先性、未来行业规模以及营收占比、生命周期、经济趋势、产品需求强度、未来预期等。**

对初创期科技类企业的估值，实质上是对它未来成长性的分析和估值，而它的未来成长性又取决于其内在因素，财务数据只是这种内在因素的历史业绩呈现。因此，需要找出对科技类企业成长影响最大的几种因素，并且分析清楚这几种因素和企业估值之间的关系，这样才能找到传统财务估值方法之外的估值方法。近几年随着科技创新的蓬勃发展和风险投资的逐步完善，国内外学者对于初创期科技类企业的估值研究越来越多。

从具体投资实践来看，前文所述的**团队、市场和技术不但是判断项目的重要标尺，也是初创期科技类企业估值的重要考量**（见图5-5）。

图5-5 科技类企业估值评价体系

2. 估值越高越好吗？融资不是卖公司

小米科技创始人雷军曾经说过，融资不是卖公司，价格不是越高越好。价格越高隐含的风险也越高，对于双方合适的价钱最好。

很多创业者有一个巨大的误区，即觉得融资时估值越高就越成功。其实，融资不等于把公司卖给别人，不是一次性的，还要面临很多后续的挑战。 成功的连续创业者以及经验丰富的投资人雷军表达过类似的观点，投资和融资的过程好像结婚，你要别人给的嫁妆越高，别人对结婚以后的要求就越高；你的嫁妆要得很离谱，投资人在你的董事会、公司里面就会给你施加很多压力。融资合同大概四五十页，如果你只关心表面的价钱，后面就会有很多你必须承受的苛刻条款。

五、股权激励：长期激励的法宝

随着公司治理结构的不断成熟和完善，股权激励越来越多地成为一种对企业经营者进行长期激励的手段。 股权激励最终以企业股份作为对价来支付，而这种以股份为基础的支付，存在着股份支付的会计确认和计量的关键问题。

根据《企业会计准则第11号》的相关规定，股份支付是指企业为获取职工和其他方服务而授予权益工具或者承担权益工具为基础确定的负债的交易。按照该准则对职工权益结算股份支付的规定，企业应当在等待期内每个资产负债表日按照权益工具在授予日的公允价值，将取得的职工服务计入成本费用，同时增加资本公积。

企业通过采用员工持股的方式,增强员工对企业的归属感和凝聚力,吸引和留住人才。目前员工持股方式主要有三种:员工直接持股、通过企业间接持股、通过合伙企业间接持股。在企业不断发展和融资的过程中,员工持股部分的股权也会随之增值,如果后续进行股权转让或分红均需要由员工本人承担对应的个人所得税,涉及间接持股的还可能会涉及企业所得税、营业税及附加税。上述三种不同的员工持股方式综合税负存在较大差异,在 5%~40% 不等。

因此,早期创业企业提前做好员工股权激励计划和税收筹划,不仅有利于减轻员工的持股税负,还可以降低成本费用,形成更好看的财务报表,达到事半功倍的效果。

第四节 整合资源提供增值服务的能力

一、投资经理的"投名状"

投资前为了敦促投资经理实事求是,排除干扰,有些投资机构会强制要求投资经理做出项目投资决策时必须跟投。**跟投是投资经理的"投名状",可以实现投资经理和投资机构的利益一致性,也增强了投资经理提供增值服务的主观能动性。**跟投,一方面可以避免道德风险,比如避免投资经理为了完成投资任务、拿到投资项目奖励部分的收入或出于其他主观、非理性的考虑;另一方面,投资团队和投资经理自己投了真金白银,实现了利益绑定就不会草率地硬推项目,并在分享利益、规避风险之间找到一个平衡点,实现风险共担和利益共享。**跟投也调动了投资经理的积极性,投后对项目投入更多精力,参与项目的监督管理和增值服务,充分发挥智慧和利用资源控制项目风险,提高项目成功率。**常见的跟投方式有两种(见图5-6)。

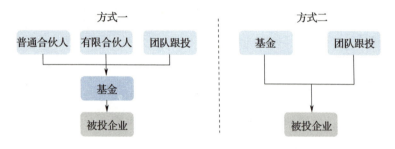

图5-6 常见的两种跟投方式

不论是国有投资机构还是民营投资机构,对跟投机制都持欢迎态度。从表面上看,团队跟投成功后获得了一定收益,但团队跟投资金与基金的资金冒着同样的风险,也存在血本无归的可能性。虽然团队取得了一定的收益,但是相对基金的收益而言是很小的比例,并且绑定了团队利益,更好地保障了基金财产的安全;相反,在没有跟投机制的情况下,风险全部由基金承担,当基金血本无归时,投资团队个人没有任何损失,这样的机制存在着漏洞。跟投机制下的投资不是零和博弈,不是非此即彼的合作,而是同一个项目存在多个投资人,融资金额也可以根据实际情况调整规模。所以,**从主观上讲,跟投比例越大,项目成功的可能性也就越大**。同时,跟投还应达到一定的规模,以凸显约束和激励效果(见图5-7)。

图 5-7 投资经理与投资机构的风险共担

跟投还必须达到一定的力度,如果强制跟投的实操中难以达到一定力度的跟投,不足以使投资经理动心,就应该加大团队自愿跟投的金额,以便使投资经理真正在意这笔跟投资金,实现投资经理与投资机构的利益绑定,后面的约束和激励效果自然而然就实现了。

二、整合资源:增值服务的关键

投资人在投资的同时还要给予被投企业十分关键的增值服务,从而帮助创业团队成长与发展,也就是当下比较流行的一个词"赋能"。资本的本质是逐利的,科技创新投资能否得到良性且持续的发展,很大程度上取决于投入资金获得的回报能否满足投资者的要求,投资人需要通过增值服务促进被投企业保值增值。好的增值服务不仅有助于投资者实现超额回报,更能够真正实现投资人的战略资源整合,帮助被投企业实现长期价值增长。业内在总结风险投资在美国成功经验的时候,把有效的增值服务与畅通的退出通道等并列作为风险投资成功的一个重要因素。

增值服务是投资人向被投企业提供的所有价值服务的总称，它的核心价值在于充分发挥投资人的资源和投资经验，在合理范围内协助被投企业获得更好更快的发展，从而获得更高的投资收益。而对于被投企业来说，需要的不仅仅是投资人的资本投入，更需要通过投资人获得强大的"造血功能"，包括协助制定战略规划、完善公司治理、提升管理、拓展市场、嫁接客户资源等。

对于稳定性、抗风险能力往往较弱的初创企业来说，投资人的增值服务能为其长远发展提供一臂之力，也是推动投资人最终能够成功退出、获取可观收益的积极助力。 在过去十年，国内投后服务完成了从无到有的转变，并形成了多元化的服务内容与模式，为提升社会资源利用效率、创造社会价值做出了可观的贡献。

从被投企业的角度来看，投资人提供的增值服务包括：经营管理架构梳理、战略咨询、政府关系拓展、上下游资源整合等。提供增值服务，需要投资人有极强的整合资源能力，搭建平台汇聚资源，掌握互利共赢的思维模式和方法论。未来，缺乏增值服务能力的投资人可能会面临遇到优质项目却没有机会投资的情况。近年来，业内出现一种现象，即在成功投资优质科创企业之前，投资人需要首先说自己有什么资源，尤其是客户资源。

整合资源考验的是执行力。执行力就是贯彻战略意图、完成预定目标的操作能力,是把战略、规划转化成为效益、成果的关键。执行力包含完成任务的意愿和能力,以及完成任务的程度。要想提高执行力,就要先做一个躬身入局的人。做投后增值服务,站在局外讨论注定是没有用的,必须积极投身到其中,挺起胸膛担起该担的责任,才有可能实现目标、收获成功。提供增值服务,可以整合的资源包括:

上级资源。下级管理上级,可以理解为如何让上级更好地支持自己的工作。俗话说得好,巧妇难为无米之炊。当工作无法开展下去时,应该及时向领导或者上级单位申请资源。投后管理,需要投资人有更好的格局、更宽的视野以及更强的责任心,能够跳出自己的一亩三分地,在更大的空间下看到资源横向整合的可能。与上级领导或者单位定期进行有效沟通,强调资源整合后带来的业务价值,陈述给决策者,让对方更有信心把资源释放出来,并给投资带来更大的收益和回报。

下级资源。汉高祖刘邦本乃一介布衣,却能打败强敌项羽,成为中国历史上第一位平民皇帝。其成功有赖于诸多因素,关键是用人有其独到之处,充分调动了下属的积极性。最著名的是"汉初三杰"——张良、萧何、韩信。刘邦曾说过,运筹帷幄、出谋献策他不如张良,治国理政、后勤保障他不如萧何,排兵布阵、攻城略地他不如韩信。量才任职,能位相称,必然使智者尽其谋,勇者竭其力,仁者播其惠,信者效其忠。让具备某种资源的人去做可以利用这种资源的事,可以更大程度地调动他们利用资源的积极性。坦诚相待、用人不疑、奖罚分明、恩威并用也是调动下级资源的几条原则,帮助他们进入"调动资源做正确的事情——得到正确的成果——得到积极的反馈——更加乐于做正确的事情"的良性循环。

需要注意的是，一个人能维系的资源很有限，要相信团队、充分授权团队，将自己的资源介绍给团队，由团队共同去维护。否则，不维护、不使用，资源就会闲置，也就失去了资源最大化的利用价值。

关联方资源。利用好各种纽带关系，保持与关联方经常联系和交流，不吝向他人提供帮助，互利互惠。别人的资源和自己的资源互相整合与被整合，才能体现自我价值。一个篱笆三个桩，一个好汉三个帮。人脉决定财脉，左右逢源好赚钱，做生意必须先学会与人打交道，积累"人脉资源的积分"。

协同服务。帮助产业人才引进、公司战略规划优化等；搭建投资圈互动平台，通过投资人赋能，可以帮助被投企业进行后续融资，增加被投企业的知名度；对接政府合作资源，可以帮助被投企业更高效地申请空间、人才政策，有更多机会获得课题、项目、客户等资源支持；可以协助被投企业对接银行、担保、小贷、租赁等多种融资渠道。这些服务都要求投资人能够搭建平台、整合资源。

打铁还需自身硬，能否提供有价值的增值服务往往是投资人从新手迈向"高阶"的门槛。第一，做投资必须要会交朋友，链接科研、政府、金融机构、投资圈、产业链上下游等各方资源。如果做不到这一点，就很难成为优秀的投资人。第二，要搭平台、建圈子，实现双方共赢、多方共赢。如果你是一位投资新手，建立圈子关系、打造人脉网络，显然不能一蹴而就，需要长

期积累，切莫心急。

总体来说，投资人要积极探寻产业链、服务链、技术链、资本链和空间链的内在联系和客观发展规律，为企业提供五链融合的全方位服务。只有这种投资人才能获得优质科创企业的青睐，才有机会投中优质项目，并与其共同成长。

PART THREE

"募、投、服、管、退"是硬科技投资的五个关键环节。传统的风险投资一般是四大环节，而科技创新项目特别是硬科技项目的自身特点，决定了投资环节中的"服"（增值服务）十分重要。因此，我将"服"单独拿出来，形成了"募、投、服、管、退"这五个关键环节。

第三篇
风险投资新实践

第六章　募：募资之道，解决有限合伙人的问题

基金募集是投资的首要环节。如果募资环节不成功，那么整个投资过程也就成了无源之水、无本之木。

由于风险投资具有高风险性、高成长性并存的特点，对专业性有较强的要求，基金募集也相应地具备了这些特点。风险投资特别是硬科技风险投资还具备周期长等特点，一般可达 5 至 7 年或更长，属于中长期投资。

第一节　有限合伙制基金与设立流程

私募股权基金常见的主体形式有公司制、有限合伙制、契约制等。本节主要讲述有限合伙制基金。

一、有限合伙制基金

1997 年《中华人民共和国合伙企业法》（以下简称《合伙企业法》）经第八届全国人民代表大会常务委员会第二十四次会议通过。有限合伙制基金是指一名以上普通合伙人（GP）与一名以

上有限合伙人（LP）所组成的合伙，它是介于合伙与有限责任公司之间的一种企业形式。其中，有限合伙人不参与有限合伙企业的运作，不对外代表组织，只按合伙协议比例享受利润分配，以其出资额为限对合伙的债务承担清偿责任。普通合伙人参与合伙事务的管理，分享合伙收益，每个普通合伙人都对合伙债务负无限责任或者连带责任。有限合伙制基金通常具有以下特点：

（1）LP与GP同在。从以上对有限合伙的界定我们可以看出，有限合伙中至少有一名GP和一名LP共同组成，两者缺一不可。根据《合伙企业法》的规定，有限合伙企业仅剩有限合伙人的，应当解散；有限合伙企业仅剩普通合伙人的，应转为普通合伙企业。

GP对合伙企业债务承担无限连带责任。LP也就是通常所说的基金出资人，以其认缴的出资额为限对合伙企业债务承担责任。

（2）双重责任形式并存。有限合伙企业由LP与GP共同组成，对于合伙组织的债务，LP仅以其出资为限承担责任，而GP则对合伙债务承担无限责任。有限合伙企业集有限与无限责任于一身，合伙人之间体现了人合与资合两种合作的优势。这种双重责任形式使得有限合伙既区别于普通合伙又区别于公司。

（3）LP不参与合伙事务的处理。作为LP对合伙债务承担有限责任的代价，LP不具有管理合伙事务的权利。LP的管理权应由GP行使，而且也只有GP有权代表全体合伙人约束合伙组织。LP只有对合伙事务的检查监督权。

目前，有限合伙制已成为私募股权投资基金的主流形式。采用有限合伙制形式的私募股权基金可以有效地避免双重征税，并通过合理的激励及约束措施，保证在所有权和经营权分离的情形下，经营者与所有者利益的一致，促进普通合伙人和有限合伙人的分工与协作，使各自的所长和优势得以充分发挥。此外，**有限合伙制的私募股权基金还具有设立门槛低、设立程序简便、内部治理结构精简灵活、决策程序高效、利益分配机制灵活等特点。**这样的安排，可以促使普通合伙人认真、谨慎地执行合伙企业事务；而对有限合伙人而言，则具有风险可控的好处。有限合伙制形式的私募股权基金的常见架构，如图6-1所示。

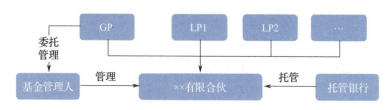

图6-1 基金（有限合伙）的常见架构

基金的募集，通常采用有限合伙的架构。为什么要采用有限合伙企业？主要出于税收考虑，因为有限合伙的企业仅征一次税，在退出的时候个人投资者只交个人所得税。而如果采用有限责任公司，会涉及两层税制，有限公司要交企业所得税，在分红的时候还要收个人所得税，所以私募股权投资基金一般都采用有限合伙的模式。有限合伙的模式还要有一个基金管理人，由基金管理人管理基金。基金管理人一般也会直接或间接（通过GP）的方式投入资金到基金里面。

二、基金要素

私募股权投资基金，一般是指从事非上市公司股权投资的基金，主要是以基金的形式进行投资，组织基金，确定基金管理人、投资人等，将基金投资于不同的项目，待项目增值后退出获利。

募资说明书中通常包括以下核心要素：基金定位、产业、投资阶段、存续期、管理费、投资业绩、储备项目（鉴于保密原因，通常为项目简介，以代号示意）、基金架构、免责声明等（见表 6-1）。

表 6-1 募资说明书的核心要素

基金名称	××（有限合伙）
组织形式	有限合伙企业
基金规模	总规模 XX 亿元
基金期限	X 年投资期 + X 年退出期 + X 年延长期
基金注册地	××省/市
投资阶段	如：早期、成长期、成熟期
投资领域	如：集成电路、高端制造、生物医药、医疗器械等
普通合伙人	××公司或有限合伙
基金管理人	××基金管理有限公司
投委会组成及议事规则	共 X 名投委，投委成员为：×××、×××、×××等。Y/X 票通过。
管理费（通常为 2%）	投资期按照基金认缴/实缴规模的 X% 收取管理费 退出期按照基金认缴/实缴规模的 X% 收取管理费 延长期按照基金认缴/实缴规模的 X% 收取管理费
收益分配	返还本金—门槛收益—追赶机制—20/80 分配

其中，投资期是指基金正常开展投资业务的期间。退出期是指基金投资期结束后进入项目管理及项目退出的期间。延长期是指退出期结束后，基金尚无法进行清算时，期限按照一定规则延长的期间。

认缴出资额是指某个合伙人承诺向基金缴付的，并为普通合伙人所接受的现金金额。实缴出资额是指某个合伙人根据本协议约定实际向基金缴付的现金金额。

投资决策委员会是指根据基金合伙协议的授权开展基金投资业务的决策机构，主要职责为对投资项目及项目退出等相关事项做出决策。

管理费是指作为受托管理机构向基金提供投资管理服务的对价，而由基金向普通合伙人、受托管理机构或普通合伙人指定的其他人士交付的报酬。

追赶机制是指在向基金投资者分配投资本金及门槛收益之后，将剩余收益先行向基金管理人分配，直至达到门槛收益与当前"追赶"金额之和的既定比例，作为基金管理人的业绩报酬。

20/80 分配：80% 分配给所有参与该投资项目的有限合伙人，有限合伙人之间按照投资成本分摊比例进行分配，20% 分配给普通合伙人。基金的收益分配会在基金和合伙协议中有明确约定。

通常，一只基金从募集到开展投资需要 3~6 个月的时间，经过基金募集、协议签署、工商注册等多个流程（见图 6-2）。

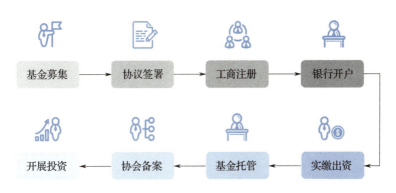

图6-2 基金设立的流程

三、基金管理人登记

据《中国私募股权投资基金行业发展报告（2021）》显示，截至2020年末，在中国证券投资基金业协会备案且正在运作的私募股权基金达39800只，基金规模为11.56万亿元。

依据《私募投资基金监督管理暂行办法》的规定，私募基金应当向合格投资者募集，单只私募基金的投资者人数累计不得超过《中华人民共和国证券投资基金法》《中华人民共和国公司法》《中华人民共和国合伙企业法》等法律规定的特定数量。

私募基金的合格投资者是指具备相应风险识别能力和风险承担能力，投资于单只私募基金的金额不低于100万元且符合下列相关标准的单位和个人：①净资产不低于1000万元的单位；②金融资产不低于300万元或者最近3年个人年均收入不低于50万元的个人。上述金融资产包括银行存款、股票、债券、基金份额、资产管理计划、银行理财产品、信托计划、保险产品、期货权益等。

基于资金安全性原因，在基金备案合规的要求下，投资者的资金要全部放在第三方托管的账户。

中国证券投资基金业协会关于拟申请登记成为私募股权、创业投资类基金管理人的申请机构的相关要求：

（1）内部控制基本要求。申请机构应当建立健全内部控制机制、明确内控职责、完善内控措施、强化内控保障、持续开展内控评价和监督。

（2）资本金要求。申请机构应当具备特定金额以上的资本金才可完成登记，如申请机构实缴资本不足100万元或实缴比例未达到注册资本/认缴资本的25%。协会将在私募基金管理人公示信息中予以特别提示。

（3）高管人员要求。申请机构员工总人数不应低于5人，高管人员（含法定代表人/执行事务合伙人、总经理、副总经理和合规风控负责人）至少2人，至少2名高管人员应当取得基金从业资格，高管中法定代表人/执行事务合伙人、合规风控负责人应当取得基金从业资格。

（4）名称、经营范围要求。名称中表明"私募基金""私募基金管理""创业投资"字样。

（5）对关联方的规范要求。同一实际控制人下已有完成登记的私募基金管理人再有申请新机构的，应当说明设置多个私募基金管理人的目的与合理性、业务方向区别、如何避免同业化竞争等问题，并书面承诺，自完成新私募基金管理人登记后，继续持有申请机构股权或实际控制不少于三年。

根据中国证券投资基金业协会官网（2021年），私募基金管理人的登记流程如下（见图6-3）。

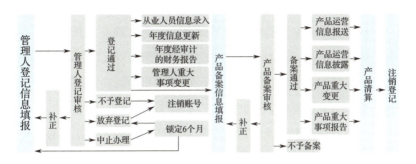

图6-3 私募基金管理人的登记流程

第二节 常见有限合伙人的特点与需求

私募股权基金的投资期限较长、风险较高，做有限合伙人需要具备足够的风险承受能力。"资管新规"严厉禁止金融机构为资管产品提供规避投资范围、杠杆约束等监管要求的通道服务，明确了资管产品最多只可嵌套一层的运作结构。这意味着此前市场上常见的"银行理财/保险资金/非金融机构资金＋资管计划＋私募基金"的模式将被禁止。此外，新的准入门槛已经排除了一大批个人有限合伙人，绝大多数中产收入人群都被挡在了有限合伙人门槛之外。

当前，能够成为基金投资人、有限合伙人的资金来源主体主要包括政府引导基金、市场化母基金、险资有限合伙人、行业龙头企业及其CVC平台、家族办公室、高净值个人、合格境外有限合伙人等。

一、政府引导基金

政府引导基金又称创业引导基金，是指由政府出资，并吸引有关地方政府、金融、投资机构和社会资本，不以营利为目的，以股权或债权等方式投资于创业风险投资机构或新设创业风险投资基金，以支持创业企业发展的专项资金。

政府引导基金通过引导创业投资行为，支持初创期科技型中小企业的创业和技术创新。**政府引导基金的宗旨是，发挥财政资金的杠杆放大效应，增加创业投资资本供给，克服单纯通过市场配置创业投资资本的市场失灵问题**。特别是通过鼓励创业投资企业投资于种子期、起步期等创业早期的企业，弥补一般投资机构主要投资于成长期、成熟期企业的不足。政府引导基金的运作原则是政府引导、市场运作、科学决策和防范风险。

2002年我国第一家政府引导基金——中关村创业投资引导基金成立，该引导基金由北京市政府派出机构——中关村科技园区管理委员会设立。2010年起，政府产业引导基金的数量开始小幅增长。2015年以来，我国政府引导基金呈现井喷式发展，从东到西，自上而下，各级各地政府均投身于政府引导基金的建设中。到2018年4月"资管新规"出台后，政府引导基金也受到了很大影响。事实上，在前面的成长期存在野蛮式生长的问题。

政府引导基金从字面上理解是指由政府出资设立的，通过股权或债券等方式吸引各类社会资本参与的政策性基金，该基金按照市场化方式管理运营，旨在重点扶持特定行业和特定地区。政府引导基金可以分为产业引导基金、创业基金以及其他类基金，而其他类基金目前主要是指 PPP 基金。

政府引导基金的管理人一般有三种方式，即聘请专业的第三方管理公司、政府成立专门的管理中心以及某个委办局成立平台进行基金运营管理。

政府引导基金设立的目标，一是希望培养一批创新能力强、市场前景好的初创企业。北上广深以及成都、西安等一些高校比较密集的地区，均有一些实质性创新。二是希望能够促进区域协调发展，引导社会资本投向科技创新领域。中国经济发展的南北差异、东西差异比较大，发展不平衡，如长江经济带的基金、以京津冀为重点的基金，均是为了促进区域经济的发展。三是促进各地的产业结构升级，在各地产业发展需求上，特别希望发展一些战略新兴产业。

2015 年前后，一系列政府引导基金管理办法出台，标志着我国政府引导基金步入规范化发展的新阶段，政府引导基金由中央向地市级进一步延伸，并呈现出爆发性增长的态势。

在经历了一轮爆发式增长后，我国政府创投引导基金从 2018 年底逐渐恢复理性，新募基金数量和募集规模增速都出现明显回落，基金管理模式呈现由碎片化向规模化、规范化发展的良性趋势。各级各类政府创投引导基金除继续支持战略性新兴产业发展外，更加注重区域合作以及上下游产业链的资源整合和产业协同。

目前，政府引导基金作为我国财政转变投入方式的重要创新工具，已在全国各地传播开来，得到财政部、国家发改委以及各级政府的肯定与推崇。在经历了探索起步阶段、逐步试点阶段、规范化运作阶段以及全面发展阶段后，我国政府引导基金市场规模已达到10万亿元，已到位资金规模超4万亿元，财政引导作用逐步释放，已成为推动各地经济结构调整、传统产业升级的重要创新工具。

想要申请政府引导基金，首先需要了解其需求，那么政府引导基金的选择策略就成了投资机构关心的要点。政府引导基金通常会出台相应的引导基金管理办法、子基金遴选公告或子基金申报指南等指导性文件，子基金可参考指导性文件制作申报材料进行申报。通过指导性文件，可以对政府引导基金申请标准和要求进行初步了解。

根据《国家科技成果转化引导基金设立创业投资子基金管理暂行办法》，国家科技成果转化引导基金对子基金的募集规模、存续期、投资范围、管理团队都做出了相关要求，具体内容参考如下：

（1）子基金应当在中国境内注册，募集资金总额不低于10000万元，且以货币形式出资，经营范围为创业投资业务，组织形式为公司制或有限合伙制。

（2）引导基金对子基金的参股比例为子基金总额的20%~30%，且始终不作为第一大股东或最大出资人；子基金的其余资金应依法募集，境外出资人应符合国家相关规定。

（3）子基金存续期一般不超过8年。在子基金股权资产转让或变现受限等情况下，经子基金出资人协商一致，最多可延长2年。

（4）申请者为投资企业的，其注册资本或净资产应不低于

5000万元；申请者为创业投资管理企业的，其注册资本应不低于500万元。

（5）申请者应当确定一家创业投资管理企业作为拟设立的子基金管理机构。该管理机构应具备以下条件：在中国境内注册，主要从事创业投资业务；具有完善的创业投资管理和风险控制流程，规范的项目遴选和投资决策机制，健全的内部财务管理制度，能够为所投资企业提供创业辅导、管理咨询等增值服务；至少有3名具备5年以上创业投资或相关业务经验的专职高级管理人员；在国家重点支持的高新技术领域内，至少有3个创业投资成功案例；应参股子基金或认缴子基金份额，且出资额不得低于子基金总额的5‰；企业及其高级管理人员无重大过失，无受行政主管机关或司法机关处罚的不良记录。

（6）子基金投资于转化国家科技成果转化项目库中科技成果的企业资金应不低于引导基金出资额的3倍，且不低于子基金总额的50%；其他投资方向应符合国家重点支持的高新技术领域；所投资企业应在中国境内注册。

政府引导基金一般常见的需求：

（1）大多数政府引导基金设有返投当地比例，变相地为当地招商引资，要求兼顾社会效益与经济效益。

（2）投资范围的限制。政府引导基金的发起单位不同，对于基金的投资地域、投资阶段、投资领域和基金期限的要求也不同，对于超出投资范围的投资，通常会要求一票否决。

（3）出资顺序位于最后，政府引导基金的出资一般位于其他有限合伙人之后。建议关注政府引导基金的资金来源，以免由于监管政策变化导致资金无法到位。

（4）引导放大比例。有的政府引导基金对于基金的最低规模有要求，有的有放大要求，且按照基金规模的一定比例出资，一般为15%～30%，有的地方可到50%。

（5）对基金注册地和（或）基金管理人/普通合伙人注册地有要求。政府引导基金一般会要求基金注册在当地，视情况要求基金管理人或普通合伙人也注册在当地，部分政府引导基金还要求在当地设立办公室。

（6）观察员、投委会席位等其他要求。政府引导基金从监督基金不得进行违反法律法规、政府引导基金监管规定及基金法律文件等角度，可能要求一定的决策参与权，比如顾问委员会名额、投资决策委员会中的观察员席位，有的甚至要求投委会席位和一票否决权。

在不同地区，政府引导基金对返投的统计口径大不相同，狭义主要是在当地注册公司的注册资本，广义口径囊括范围则较为广泛。常用的统计口径包括：

（1）投资于注册地在某区域的，则以对该区域内被投企业的实际出资额作为折算返投金额的基数。

（2）由基金管理人发挥品牌作用，投资区域内存量企业，参与本轮或未来新轮投资的投资额，均计入返投金额。

（3）返投相关实体投资于注册地在某区域外的（以下简称"区外被投企业"），则以该区域外被投企业对注册地在合作区域的新设或既存具有独立法人资格企业的实缴出资额或实际投资额，或新设研发中心、结算中心等对合作区域贡献度作为折算返

第六章 募：募资之道，解决有限合伙人的问题

投金额的基数。

（4）返投相关实体将区域外优质项目总部或拟上市主体引入至合作区域注册经营的，认定的返投额为其最新一轮融资估值。

（5）由基金管理人关联方或关联基金投资或引至本区域的企业的相关投资额，均计入返投额度。

（6）其他可计入返投的投资额度。

对返投放大比例的要求，各地情况不一，一般是1~2倍，有些地区要求的返投比例较高，有些地区（比如经济发达的江浙一带），经常会出现1.1倍、1.2倍这种宽松的返投比例。过高的返投比例要求会影响基金的运营。

除了返投放大，还有引导放大、基金放大，基金层面放大和项目返投放大要求见图6-4。单纯的引导放大对于当地政府的"实惠"有限。假设政府引导基金，当地政府出资1个亿，基金做了5个亿规模，听起来放大到了5倍，但是可能只有1个亿投资到了当地，这个5倍放大就是引导放大、基金放大，相比于返投放大的要求，对当地政府来说意义很有限。此外，这些放大的社会资金是作为有限合伙企业的有限合伙人把资金投资在当地的，

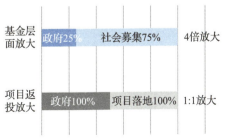

图6-4 基金层面放大与项目返投放大

145

在项目退出时，可能按照相关规定"先分后税"，实际上对当地的税收贡献有限。

有些地区的政府引导基金也面临一些难点和问题，如立而不募，募而不投，投而不落。

立而不募。引导基金发起设立后，资金可能募不齐起初设定的额度，基金可能流产。

募而不投。有的引导基金完成了募资，但始终在当地没有投资到合适的项目，找不到合适标的，返投比例无法达成。针对这种情况，政府方面也有解决办法，可以约定好分期出资，比如分三笔，按照 4:3:3 的比例出资。这样就可以在前期出资的返投比例没有达到要求的情况下，通过影响后期出资来发挥牵制作用。

投而不落。这种情况下，募资也完成了，项目也都投了，但所投资项目没落在当地。

由于政府引导基金面临的这些问题，让产业组织基金有了发挥的空间，后者的优势和贡献主要体现在项目层面的返投和放大，项目招商和落地的可操作性强。产业组织基金主要是由地方政府全额出资，投资重点产业，主要功能是实现产业组织落地，在项目层面实现引导和放大功能。

二、市场化母基金

市场化母基金是指在中国境内设立的、市场化运作的 VC/PE 母基金，通常市场化资金募集无返投比例要求、无投资地域限制、无产业引导需求，需要多样化资产配置以及独立专业化团队管理。通过市场化母基金形式参投优质 VC/PE 基金的优势十分明显：一是降低投资者门槛、畅通投资渠道。市场化母基金不但为合格的个人投资者开放了参与优质基金的可能性，降低了个人投资者进入优质基金的门槛，还通过集合大量投资者的资金，由专业团队进行管理，代表所有合格投资者与子基金谈判，获得更多的有利条款。二是专业优选标的、分散投资风险。市场化母基金可以通过投资不同专业领域的子基金和配置不同阶段专长的子基金，帮助投资者同时实现专业性和阶段性的合理配置，在合理分配的基础上可以有效避免对某一子基金或企业的依赖，高效地分散系统风险，确保投资资金的安全。

区别于政府引导基金更加侧重于引导作用，市场化母基金则更加侧重于收益。此外还有以下区别：

（1）设立主体不同。政府引导基金一般由政府部门或者政府部门出资平台主导设立，带有一定的政策目标。而市场化母基金一般由市场化机构按市场原则设立。

（2）设立目的不同。市场化母基金是为了获得最大收益，并最大限度地分散风险而设立，以盈利为首要目的。而政府引导基金是政策性的基金，首要目的是通过引导民间资本放大财政资金，引导社会资本投向本区域重点发展的产业，兼顾经济效益，政府引导基金在收益分配上还往往带有税收返还、让利等优惠政策。

（3）投资原则不同。政府引导基金为了实现其引导放大的功能，一般会规定其投资的子基金的投资领域和投资阶段，同时对子基金投资标的所处行业、投资标的规模还有一定要求，因此限制较多。而市场化母基金则没有这样的要求，以收益最大化原则进行投资，在不违反国家法律法规的前提下可以投资于任何领域、任何阶段，以保证投资者获得最大的收益。

（4）管理模式不同。 政府引导基金由于其明显的政策性目标，在管理上与市场化母基金也存在着许多不同。政府引导基金一般由行政性部门、事业性部门或政府出资平台负责管理，这些部门一般没有盈利指标的约束，不必过多关注管理收益，对于投资经理较少使用业绩激励约束措施。而市场化母基金则是由市场化机构管理，必须通过业绩激励和风险约束等措施，来激励投资经理尽职尽责地管理好母基金。

2010 年，诺亚财富旗下的歌斐资产发起设立了首只以民营资本为主导的市场化母基金。市场化母基金正日益成为多层次资本市场股权投资体系中重要的组成部分之一，也是助力企业成长的中坚力量之一。

目前，母基金阵容进一步壮大。民营资本主导的市场化母基金，比较典型的代表还包括大唐元一、宜信财富、星界资本等。这些市场化母基金随着私募股权市场的发展，投资额不断增加，管理水平也在提高。

三、险资有限合伙人

保险资金具有期限长、金额大、持续稳定的特性，这是保险资金的独特优势。保险资金是资本市场上较为稀缺的长期资金、优质资金和耐心资本，这就决定了保险资金在股权投资上拿得住、扛得起，可以经受得住市场周期的变化。

2020 年 11 月 13 日，银保监会发布《关于保险资金财务性股权投资有关事项的通知》，取消对险资在财务性股权投资上的限制，一改以往只能投资保险类企业、非保险类金融企业与保险业务相关的养老、医疗、汽车服务等企业的局面，近20万亿元险资资本蓄势待发。自该通知发布后，险资机构纷纷在私募股权投资领域布局。

2018年10月26日，中国银保监会对79号文进行了修订，发布了《保险资金投资股权管理办法（征求意见稿）》，保险机构作为有限合伙人开展股权投资，投资的基金类型包括创业投资基金、股权投资基金（包括并购基金）和以上述基金为投资标的的母基金。在参投股权投资基金及以其为投资标的的母基金时，就其基金管理机构和基金本身设置了不同的资质要求。《保险资金投资股权管理办法（征求意见稿）》第十一条规定，保险公司投资股权投资基金，该股权投资基金的投资机构，应当完成私募股权基金管理人登记并符合下列条件：

（1）具有完善的公司治理、管理制度、决策流程和内控机制。

（2）注册资本或者认缴资本不低于1亿元，并已建立风险准备金制度。

（3）投资管理适用中国法律法规及有关政策规定。

（4）具有稳定的管理团队，拥有不少于10名具有股权投资和相关经验的专业人员，作为主导人员合计退出的项目不少于3个。其中具有5年以上相关经验的不少于2名，具有3年以上相关经验的不少于3名，且高级管理人员中，具有8年以上相关经验的不少于1名；拥有3名以上熟悉企业运营、财务管理、项目融资的专业人员。

（5）具有丰富的股权投资经验，管理资产余额不低于 30 亿元（中国境内以人民币计价的实际到账资金和形成的资产），且历史业绩优秀，商业信誉良好。

（6）具有健全的项目储备制度、资产托管和风险隔离机制。

（7）建立科学的激励约束机制和跟进投资机制，并得到有效执行。

（8）接受中国银保监会涉及保险资金投资的质询，并报告有关情况。

（9）最近三年未发现投资机构及主要人员存在重大违法违规行为。

（10）中国银保监会规定的其他审慎性条件。

四、行业龙头企业及其 CVC 平台

企业风险投资（Corporate Venture Capital，简称 CVC）是一种创新的投资组织形式，起源于 20 世纪 60 年代的美国，从创新周期最紧迫的医药行业发展起来。在业界，经历了多年的发展，CVC 早已成为风险投资领域重要的组成部分和基金的重要资金来源之一，如英特尔设立的独立投资部门、小米的产投部门等。

CVC 设立的战略目标主要是配合母公司的长期发展战略，以投资方式驱动创新与模式扩张，如横向扩张提高市场占有率、围绕产业链投资加深产业链布局、生态投资形成产业生态圈等，并依托母公司的业务优势为被投创新企业提供独特的增值服务。其资金往往来自于企业内部自筹，也没有投资期限的概念。

近年在中国风险投资界，CVC 充满活力且规模迅速壮大，产业龙头开始利用股权投资方式达到战略驱动、核心业务赋能、新兴行业布局等目的，腾讯投资、阿里资本、小米集团、百度投资、京东等纷纷下场作为有限合伙人参与基金。

五、家族办公室

1882 年，约翰·洛克菲勒建立了世界上第一个家族办公室。家族办公室以富有家族的关注点为出发点，为其提供丰富且专业的管理咨询和实操服务，包括为家族规划后代教育机会、考虑家族安全、慈善安排、遗产筹划等。一般，一家单一家族办公室（SFO）约有十多位雇员，拥有至少 1 亿至 1.5 亿美元资产的家族才能负担起它的运转费用。

以 SFO 为蓝本衍生的"多家族办公室"（MFO）则服务于多个雇主。MFO 可以服务于上百个家族，费用均摊后，拥有 2500 万美元以上资产的家族即可负担得起。除了管理资金外，家族办公室还承担着如税务、法律服务、监管网络安全等多种服务。有的还能处理敏感的家族事务，如拟定婚前协议、离婚协议等。因而，被称为"超级富翁的超级帮手"。

过去十年，亚洲高净值人群数量不断攀升，占到了全球总数的 1/4。高净值家族对财富规划、财富传承的需求凸显了家族办公室存在的必要性，也直接刺激了亚洲家族办公室数量的增长。在中国经济继续保持较快发展的背景下，中国富裕家族会呈现继续快速增长的趋势，在过去的十年内，中国家族办公室的数量翻了一番。2019 年，海底捞联合创办人舒萍（张勇之妻）在新加坡设立了家族办公室，还设立了海悦量化投资作为海底捞集团旗下的量化投资平台。

不像普通合伙人的募、投、管、退等高节奏的连环工作，由于是自有资金，家族办公室大多数没有投资 KPI 的压力，不会追求每年的投资数量和投资金额。财务回报是其最关注的目标，有少数家族办公室会追求与自己的主业有产业上下游的协同。在普通合伙人的选择方面，既会投资有历史、有业绩、有品牌的白马基金，也会投资黑马基金。此外，一只基金能否获得超额收益，往往都是要靠个别极好项目的拉动。因此，还有许多家族办公室选择基金的逻辑十分务实，不在乎名气，只在乎标的，在考察普通合伙人时会着重考察过往投资项目的质量。

六、高净值个人

高净值个人一般是指资产净值在 1000 万人民币以上的个人，他们也是金融资产、投资性房产等可投资资产较高的社会群体。随着财富的累积和观念的转变，如今高净值人群的投资配置除了海外投资、企业投资等品种外，另类投资也成了关注的投资大方向。

随着中国经济的发展，国内一部分人依靠时代和人口的红利率先完成了财富积累，实现了"先富"，成了高净值个人。现如今，不少人高净值个人逐渐意识到传统行业和过去的红利已逐渐式微，需要转型才能使自己的财富保值增值，而投资于私募股权投资基金可能是使得他们财富增长更快的方式之一，也是让高净值个人更快地了解其他领域的方式之一。

与家族办公室类似，高净值个人有限合伙人在投资基金的时候最看重的是收益和口碑，同时有些高净值个人有限合伙人会更加偏好他有能力赋能、提升价值的基金。比如，部分明星投资人在投资基金的同时，还会为基金的被投企业代言，提高被投企业的曝光度，帮助基金打造明星项目，与基金共同成长和获益。然而，随着金融监管政策的收紧，包括二级市场的不景气，对市场信心造成负面冲击，这都削弱了高净值个人有限合伙人的投资意愿。由于项目基金底层资产清晰明了、相比于盲池基金易于判断，也有越来越多高净值个人有限合伙人开始倾向于自己投项目或者投资于专项基金。

七、合格境外有限合伙人

合格境外有限合伙人（Qualified Foreign Limited Partner，简称QFLP，即股权基金的出资人）是指境外机构投资者在通过资格审批和其外汇资金的监管程序后，将境外资本兑换为人民币资金，投资于国内的 PE（私募股权投资）以及 VC（风险投资）市场。截至 2020 年 6 月共有 30 个地区（含四个直辖市、广州、深圳、青岛等）发布了关于 QFLP 试点的相关政策文件，且多数地区在 2020—2021 年期间对相关 QFLP 文件进行了修订完善（如北京、深圳、珠海以及苏州工业园区）。

第三节　基金募集难点——众口难调

在资金募集过程中存在诸多问题和难点，其中比较常见的有四个方面。

一、满足 LP 需求

满足 LP 需求的同时才能成功募资,这是募资环节的第一大难点。以"资管新规"为节点,募资环境发生了变化。以前做科技创新投资,特别是硬科技投资是一个相对"冷板凳"的事,而当前大量投资机构开始涌入科技创新领域,因而募资竞争更激烈了。

募资能力的核心点在于,能够满足 LP 的需求,通常包括增值、招商、产业协同等。

作为一项投资,LP 选择合伙伙伴的重要因素之一是投资收益,因此优秀且稳定的成绩单是打动 LP 的第一块敲门砖。投资机构的投资策略、历史投资业绩(包括基金数量和规模、IRR、DPI 等)、未来发展可能(通常由所投资方向、定位、领域、地域、阶段等多种因素决定)都将经受 LP 的审视。

DPI 是考核一家投资基金常用的三大指标之一,它是投入资本分红率(Distributed to Paid in Capital)的缩写,即基金出资人(LP)在基金里的投资实现回收或分红了多少金额。DPI 之所以重要,是因为募资时炫耀的 IRR 正成为难以兑现的纸面财富,蕴藏了非常大的风险。在美国的机构投资者中,DPI 可以算作最被关注的指标之一。DPI 等于 1 是损益平衡点,代表成本已经收回;DPI 大于 1 说明投资者获得了超额收益;DPI 小于 1 说明还没有收回成本;而如果没有任何分红或回流资金的话,DPI 等于 0。

另一大常用指标是 IRR,即内部收益率(Internal Rate of Return)。IRR 是指在一定时期内,使各笔现金流的现值之和等于零的收益率,即净现值为零(NPV=0)。根据基金在投资中的现金流计算,运用 IRR 衡量基金收益的优势在于:一是 IRR 考虑了时间价值,考虑基金整个生命周期内的现金流,复利计算,减少了收益的波动;二是 PE 基金的特点是前期现金流出多,后期现金流入多,利用 IRR 则能使收益率趋近于真实收益;三是计算 IRR 的时期越长,其结果越稳定,这就意味着计算当期的结果和最终的基金收益之间的偏差较小。

最后一个考核指标是 MOC,即资本回报倍数(Multiple of Capital Contributed),它是投资收益与投资成本的比值,是基金的投资回报倍数,是最直观、最简单的参考指标。但 MOC 没有考虑时间因素,因此资本的时间价值无法体现。MOC 通常要结合 IRR 这个指标来使用,这样才可以更好地衡量投资回报的水平。

除了像 DPI、IRR、MOC 这些量化的指标,投资人还会重点考察基金的投资经验、投资策略、风险管控等多方面的能力。

(1)投资经验:考察投资团队过往管理基金的数量和质量、核心管理层的稳定性和管理团队的利益分配机制,以及团队成员的投资经验。此外,还需要考虑团队的投资能力、时间精力是否与基金的投资策略相匹配,团队的背景和资源能否保证基金的投资和赋能。

(2)投资策略:即投资阶段、投资领域、投资地域等因素,考察既往投资经验在拟设立基金专注的行业和领域是否具有延续性,这是延续过往良好投资业绩的基本条件。

(3)风险管控:项目筛选和投资决策执行是否严谨合规,投资条款设置是否合理,是否有能力把握市场动态和应对经济周期风险，特别是市场过热时风险控制对于不良资产是否及时预警以及不良资产资金能否收回。

（4）信息披露：投资后能否与LP保持良好互动，能否按相关规定及时全面履行基金的信息披露义务等。

（5）行业口碑：可以参考行业内专业机构的排名和榜单，如投中年度榜单、清科中国股权投资年度排名等，被投企业对投资机构口碑，以及过往LP的评价等。

（6）招商需求：政府引导基金作为LP，通常有吸引社会资本、放大政府基金引导效应的需求。如果拿了政府1亿元的资金，你可能需要放大3~5倍才能满足LP的需求。此外，政府引导基金还有保值增值、产业引导、推动当地产业招商落地等需求。

（7）产业协同需求：有产业协同需求的LP往往有较强的产业背景和资源、比较强大的出资能力，对投资方向和战略有着清晰和明确的认识，不仅要求GP具有稳定和持续的回报能力，同时也需要GP深耕与其战略布局强协同的产业。产业协同需求可能包括：上游核心器件的稳定供应，下游客户的稳定销售，研发合作、战略合作、销售渠道共享、供应链共享等。随着互联网和模式创新的热度逐渐消退，技术驱动、产业驱动的投资成为中国一级市场未来发展的新增长极，因此产业资本的重要性将越来越强。

在满足单家LP需求的同时，还有一大难点：不同LP需要在同一基金中进行统一核算，并满足不同LP的不同需求。

二、LP 的控制、主导要求

在一个联合主体中，当谈及经济主体之间的博弈关系时，**博弈点一般都分为两大类：一是控制权，二是经济收益。**

第一个博弈点是控制权。GP 一般希望 LP 不要参与投资决策，对投资决策的限制越少越好。但是在实际情况下，LP 一般都会有不少这方面的需求。比如，政府 LP 可能要求返投到当地、为当地招商招多少；还有的要求当投委，要求有一票否决权等。根据《合伙企业法》规定，对于有限合伙企业，如果 LP 参与经营，那么 LP 就要承担无限连带责任；但是 LP 如果只是参与投决或者行使一票否决权，这不算参与经营。因此，有不少 LP 特别希望在投委会有一票。如果遇到不太懂基金投资逻辑并且希望干预投资决策的 LP，就会影响基金的周期、进度，甚至收益。这种情况在很多基金里都会出现，尤其是基金的 LP 越复杂且都很强势的时候，GP 就会偏弱势。

关键人锁定。LP 一般希望 GP 团队的关键人在几年内锁定不能离职，通常还会设定锁定期内离职的赔偿条款。但这类条款的主要目的通常不是为了要对方赔偿，更多的是起一个约束作用，希望关键人不要离开。还有更严格的关键人条款，如当指定的基金管理团队的核心成员身故或离开基金时，基金将暂停投资或解散并清算。由于关键人的退出、离开或者更换，可能对基金运作产生重大影响。关键人一般是指在基金募集、项目获取、投资决策、增值服务、投资退出等重要环节发挥关键性作用的团队核心成员。因此，关键人条款通常是私募股权基金有限合伙协议的必备条款。不同协议对关键人条款的规定有所不同,一般而言是指关键人在整个基金存续期间不得离开,否则LP有权要求中止向基金进行出资承诺和后续投资,若未能在规定期限内就替代人选达成协议,基金将解散并进行清算。关键人可以有一名或多名,人数不同也会影响协议的具体规定。若有多名关键人,即便其中一人离职,也不一定会对基金运作产生很大影响。

第二个博弈点是经济收益。比如管理费,LP肯定希望GP收的管理费越少越好。管理费的收取基数有按认缴规模收取和按实缴规模收取两种方式。LP更倾向于按照实缴规模来收取,但是**如果基金规模不大,收取的管理费无法支撑团队的正常运营,管理人则希望按照认缴规模来收取管理费**,一般比例会在0.5%~2.5%,具体要视规模和管理复杂程度而定。此外,双方还比较关注收益分成。传统做法是二八分,也会有不少基金约定阶梯式的收益分成比例:如果回报在6%到15%,收益按二八分;如果回报率超过15%~20%,要求超额收益的30%作为收益分成分给管理人或GP;如果回报率超过20%,将超额收益的40%作为收益分成分给管理人或GP。

在出资比例方面,GP常规出资比例为0.1%~2%,具体比例根据基金规模有相应调整,主要目的是要建立GP与LP之间的利益捆绑关系。通俗而言,GP是拿着LP的钱去投资的。可以想象,如果基金中的资本全部来自于LP,GP没有任何实际出资,在实际操作中就很难保证GP不会出现道德风险。为此,GP具有出资的必要,这样才能将GP的利益与LP的利益真实地捆绑在一起。GP在出于保护自己利益的前提下,自然也会保护与GP资本融合在一起的 LP 出资。

不过，由于 GP 的价值确实不在于出资，而且 GP 往往也不具有承担较大出资比例的资金实力，为此，尽管 1% 的出资比例作为惯例看似不高，但是对于动辄几亿、十几亿、甚至上百亿元的私募股权基金而言，1% 的出资比例所对应的资金量还是一笔不小的数目。GP 在基金里的出资比例一般是 1%，但随着基金规模做大，百分比会下降，甚至会降到 0.1% 左右。

此外，**还有其他诸多难点，如 LP 基金期限容忍度不同，但基金只有一个期限；国资和政府资金审批周期长，但不确定性大，民营资金审批周期短，但出资能力弱；募资成本高低不同；寻找基石 LP 至关重要；LP 有跟投要求，但好项目份额紧张。**

三、投资机构的核心竞争力

第一个核心竞争力是募资能力。 对投资机构来说，募资本身就是门槛，它是决定基金能否成立的根本，因此募资能力应该是反映基金核心竞争力位列第一的能力。

第二个核心竞争力是增值服务能力， 包括所投资项目的上下游产业资源、帮助后续融资的资源等。

第三个核心竞争力是品牌， 包括品牌影响力、品牌号召力、项目亲和力等。现在很明显有品牌影响力的大机构更容易募资。项目亲和力就是在同样的融资条件下，创业团队更希望拿到某家机构的投资，则可以说该机构具有项目亲和力。善意投资人会比较有项目亲和力，投资定价也会相对比较合理。**品牌号召力的一个表现是，** 投资过的企业在后续融资时会有很多机构追捧，有一定的"背书"作用。比如,企业得到了中关村的投资认可,后面会有很多机构认可它,融资会相对更容易。

第四个核心竞争力是项目资源。优质项目永远都是稀缺资源。投资机构应该建立自己特有的项目来源渠道,并能够有效维护,确保每年有源源不断、可持续的项目被发掘出来,其数量应达到满足基金规模要求的程度,其质量应达到满足基金未来取得较好收益的品质。

第五个核心竞争力,其实也决定着前面几个核心竞争力是否成立,那就是核心团队。投资机构需要有好的团队才有能力募资、找到好项目。做硬科技投资的团队中,如果有工科背景、科研经验的博士,则更容易看懂硬科技项目。否则,如果团队里只有经济、金融学科背景出身的人才,投资硬科技就会相对吃力一些。

这五个核心竞争力之间相互关联、相互影响,相辅相成。

四、与耐心资本共舞

募资竞争更激烈的同时,也给行业带来了一些积极的变化:**大家更能接受更长的回报周期了。科技创新基金的周期必须设置得较长**。过去,PE 基金设定的基金存续期常常是"3+2",并购基金是周期更短的"2+1"。科技创新基金就不能这么短,它的基金存续期最低是"5+2"⊖,可能还有"6+2""7+2",甚至

⊖ 基金存续期为"5+2",是指该基金的投资和退出期为 5 年,延长期为 2 年,即该基金将进行 5 年的投资和退出,并且有限合伙人不得在 5 年内退出,而满 5 年后有限合伙人可以选择退出,也可选择延期 2 年退出,即 7 年后退出。

还有"10+2"。

通常来看，科技创新基金都会有行业侧重，除非是体量特别大的机构。既然叫科技创新基金，相对来说重点就是投资早期项目，规模不会太大，不会一开始就募集规模100亿元的创投基金。比如说成立一只100亿元的早期基金，专门投资某一战略新兴产业的早期项目，并且这100亿元要在三年之内投完，这很不现实，因为很难保证被投项目的品质。

长期以来，内外资在投资风格和收益偏好上有一定的不同。内资习惯了高速发展，会习惯于8%、10%甚至更高的收益率，外资则对收益率相对预期更低、更有耐心，5%或6%可能就已经满意，因此不少外资偏好投母基金，虽然回报率低一点，但更安全稳健。

不少业内人士在谈到私募股权募资问题时，不约而同地将2017年11月视为"分水岭"。2017年11月17日，人民银行、银监会、证监会、保监会、外汇局五部门联合发布《关于规范金融机构资产管理业务的指导意见（征求意见稿）》。2018年4月27日，"资管新规"正式出台。尽管"资管新规"并未对私募股权投资基金做出直接的规定，但作为私募基金的一个重要分支，私募股权投资基金在统一监管的背景下，依然受到了本次"资管新规"的影响和监管。

"资管新规"提出，"金融机构应当做到每只资产管理产品的资金单独管理、单独建账、单独核算，不得开展或者参与具有滚动发行、集合运作、分离定价特征的资金池业务"。"去资金池"的规定，一方面使得这些资管产品将面临逐步被清理的局面，已对股权投资基金承诺出资的资管产品将可能无法完成后续出资，股权投资基金的正常投资运作受到一定影响；另一方面，由于"资管新规"的规定，资管产品不得出现期限错配、不允许多层嵌套，市场上的母基金产品大幅下降。在这种情况下，股权投资市场资本的供给量也相应大幅减少，因而股权投资基金在竞争日益激烈的市场环境下承受了更大的募资压力。

"资管新规"出台之前，募资成本通常都比较低，通过历史业绩来融资就能获得较为理想的 LP 出资，而在"资管新规"出台之后，市面上的钱更少了。网络上甚至有人公开指出，现在募资靠的是 LP 资源和渠道。资源是指具有信任价值的资源，这些信任都是基于过去的历史业绩和投资表现，只有取得了 LP 的信任，才能使 LP 放心把资金交给基金管理人。而新的投资机构由于成立时间短，积累的信任资源不足以让 LP 动心，募资就会困难很多，需要更多的其他背书才能募集到 LP 的资金，这些都增加了募资成本。可以说，LP 资源和渠道转化为最终 LP 的过程也使得募资的显性成本和隐性成本都有所上升。

"资管新规"的出台也在实质上使得募资对象发生了改变。之前，募资对象以市场上的纯财务投资的民间资本为主；之后，国有资金逐渐成为主要的募资对象，募资市场上约计 70% 的钱来自政府和国有体系。政府引导基金已经成为国内人民币基金的重要 LP，成为主打国资旗号的基金出资人，同时市场化募资的机构也开始不断争取与政府引导基金的合作，凸显出了我国政府引导基金在同类出资人中的竞争优势。

第七章　　　　　投:"本垒打"的投资秘籍

投资环节是"募、投、服、管、退"中最具决定性意义的一环。科技股权投资可以分为不同的阶段,各阶段对于"投"这一环节的关注点略有不同,但殊途同归,都是要筛选出优质的项目,并做出合理的交易结构设计,完成投资。

第一节　初识股权投资

如果将一家企业的生命周期划分为种子期、初创期、成长期、成熟期、扩张期、退出期的话,与各个阶段相对应的直接融资形式就有了种子轮、天使轮、A轮、B轮、C轮、D轮、E轮、F轮、IPO的划分。在实际中,企业在各个阶段的划分不是特别清晰,也不是每一轮都要经历,有些轮可以省掉或者多做几次加轮,这都很正常。不同投资阶段及其特点(见图7-1)。

(1)种子轮。这时通常没有完整的团队,只有一些想法和一到两个创始人,需要一笔钱来验证他们的想法能否变成现实。在种子期,想法能否转化为可行的商业模式还具有高度的不确定性,

	技术成熟度	资金流	团队	财务
天使	低	低	不完整	低
VC	↓	↓	↓	↓
PE	↓	↓	↓	↓
并购	高	高	完整	高

图 7-1　不同投资阶段及其特点

需要通过一段时间的尝试，对想法背后的各种假设进行验证，从而探索到真正可行的方向。在此过程中，项目的方向和内容随时有可能调整，而且项目既没有商业化历史，又缺乏连续性，唯一稳定的、可供投资者参考的因素就是创始团队，而且主要是创始人。因此，种子期的投资主要看人，看创始人和团队的专业背景、历史积累和优秀程度。另外，还要看赛道前景，对未来 5～10 年的趋势判断以及团队技术产品的门槛高低。

（2）天使轮。这时团队已经完成初步搭建，企业有了产品雏形，即产品的原理样机，商业模式也已初步形成。投资来源一般是天使投资人、天使投资机构，投资金额较小。

（3）A 轮融资。公司产品开始成型，已经有了产品的工程样机，有了完整详细的商业计划及盈利模式，需要融资以加快推进研发进程和产品落地。此时，企业可能依旧处于亏损状态。资金来源一般为专业的风险投资机构，投资金额一般在 1000 万元到 1 亿元。

（4）B 轮融资。企业经过一轮资金投入后，获得较大发展，产品已经成型,有些企业已经开始盈利。商业模式已得到基本验证,需要进一步扩大产能、推出新业务、拓展新领域,因此需要更多的资金。资金来源大多为上一轮的风险投资机构跟投、新的风险投资机构(VC)加入、私募股权投资机构(PE)加入,投资金额在1亿元至3亿元左右。

(5)C轮融资。项目比较后期的融资,一般是为了以后的IPO做准备。这个阶段,企业的商业模式已经成熟了,现金流也比较稳定,已经盈利或者即将盈利。资金来源主要是PE,有些之前的VC也会选择跟投加磅,投资金额一般在3亿元至10亿元。

C轮融资后,效益好的企业即可启动上市进程,在二级市场进行融资,因此也就不需要一级市场的融资了。但如果无法完成上市,接下来就会有D轮、E轮、F轮,甚至更多轮的融资。

(6)IPO。即为首次公开募股,也就是上市。只有IPO完成后,公司才可以到股票交易市场(即证券交易所)向公众发行股票进行融资。

总体而言,种子期的项目往往只有一个想法和初始团队(有些只有一两个创始人),想法能不能行得通,具有高度的不确定性,需要通过一段时间的尝试。由于尝试和探索所需的资金量一般不是太多,且项目越早期风险越大,所以天使轮的金额一般也较小,股权占比一般在20%~30%。

成长期则是当一个项目经历过天使期的摸索,探索到一条有较大可行性的道路时,便进入到成长期。天使期可以说是纸上谈兵,成长期则经过了实践,从市场的反应中看到了希望。企业进入成长期以后,战略基本成型,准备着手投入资源(其中资金是关键资源）去实现这个战略。这个时候投进去的，就可以算作是VC了。所以VC是企业战略初步成型以后用以支撑企业去实施战略的投资。此时企业刚刚在公司发展上取得一些成绩，或者看到了一些成功的苗头，但企业自身的资源不足以支撑它，需要引进外部的资源。对投资人而言，企业战略所隐含的关键性假设已经通过市场有所验证，此时可以对项目进行理性的分析，并能够对面临的风险进行相对准确的评估。这就有了机构化投资的基础，实际的出资人可以委托专业的投资人士进行操作，并对投资人士实施监督，从而在投资领域产生了委托－代理关系。此外，这个阶段企业需要的资金量相对比较大，由个人投资者投资将很难分散风险，因此投资的机构化也成为必然。因此，VC一般都是以基金的方式实行机构化运作的，投资额一般在千万元量级以上，股权一般占比在10%~20%。

通常说PE是指投成熟期项目的资金。此时企业在市场上已经取得了一定程度的成功，企业通过稳定的经营已经能够从市场上可持续地获取经济资源，并已经取得了一定的市场地位，短期内不再面临生存的问题。此时企业融资的需求相对多元化，有些是为了规范上市，有些是为了实施并购进行产业整合，有些则可能是延伸业务线，不一而足。但它们都有一个共同的特征，即企业进行PE融资的目的都是为了上更高的台阶。此时企业从某种意义上讲"不差钱"，**融资往往是着眼于长期战略或者产业资源整合，因此会要求投资人不仅仅出钱，还需要具备一定的产业背景或其他资源，以协助企业顺利完成其目标。如果说天使拼的是眼光，VC拼的是判断，那么PE拼的就是资源。**此轮投资人股权一般占比在5%~10%。

第二节 投资流程的规范化和体系化

投资必然要承担风险,投资人需要在经过各方面的考量后,选择那些他们眼中大概率会成功的项目。**在投资过程中,投资人会根据流程中的关键点展开立项、尽调、风评、投决等工作。**

投资的主要流程见图7-2。下面将对其中的关键流程进行重点介绍。

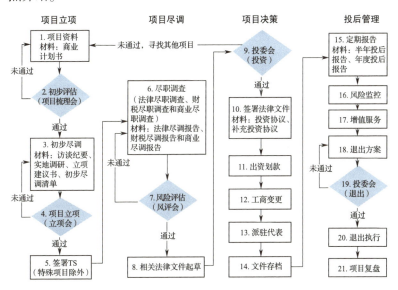

图7-2 投资的主要流程

(1)项目立项。在经投资经理推荐后,公司总办会(或类似组织)对目标公司及拟投资项目实施立项评估。立项评估的目的在于决定是否对该项目进行正式的尽职调查和评估,以利于提高基金的投资效率，保证基金投资的成功率。对于批准立项的项目，公司与目标公司根据业务需要会签署《投资意向协议书》（即TS）。

（2）尽职调查。 尽职调查是一个用来核查投资具有多少可行性的步骤，对已经批准立项的项目，由投资经理牵头成立项目团队对目标公司进行尽职调查。公司将根据项目情况，就拟投资项目聘请会计师进行财务尽职调查，聘请律师进行法律尽职调查。对跟投项目，公司可以不单独进行财务和法律尽职调查，但需要有领投方提供的相关尽调报告作为参考，若领投方提供的尽调报告内容不能满足要求，可对项目进行补充尽调。

（3）风险评估。 公司将根据项目业务、财务、法务尽职调查结果和专家访谈情况召开风险评估会，对发现的风险点进行充分披露和评价，制订相应的风险防范措施。投资经理应当根据风评会的结论对有关项目事项进行补充调查，复核公司内部团队和外部专业机构的工作底稿和报告。

（4）投资决策。 基金投资决策委员会根据《投资决策委员会管理办法》就申报的拟投资项目进行投票表决，投委会成员由自然人组成，每位投委会委员仅代表个人意见进行表决，不代表其所在单位的意见。投资经理向投委会提交项目投资决策申请，应提交投资建议书和投资决策需要的其他资料，包括但不限于投资条款清单、法律尽职调查报告、财务尽职调查报告、专家意见等。投资经理对提交给投资决策委员会的拟投资项目资料的真实性承担全部责任。

第三节　投资团队的激励与约束

在激励机制方面，一般有收益分成奖励、自愿跟投、绩效奖励等。

收益分成奖励。一般来说，VC/PE 从业人员的薪资主要由基本工资、绩效奖金及项目收益等几部分构成。收益分成奖励指的是机构投成并实现项目退出后，给予项目投资相关人员的退出收益分配。收益分成是一个长周期的奖励，现实中很多投资经理很难拿到收益分成奖励。实际上，当投资经理在 A 机构投了案子，之后如果该投资经理跳槽到了 B 机构，等 A 机构所投的案子成功退出后，一般情况下是不会给离职人员奖励的。这就要求投资经理长期一直在一家投资机构任职，这种情况在现实中很少，因为跳槽在投资行业很常见。

自愿跟投。自愿跟投既是激励，也是约束。私募基金管理人为了把控项目风险，加强项目投后管理，对员工进行约束，或者为了与员工共享投资收益，达到激励员工的最终目的，在实践中往往会考虑设计"员工跟投"的结构。通常投资团队个人跟投的金额要少于基金投资同一项目的金额。

近年来，国内 PE 行业的跟投现象很常见。从不同主体来看，跟投主要可以分为 PE 管理团队跟投、GP 跟投、LP 跟投以及 PE 机构跟投四种类型。讲到 PE 管理团队跟投，一般是指管理团队成员跟随 PE 机构的投资选择，**以自有资金对 PE 机构选定的目标公司进行投资，直接或间接持有目标公司权益，分享项目投资收**

益并承担跟投资金风险,是 PE 机构对管理团队的一种激励和约束机制。

绩效奖励。在机构本身没有明确的收益分成的情况下,绩效奖励是对一些很努力、业绩好的投资经理所设置的奖励激励。

对初入行的投资经理来说,还有一个很重要的激励,就是学习和成长。一些投资经理愿意拿着不太高的工资在一些机构工作,目的就是学习和成长,自己能学到东西。每个人吸取营养的能力不一样,有的人在某个行业、某个机构吸取两年养分就觉得待不住了,有的人可能待了 5 年、8 年还觉得有很多可学的地方,这也形成了不同风格的职业发展路径。风险投资行业常见的职位序列和岗位职责(见表 7-1)。

表 7-1 风险投资行业常见的职位序列和岗位职责

职位序列		岗位职责
Partner	合伙人	带头人;制定公司发展战略及投资业务发展战略,指导公司母、子基金募、投、管、退全流程及管理体系的搭建,指导投资业务相关的长期计划或方案
Managing Director	董事总经理	专业领域带头人;在公司发展战略前提下制定投资业务发展战略,负责公司母、子基金运作流程及管理体系的搭建;负责解决投资领域关键且复杂、具有前瞻性的问题,评估投资业务相关的长期计划或方案;积极参与制定可对募、投、管、退产生一定影响的短期、长期决策
Executive Director	执行总经理	细分领域专家;能够独立完成项目的开发和实施,并对投资业务管理和收益承担责任;负责中型私募基金募、投、管、退全流程工作
Director	投资总监	细分领域专家;在合伙人/董事总经理/执行总经理的领导下,在设立及管理基金中起重要作用;作为项目负责人,领导团队完成项目投资、投后管理及退出工作

(续)

职位序列		岗位职责
Vice President	投资副总裁	资深专业人员；作为项目组核心成员，全程参与项目投资、投后管理以及退出工作，协助基金设立和基金管理
Senior Associate	高级投资经理	资深专业人员；作为项目组核心成员，全程参与项目投资、投后管理以及退出工作
Associate	投资经理	中级专业人员；作为项目组成员，协助项目投资、投后管理以及退出工作
Analyst	分析员	初级人员；具备从业的基本理论知识，作为项目组支持人员，通过参与到工作中并协助完成部分工作，来获得实践知识

在约束机制方面，一般有强制跟投、两人小组、风险隔离等机制。

强制跟投。 当跟投权益变成了强制跟投，跟投激励也就成了对投资经理的一种约束机制。有的机构中，投资经理可能年薪上百万元，但其一半薪资可能都用于进行强制跟投。是否设置强制跟投往往没有行业标准，主要看创始人的风格和机构文化，本质上强制跟投是要让投资团队在乎这笔跟投资金。

强制跟投一般分为两种，一种是项目层面的强制跟投，一种是基金层面的强制跟投。项目层面的强制跟投指的是基金管理团队在基金之外出资成立一个有限合伙企业，对所投资项目进行跟投；基金层面的强制跟投指的是管理团队成员通过 GP 或特殊 LP 将跟投资金投入到团队所管理的基金当中，作为基金产品的一部分，随着基金的投资而实现跟投。**项目强制跟投主要是鼓励每个投资经理、投赞成票的投委不只是用自己的嘴来投票，而是用自**

己的真金白银来投赞成票。在具体操作上，投赞成票的投委和投资经理可能跟投的比例会有所不同，力度不够时用自愿跟投来补充。这样一来，不仅避免了投资经理在选择项目中潜在的道德风险，激励其选择和推动真正优质的项目，还能促使其在做投后管理服务时更加尽心尽力、勤勉尽责。

有业内人士介绍，跟投机制在国外也很普遍。行业内忌讳的是选择性跟投，好的项目自己投，不好的让基金 LP 投，而投资经理按比例强制跟投是一种避免选择性跟投的制约手段。

强制跟投这种激励约束手段是一把双刃剑。有些投资机构并不赞成采取这种手段。它们的顾虑是，当投资经理特别是更高层级的合伙人跟投了部分项目后，会容易偏向所跟投的项目，在做投后服务时有所侧重，而对其他项目不关心。但在我看来，没有完全相同的五个手指头，即便没有强制跟投，合伙人对于项目的关注也会有所不同。假设某人同样投了 10 家企业，且没有强制跟投这一措施，他也不可能做到所有项目一视同仁、付出同样的心血。另外，如果每一个项目都实行了强制跟投，只是跟投的合伙人不同，那么总有一个合伙人对某个项目会重点关注，这样就真正做到了每个项目都有责任人。

两人小组。两人小组也是一个很可取的模式。两人小组除了廉洁自律、避免暗箱操作的考虑外，还可以互相学习。它一般采取一位经验丰富的投资人带着一位年轻人，或者两人各自擅长不同领域（如一人产业出身、一人金融从业经验丰富）等，可以使得投资决策过程中考虑得更为周全，见图 7-3。

图 7-3 投资团队的专业互补

风险隔离。完善的风控体系和必要的风险隔离对投资业务质量和资金安全非常重要。大到监管部门的规范制度，小到公司的内部流程，从前期立项到中期尽调，风控部门都要深度参与，无论是材料还是尽调报告都由风控部门来统筹牵头，而不会由业务团队来独立出具尽调报告，从而实现风险隔离。风评会纪要会将大家提出的各种要求记录下来。在投委会上，风控部门将针对这些前期提到的问题，查看是否一一应答和落实，并且在投委会后继续跟踪这些关键条款是否体现在正式协议中。

第四节 在尽调中分辨"瑕疵"与"硬伤"

在项目立项后，投资人会对拟投资企业开展尽调调查，获取更加全面的数据，以对其有更加全面的了解。尽职调查一般分三个方面：商业尽调、法律尽调、财务尽调。后两者往往需要专业的法务、财务人士。

需要注意的是，**对经验老到的投资人来说，需要在众多企业**

问题里面观察、判别哪些是"瑕疵",哪些是"硬伤"。"瑕疵"通常改好了就能被接受,而"硬伤"则是既不好改,未来也容易后患无穷。假设该企业是由一家国有企业改制而成,但过程中没有做国有资产评估,那么这个企业就很难上市了,因为这样的"硬伤"无法挽回和补救。

一、商业尽调

商业尽调的主要内容包括:访谈团队,了解团队的过往教育情况和工作经历、团队的创业初心和决心、产品研发进展及公司发展规划;查阅公司过往签署的重要协议等文件;走访专家了解技术路径可行性;访谈合作客户,了解产品情况及客户评价;调研竞争对手及产品市场空间;访谈老股东,了解团队的历史和投资后企业的发展动态。

1. 团队维度

有经验的投资人有时可能仅仅通过一份简历就能察觉出创始人存在一些重要问题,从而否决掉一个项目。拿去做宣传融资用的简历往往光鲜亮丽,但有些细节可能经不起推敲。特别是当创始人简历中存在与其当前创业所在行业直接相关的经历时,投资人需要严谨地确认细节。本科、硕士、博士就读经历,在哪家单位任什么具体职务,从哪年到哪年,能提供颗粒度细致到这种程度的简历,通常能够分析出很多有用的重要信息。

此前,我的投资团队曾看过一个做集成电路设备研发的项目,初看还不错,但研究核心成员的简历后发现存在比较严重的问题。核心创始人称自己在半导体行业知名企业担任过高管，有足够深厚的研发经验。但对其简历进行推演后发现，其此前从业20多年的主要经历都是在做系统集成，只有最后三年才在半导体设备公司工作。要知道，该设备是集成电路产业里一项非常高端的技术，需要有多年的行业经验积累。短短三年的从业经历，这对于集成电路硬科技企业的核心创始人来说，显然太过单薄了。

可以说，**核心团队里缺乏行业"老兵"，对硬科技企业来说是"硬伤"**。在投资过程中，投资人要特别警惕那些过去没有坚实而漫长的研发履历，却大谈特谈硬科技创新的人。没有漫长的蛰伏期积累，就很难在硬科技领域实现一定程度的原始创新、本源创新，这理应是投资界的基本常识。创始团队过去的履历是否和所从事的硬科技产业有直接相关性，这是重要的判断依据。

在尽调中考察团队时，对于团队成员的默契度，如果团队中有两人曾经在一个单位工作，但双方在共事时间上没有重叠期，不能证明团队是否磨合过、是否默契稳定，还需要通过其他信息来考察、佐证团队的稳定性。

投资人不要轻易地被一些科技创业团队里赫赫有名的专家名字给镇住，而简单地与团队实力画上等号。有很多企业的首席科学家、首席顾问，担任此职的院士、知名学者等名人，往往是兼职或是简单地挂名。举个实际工作中遇到的例子，在比较短的时间里有三个项目挂着某大学教授的名字分别寻求融资，并且这三个项目所处不同的技术领域。在尽调时有理由相信，这位教授与这几个项目的关系并不深刻，甚至有的很可能只是挂名。更有甚者，挂名的专家可能与该企业团队成员互不认识，只是机缘巧合或者仅有极为微弱的联系,却被创始团队利用,试图在融资时为自己获得加分。投资人在判断时需要剔除掉这类影响因素。

如果一个教授、科学家是兼职创业,到底能不能投?在一个数千人参与、以"教授创业不全职,你投不投?"为主题的线上投票中,有高达48%的人选择了"教授创业不全职且是第一大股东,坚决不可投"。可见,在不少同行或关注投资行业的人士眼中,教授兼职创业、一心二用是十分不可取的。

我认为,无论教授兼职与否,抑或教授兼职占大股、教授兼职占小股,都不能作为是否投资该团队的决定性因素。在教授兼职创业并占大股的情况下,如果其他核心团队成员与其有强绑定的密切关系,且教授对这家公司极为看重(比如其名下仅有这一家成果转化公司、其从海外归国教学的第一时间就成立了这家公司等,都可能是其对当下这次创业较为重视的信号)、教授的技术具有极高门槛且产品潜在市场巨大,那么该团队仍然具有很强的投资价值。比如,如果一项技术的门槛够高,能够做到"人无我有",并且其产品具有足够大规模的刚需市场,团队的市场、销售人才或许不用太强大,只需要达到平均水平,企业就能收获可观的市场成绩。

对于教授兼职创业这种情况,技术创始人的决心、其资源与心智的投入程度、团队配合都十分重要。我们曾考察过一个国内顶尖高校的硬科技项目,创始人是该高校的老师,不仅他自己表现出了绝不会从高校出来创业的态度,而且在团队内部也并无关系密切且水平极高的副手坐镇,我们最终选择放弃投资这个项目。

2. 公司治理维度

投资人一般比较反对创业公司高管团队拿高薪。对创始人来说,"工作"与"事业"是完全不同的两个概念。创业早期阶段,创始人拿着高出行业高管平均水平的高薪,就是在干"工作"而不是在干"事业",这是企业做大做强驱动力变弱的危险信号。这种情况下,投资人倾向于判断,创业公司高管团队可能已经做好了万一企业运营不佳随时另谋出路的准备,而并未全身心投入。在尽调时,投资人应要求企业提供尽可能详细的薪酬清单,从中可以看出一二。不过,投资人也不会碰到一点风险就选择不投资,如果发现创始人拿高薪的情况,可能会要求其整改后再投资。

在治理结构方面,团队激励机制需要与团队的发展阶段相匹配。团队人员配备越不健全,越需要留出更大的期权池,以便后期人才引进。另外,还需要注意股东结构,警惕投资人占大股等情况,因为这对于后续融资、创始团队实控权来说都存在隐忧,并且会极度影响创业团队的积极性。

慈不掌兵,如果没有规范、全面的制度和很强的执行力,团队的战斗力无疑会大打折扣。在考核与淘汰等制度方面,除了查看制度清单、了解表面上的制度设计情况,投资人还可以通过询问末位淘汰的真实执行情况等方式,来获知团队对制度的实际执行情况是否严格、到位。

企业家为了能够拿到投资人的资金、提高企业估值,往往会夸大企业的战略规划和发展前景。投资人需要认真细致地分析其战略规划是否可行,与之匹配的融资规划是否合理,并结合资本市场的发展情况分析融资规划的可行性。

3. 技术维度

核心技术的知识产权来源是原有职务发明,还是其个人多年技术积累,以及有无潜在纠纷,这些都需要通过调取、查看知识产权协议来确认。对于有欧美国家从业经历或者有当地专家技术授权的项目,需要详细确认支付方式、使用范围等协议细节,如果有当时未完善的细节,注意补签、补办。国内大学的技术成果需要通过财政部清单认可的评估机构进行知识产权评估,才能转让出来到企业进行产业化。对于一项技术有多位共同发明人的,需要有其他共同发明人同意放弃该技术未来商业化开发的协议——此项经常会在尽调中发现问题,需要投资人多加留意。

是否具备可持续研发的能力。要判断这一点,除了从核心研发人员的资历、能力层次进行判断以外,研发投入也很重要。资金投入、融资进度需要跟得上研发管线规划的节奏。打个比方,市场上有一家造车企业,天使轮融资了1亿美元,这一资金量级才能撑起产品管线;而另一个同一阶段同行初创团队表示天使轮只融资了1000万美元,可能其融资能力就很难支撑产品研发,其产品管线的可持续研发性就很低。

考察一个团队的技术路线的可行性,可以参照国际上有没有同类公司。当一个细分领域或同行业里已经有了领跑者,但无论领跑者还是跟跑者,大家离"终点"都还有很长的距离,这就是重大机会。当一个技术路线已经很成熟,国际上有很多企业已经产品化了,其实投资机会已经基本消失殆尽了,很难再有新的突破机会了。

技术产业化能否稳定量产,也是影响技术路线可行性的一个重要因素。以新能源汽车为例,我认为,氢能、电能等各种能源最终将会共同存在、混合应用。目前虽然一些国家大力提倡发展氢能,但在中国要做到每个家庭都能用上氢能,几乎不可能。大卡车、公交车、大巴车等大型车使用氢能,较为可行。氢能是二次能源,它是用其他能源生成的,且在常态空气下不能稳定存在,需要在特殊的环境和容器下才能使用,因此氢能的生产、使用都存在较多的制约因素。

一般来说,需要研发团队积累很多年才能完成的事,门槛就会较高;大学毕业的年轻人就能做的事,则一般壁垒偏低。如果生产工艺复杂,由很多专有技术组成,就很难被其他人窃取或者复制(见图7-4)。比如,很多大学毕业生当"码农"、进大厂,其所从事的工作都不是高技术壁垒工作。再比如,有些热门App,它也建立了很强的用户黏性以及护城河,但这条护城河搭建靠的并不是技术壁垒。这类企业的成功绝对不是靠技术成功,而是靠满足一定市场需求的模式创新。

科技创新往往需要多年的经验积累和多次的摸索,沉淀的成功经验或失败教训均是一笔宝贵的财富。**经验丰富的科学家往往更能掌握其中成功的诀窍,避开可能失败的道路,选择更合理的设计方案**。也许经过几次尝试就能找到正确的道路,也许对于新手创业者需要经过反复的试错才能成功,此时已经失去了先发优势,还浪费了试错的资金。

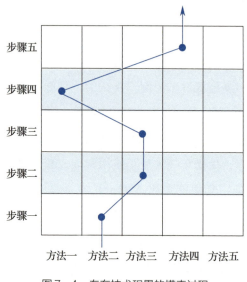

图7-4 专有技术积累的摸索过程

4. 市场维度

市场容量的判断对投资人来说非常重要,因为市场容量的大小决定了未来这个市场到底能走出几家上市公司。**一个小市场很难养出多家上市公司,而一个大市场可能养出多家上市公司也不觉得拥挤**。这是赛道的判断和选择。

市场容量存在一些变量,比如替代性竞争、市场增长等。在计算一项技术、一个产品的市场容量时,替代性竞争会挤压市场空间,需要计入一定的折扣系数。计算市场增长空间时,需要进行客户/潜在客户走访来确认其市场空间增长情况。比如,做新能源汽车电机的,不能把整个新能源汽车的市场容量都计算在自己身上;做大功率电机的,不能与小功率电机的市场混为一谈,更不能将所有电机市场都算作自己的客户。

市场容量的计算要缜密。比如衡量某医疗设备在全国的需求量时，北医三院、协和医院等顶尖医院与县级医院对某设备的需求量必然是不同的。北医三院需要 10 台，省人民医院可能需要三五台，县级医院可能就只需要或者只有能力购置 1 台，甚至 1 台也不买。

此外，投资人还需要对核心部件供应商进行访谈，以了解标的企业是否守信用、未来持续供货情况、是否存在产能不足的问题、是否存在被"卡脖子"的风险、原材料波动涨价对其可能产生的影响等。对合同的尽调相当重要，一定要抽查该公司与前几大客户的合同，重点关注付款方式、金额、合同性质（有的合同是框架协议，并不直接产生订单，其真实价值需要打折）、执行周期（判断资金到账周期）、知识产权权属等。

如何判断一个行业是夕阳产业还是朝阳产业？投资人除了利用已有的知识体系进行判断外，还需要访谈行业专家、监管部门、行业协会等各方专家。

5. 竞争维度

竞争分析一定要客观、理性、充分。不少投资经理容易先入为主，觉得自己推荐的项目哪里都好。实际上，在尽调时各方面都有竞争对手，被投企业可能直接避而不谈。如果投资经理没有做好足够深度、广度的竞争分析，可能已经投资完了才蓦然发现，行业里竟然有自己从未听闻的"扫地僧"。

在尽调的过程中，对行业竞争情况的考察，不能听拟投资团队的一家之言。在产品与竞品对比方面，一定要去访谈标的公司的客户。大部分投资经理一般能接触到的都是现有客户,但最好能找到正处于合作决策临界点的客户——也就是正在考虑买不买,还未最终形成采购协议的客户。因为还未决策的客户,还在货比三家的过程中,一般会比较客观地评价一个企业和产品,访谈结果相对会比较真实;而已经买了其产品的,为了避免认知失调,在尽调访谈中往往很难说出企业太多的不好,否则就会"打脸"。在微观层面,还要用产品的能耗、功率、体积、频率、密度等技术指标与竞争对手做对比。

除了产品层面的对比分析,还需要配合团队层面的对比分析。同一件事,普通技术团队和院士团队相比,通常后者的研发水平会更高。此外,还有融资能力、发展阶段(处于研发阶段还是已经形成小规模生产?这决定了团队在所处领域中是否具备一定的先发优势)、股东构成(有大机构加持通常能为团队加分,特别是一些在硬科技企业投资中已经受到行业认可的机构)等。

替代性竞争分析是竞争分析中的重要维度。替代性竞争分析要遵循第一性原理,紧抓真实需求,不能随意照搬比较。第一,拒绝降维比较。比如,用机动车与自行车比较性能,那显然不合理,要用拟投团队所造的车与其他团队所造的车做比较才有意义。第二,留意跨界竞争。比如,有的团队声称"我是某条街道做包子的第一",但对其形成最猛烈竞争的对手可能是做面条的,而不是同一条街上的包子铺。

二、法律尽调

法律尽调的主要关注点包括:历史沿革、股东及实际控制人、关联交易及同业竞争、业务资质证书、政府批文和授权许可等文件。

在公司注册环节，需要看标的公司的注册资金是否全部现金出资。如果涉及知识产权出资，那么知识产权必须实质性地为公司未来产生一定的价值，否则在上市审核中容易被监管机构认定为这部分注册资金是虚增资产，从而要求用现金补缴。对于知识产权出资还需要注意一点，如果涉及国有资产的交割或转让，要看是否履行了国资程序，是否履行了资产评估手续、招拍挂，如果没有，在上市时可能会因涉及国有资产流失的问题，成为导致一家公司不能上市的"硬伤"。注册资本如果没有实缴，需要明确未完全实缴的原因，并评估认缴、实缴比例对于公司未来发展的影响，这也反映了创始团队对这个创业项目的决心。

注册资本认缴还有一个容易"埋雷"的风险点：有的创始团队认为认缴金额关系不大，就随性地写了一个过高的数字。但认缴实际上是一种债务行为，如果公司欠了一屁股债，那么债权人有可能要求认缴股东把这部分认缴的金额全部实缴，以用来偿还债务。

在历史沿革方面，每次股东变化、股权转让，都需要明确其原因。如果遇到一些放不到明面上的问题，就容易踩进坑里；关注历史投资协议，本轮投资人需要看到上一轮协议的关键条款，对于不合理对赌、显失公允、影响公司未来发展的，需要上一轮投资人放弃前一轮有些条款后，才能选择进入此轮投资；合并、分立、收购或出售资产等事项，需要有股东会、董事会协议等相应文件支撑。代持协议方面，需要明确被代持人是否拥有合法合规身份，需要确认被代持人是因为其他原因需要其他人代持，还是因为其投资行为本身不合法合规。在历史沿革的尽调过程中，即便是双方实际上已经默认不履行的条款，也应该以书面条款形式将其确定下来，而不能信任口头约定。没有书面契约的口头约定可能会给未来带来很大的不确定性风险。

在企业资质方面，如企业从事军工行业，需要有军工相关证书，保密资质等；做光伏风力发电，要有国家发改委的批准；做外贸出口，需要商务部、外汇局的批文；生产环节需要环保部门的环评；企业如果要享受税收优惠，就需要有国家高新资质。

关联交易是尽调中需要重点关注的。除了我们拟投资的标的主体以外，实控人还有没有其他参股或者通过其他形式实控的公司。如果有，这些公司与拟投资主体之间的关系是完全独立的还是有关联交易或同业竞争。如果其参股的公司与拟投资的标的企业之间存在关联交易，需要注意利益输送、公允性、依赖性（例如长期独家供货形成依赖，标的企业离开这家关联公司无法存活）。过度依赖和显失公允的关联交易，都是要重点发现的法律问题，一旦发现必须要求整改。

如果存在关联交易的企业是拟投资企业的上游企业，需要核查其相关交易的利润率、付款方式、服务条款等信息，并与同行业的相关信息进行比较，就可以知道其是否公允、是否合理，从而判断实控人是否把利益从拟投资标的主体转移到了其上游关联公司。如果存在关联交易的企业是拟投资企业的下游企业，需要注意虚假收入、虚增收入等问题，比如该企业购买了标的企业的产品，但并未把产品卖给最终客户，则可能存在欺诈行为。对于关联交易企业，能合并的建议合并，不能合并的则看其是否公允，不公允则要求整改。

在股东方面，需要留意公司的股权结构，如果股权比较分散，则需要签署一致行动协议，以保障企业的执行力与决策权，而不是"三个和尚没水喝"；股权激励中的股份支付情况，是否在财务、法律上进行了体现；股权激励范围是否涵盖核心技术人员，是否有身份不合适的人在激励池中，是否存在利益输送的情况；是否进行了股权质押，质押情况是否会影响公司发展。

同业竞争。一种是直接竞争，同样的产品、客户；另一种是替代竞争，这是更为隐性的同业竞争。替代竞争中虽然产品有所不同，但客户重合度高，存在较高的替代效应。比如，智能手机与相机之间就属于替代竞争。虽然两者看起来没有直接的竞争关系，但在智能手机普及之后，随着其像素和相机模组的快速升级，其拍照效果越来越接近相机，因此，相机的使用率大大降低了，与相机配套的胶片也逐渐退出了历史舞台。如果拟投资企业实控人拥有与拟投资企业存在同业竞争的企业，对实控人来说，他所拥有的其他利益主体也能实现其利益，无须在一家公司上孤注一掷，因而对拟投资企业倾注的精力、心血、资源等可能会受到影响。

明晰专利、知识产权权属，对科创企业来说也非常关键。比如有从外部或者合作方获取专利授权的，要明确其是否独占许可、收费情况、授权年限、对方是否保留这部分知识产权的商业化运营权利、独占许可是否可撤销、是否存在不续签的可能性等。许可引进（license-in）会较为没有安全感，尽量进行知识产权买断，或者自己原创。**掌握完整知识产权才能具备长期自主研发的能力，不受外部环境制约。**

竞业禁止，又称为竞业回避、竞业避让，是用人单位对员工采取的以保护其商业秘密为目的的一种法律措施，是根据法律规定或双方约定，限制并禁止员工在本单位任职期间同时兼职于业务竞争单位，限制并禁止员工在离职后从事与本单位竞争的业务。对企业的核心技术人员，一定要设置竞业禁止条款。

三、财务尽调

财务尽调的主要关注点包括：财务规范、收入构成、毛利率、财务预测和现金流等。

1. 财务规范

依据会计准则的一致性原则要求，一个企业在不同时期要采用相同的会计处理程序与方法。因此，在财务尽调中，同类业务收入要有一贯性，不能随意变动，是以客户验收还是以完工百分比或其他形式来确认收入，不能随意调整。如果违反，很容易在审计、税务层面被查出问题，可能影响上市。有些公司为了少交税或提升业绩表现，会把该确认的收入不确认，向后一时期调或把不该确认收入提前确认，使得业绩看起来好一点。无论什么原因，这都是出于某种利益关系在调节当期的收入，这种违反会计准则的行为很容易被税务或审计发现问题，甚至上市也会因有财务规范性问题而被否决掉的可能性。

在我国现行的会计制度中，一般企业全部采用权责发生制，只有事业单位采用收付实现制。企业采用收付实现制，就存在不符合会计准则的问题。财务报表数据和实际账单票据对不上等情况都属于财务不规范的问题。

在查看账目规范性和真假的问题时，注意观察资产负债表、利润表、现金流量表及三表之间的钩稽关系，资深的会计人员都能找到这三者之间的规律。如果这三者之间的钩稽关系对不上，就必然存在财务造假。

2. 收入构成

要透过收入构成，看商业模式、运营管理情况。营业外收入占比较大，采用 PE 估值时，则会影响公司的可持续性收入，要扣除非经营性损益。主营业务收入也要看其具体收入结构，看该企业所看重的重点业务是否达到了一定比例。

透过财务指标看业务本质——这是财务尽调的关键。财务报表中的付款方式、应收账款、服务周期等数据，本质上与企业的商业模式是息息相关的。

比如企业对外销售产品，但根据财务报表，其实际收入中服务收入比例较大，那么就有理由怀疑，其承诺的未来产品收入能否实现，其商业模式是否可行。通过财务报表，还要重点关注企业的前十大客户、前十大供应商，判断企业与它们之间有无形成依赖，同时通过它们的资信及品质也可以判断拟投资企业业务的平稳性。而通过供应商可以看其是否存在"卡脖子"的可能性、成本波动的幅度，从而综合判断引发系统性风险的可能性。

3. 毛利率

毛利率是一个企业是否值得投资的重要指标。

（1）通过毛利率可以判断竞争情况。通常所在领域竞争越激烈，企业的毛利率越低。如果一个企业只有 10%～20% 的毛利率，它一定处于十分激烈的竞争环境。

（2）通过毛利率变化，可以判断产品的变动成本构成、成本有无变动空间以及有无涨价可能。如果以大宗商品做原材料且占比较大，那么大宗商品涨价就会直接影响其毛利率。

（3）对投资硬科技企业极为重要的一点是，毛利率通常能够反映技术先进性，技术越先进越有定价权，产品毛利率也就越高。常用的衡量销售利润率相关的财务指标有销售毛利率、销售净利率和成本费用净利率等。

销售毛利率表示每 1 元销售收入扣除销售成本后，可以用于各项期间费用和形成盈利的金额。

销售净利率反映每 1 元销售收入带来的净利润是多少，表示销售收入的收益水平。

成本费用净利率反映企业生产经营过程中耗费与收益之间的关系。这一比率越高，说明企业为获取收益而付出的代价越小，企业的获利能力越强。

4. 财务预测

投资人常常会采纳创业团队的说法，甚至以其作为投资估值的基础。事实上，八九成企业报送给投资人的对未来三年的盈利预测都是不准确甚至虚报的。作为投资人和尽调方，怎样结合企业情况做比较合理的未来三年盈利预测呢？这需要项目经理有很专业的行业背景、吃透业务，根据技术研发进度、生产基地的建设进度、销售渠道的开拓进度、资金使用情况、团队能力建设的进度和售后服务能力等各种因素，进行相对保守的合理收入预测和利润预测。在实践中，其产能是否跟得上、产品是否适销对路，都会影响团队既有财务预测的可信度。

5. 现金流

现金流决定着企业的价值创造能力。企业只有拥有足够的现金才能从市场上获取各种生产要素，为价值创造提供必要的前提，而衡量企业的价值创造能力正是进行投资的基础。研究发现，现金流反映企业的盈利质量，决定企业的市场价值和生存能力。根据公司目前的情况，判断其当前现金流还能花多长时间，如果账上钱很少则需要关注其本轮融资能否支撑到下一轮融资，如果钱很多则需要关注其为什么要融资。

企业生存乃价值创造之基础。据国外文献记载，破产倒闭的企业中有85%是盈利情况非常好的企业，现实中的案例以及令人难忘的金融危机使人们对"现金为王"的道理有了更深的感悟。 传统反映偿债能力的指标通常有资产负债率、流动比率、速动比率等，但这些指标都是以总资产、流动资产或者速动资产为基础来衡量其与应偿还债务的匹配情况，或多或少会掩盖企业经营中的一些问题。其实，企业的偿债能力取决于它的现金流。比如，经营活动中的净现金流量与全部债务的比率，就比资产负债率更能反映企业偿付全部债务的能力；现金性流动资产与筹资性流动负债的比率,就比流动比率更能反映企业短期偿债的能力。

资产负债率反映债权人提供的资本占全部资产的比例。该指标也被称为举债经营比率。该指标比率越大,企业面临的财务风险就越大,获取利润的能力也就越强。

流动比率体现企业偿还短期债务的能力。流动资产越多,短期债务越少,则流动比率越大,企业的短期偿债能力越强。

速动比率比流动比率更能体现企业偿还短期债务的能力。在流动资产中尚包括变现速度较慢且可能已经贬值的存货,因此将流动资产扣除存货再与流动负债对比,能够更好地衡量企业的短期偿债能力。

现金流量比率用于衡量企业经营活动所产生的现金流量可以抵偿流动负债的程度。该比率越高,说明企业的财务弹性越好。

第五节　谈判技巧:"秀肌肉"和求共鸣同样重要

在投资过程中,投资人、创业团队可能会有多轮沟通,为了争取各自利益,谈判必不可少。

毫无疑问,风险投资的谈判最终谋求的是双赢。投资人与创业企业的共同利益构成了双方合作的基础,双方应相互理解和沟通,以便共同设计出一套良好的交易结构或协作机制,尽量缩小双方在利益或观点方面的分歧,最终达成互惠协议。

我认为,**有四个比较重要的谈判时间点**。

(1) 在调研结束后可以顺便提及初步意向,打预防针、埋伏笔。可以在早期接触的时候大致询问对方的估值预期，如果超出心理价位幅度较大，就可以直接提出。巧用预期管理，使对方对于降价有一定的心理预期，这样显得不唐突，更有利于下一步沟通。

（2）风评会后，针对尽调发现的商业、法务、财务等方面的问题提出整改要求，计入谈判内容，达成初步共识。比如，因企业财务上有某方面的问题，投资方可能要求降低企业估值；因法律方面有哪些潜在风险，投资方可能要求创业团队后期采取哪些措施进行整改；因商业上与竞争对手的某种竞争态势较为胶着，或者商业方面存在一些潜在的困难，投资方可以要求在最终投资协议上列出一些里程碑条款、设置一些投资前提或是根据里程碑的达成来分期付款，甚至添加对赌等。

（3）投委会后，根据投委会提出的新要求，再次提出谈判要求。在这些谈判要求的条件中，有些可能是影响出资决策的重要前提条件，有些可能是可有可无的小细节。

（4）协议梳理。协议签订期间，逐个条款进行沟通和博弈。这部分主要是从律师角度对条款措辞和描述方式进行交流商谈。

在谈判中，超越各种谈判技巧的第一个原则是——"弱国无外交"。**如果想在谈判中占据主动地位，第一个谈判原则是自身得硬。自身硬，一方面是实力过硬，另一方面要让对方知道自己的实力。**可以适当"秀肌肉"，让对方希望得到自己的投资和支持。

先别考虑某个项目投不投，首先要让别人产生想要获取我们的投资的欲望。比方说见了 100 家企业，可能只想投其中的 10

家,但是要做到的是这100家企业都想获得我们所在机构的投资。因为如果不先迈出这一步,有可能会失去一些好项目的投资机会。除了错失机会,好项目的谈判筹码也不够,因为对方没有希望获得我们投资的强烈欲望。这是谈判初步需要建立的第一印象,也是第一步。

在自身"秀肌肉"、亮出吸引力的同时,投资人也应该让创始人明确地知道早拿钱的重要性。创始人融资不及时或者做决策时犹豫不决,可能错失爆发期,这是一种得不偿失的行为,甚至可能会导致创业项目失败。早拿到钱及时开展项目,才是有利于创始人的最明智做法。在产品高度相似的项目中,更早融资成功的项目存活率会远远高于稍晚一些融资成功的项目。

第二个谈判原则是要释放善意,让企业团队产生一种共鸣遇到知音的感觉。

在谈判过程中,需要注意:

不要过早地透露自己的底牌。比如能接受的估值、拟投资金额,最好不要过早地透露太细致的信息,给对方一个范围即可。可以由投资团队先谈,并提出相对严苛的要求,最后再由合伙人去放宽要求,营造有利于谈判的氛围。

大合伙人不要冲在最前线。在"秀肌肉"获取创业团队的好感之后,大合伙人就无须亲自参与现场谈判了,由投资经理、分管合伙人出面即可。大合伙人留在后方,时刻保留提出否决、提出要求的权利。如果大合伙人全程在前线,就会使得投资方在谈判中没有回旋余地。一些严苛条件由投资经理等一线业务人员去谈,更易打造整个机构的善意形象。采取2人小组形式,切莫单独行动,更不能随意承诺任何条款,除非形成惯例或有十足的把握能够说服投委。

避免"持久战",速战速决。在亲友、投资人、老师、合作方等方方面面的影响下,创始团队的心态变化可能会非常快。所以,要尽量在投资决策过程中速战速决。一方面,要把握时间,速战速决;另一方面,也要摆正心态,不能让对方牵着鼻子走,强烈的投资意图不能过早透露。

还要谨防对方"拉抽屉"。投资人为创业团队提供增值服务、导入资源的时候要注意把握度,不能过早地把资源导入。因为投资协议谈判的前前后后,没到最后一刻落纸打钱都不算完,随时都有可能生变,不可掉以轻心。有可能企业提前从投资人处拿到了增值服务的实惠,但最终不愿意以最初约定的意向价格和投资人签订协议。为了防止"拉抽屉"这种行为,双方的沟通谈判最好都有备忘录、会议纪要进行记录,并由双方签字。虽然这种形式的契约尚无法律效力,但可以进行一定程度的道德约束。同时,对于频繁"拉抽屉"的人,须谨慎投资。

在一些非原则性的问题上保持灵活性,必要时可以互相妥协,更容易达成共识。一定要尊重对方。谈判有些时候会受利益驱动,但有时也会受心情等感性因素的影响。最好能营造一个良好的氛围,不卑不亢,并给予对方充分尊重。

第八章　服：五链融合的万能"插座"

增值服务主要是指投资方借助各类资源为被投企业在人力资源、市场开发、技术研发、财务管理、内部运营、公司治理、战略规划、后续融资,甚至最终的并购、上市等企业发展的全生命周期提供全方位服务。

"募、投、管、退"是私募股权投资中的标准流程。"管"这一环节,作用主要有两个方面,一是风险监控,二是增值服务。而什么最能体现当下 PE/VC 基金的核心竞争力?主要就是增值服务。

对处于早期的企业来说,它们往往势单力薄、资源有限。投资机构相当于被投企业的半个合伙人,如果能拉它们一把,帮衬一下,无论是介绍上游资源、下游客户,抑或引入政府政策的补贴等,对企业发展来说可能会产生重要影响。对处于早期的企业来说,增值服务甚至可能比风险管控更为重要。

因此,我把"服"单独拿出来进行阐述,并且优先级在"管"之前。

第八章 服：五链融合的万能"插座"

第一节 不同投后服务模式的特点

目前，投资基金行业存在投前投后一体化、专业化投后、投后服务外包等不同的投后管理模式。

投前投后一体化，通俗来讲就是一个人从头跟到尾。其好处是一张蓝图绘到底，一以贯之地去执行。在这种情况下，创业者跟投资人的关系通常不错，相互熟悉、信任，这非常有利于投资人全周期地参与项目，并且有比较大的可能性介入项目后期的融资。另外，从投资人的角度来看，长期跟踪一个项目能够从中学到很多东西，有利于其成长。如果一个投资人只做投前不做投后，那么其对一个项目的认知往往是肤浅的，因为只看到今天，没看到未来的发展过程。如果多看到一些现实发生的"未来"，以后再遇到新的项目案例，就能依据其"今天"的状况，在心里有一个对未来发展的预期，从而加强对项目的判断能力。

对投后的长期跟踪最有利于团队的成长，也更有利于风控。投资人可以及时获知项目的动态信息，观察判断风险的坍塌点。

投前投后一体化，对团队的稳定性要求较高。相比于各环节明确的流水线式分工，这种一体化形式看起来好像降低了劳动生产率，因此**很多人不愿意做投后，只喜欢做投前**。但其实，投前投后一体化能够通过深耕行业和项目来打造精品，收益更大。对于慎投、精投的团队，适合采取这一模式。但对于每年投一两百个项目的人，很难实现真正意义上的精投，也很难做好一体化的投后服务。这种投前投后一体化的模式，不适合博概率模式的投资人。这种投资人短时间内投得太多,很难精致地提供投后管理和服务。

专业化投后适合基金规模大、投资项目较多的投资人,因为这种"流水线"作业方式的投资效率比较高。其缺点是投后人员缺乏对投前背景情况的了解,与创业团队的关系也不紧密,缺乏未来深耕项目取得更多收益的优势;投后人员服务项目的责任心也没有一体化的团队那么强,相对更流程化,比较难有增值服务,也缺乏一以贯之的项目跟踪,风格多变。对创业者来说,面对专业化投后,更像是面对一个"机器",一个公事公办的体系,而非活生生有感情的个人。对投资人来说,这也意味着少了一个交朋友的机会,而交朋友对投资人的成长十分重要。

投后服务外包通常有些大的单位采用较多,并且是投资项目达到一定数量、企业发展到一定规模的时候采用的方式。通常企业不愿人员负担过重,因此把投后服务外包了出去。

针对不同的被投资企业的特点,投后管理和服务不但要差异化,甚至要一企一策,以帮助企业弥补短板。短板可能是管理团队缺陷、缺乏规划能力、擅长技术但市场拓展能力不足,也有可能是创始人性格上有缺点,比如容易膨胀、盲目扩张等。缺客户的就帮他开拓客户,缺资金的就帮他融资,缺规划的就帮他做规划,缺上游合作伙伴的就帮他寻找开发、研发等方面的上游合作伙伴。

在风控方面,对于风格自由多变,特别不守规矩的,要注意加强约束;对于经常心理膨胀的,要泼泼冷水;对于不规范的,要加强规范。

在"服""管"方面,总的原则是:陪伴成长,不抛弃,不放弃。

第二节 五链融合服务生态

创新创业的新时代已经到来,以往的创业模式已经很难再造就出高增长的企业。创新创业回归理性,投资科技创新的投资人应该根据科技发展规律和市场化原则,依托自身资源禀赋和优势,遵循科技创新链条中产业链、服务链、技术链、资本链和空间链的内在联系和客观发展规律,为企业提供全方位的服务(见图8-1)。

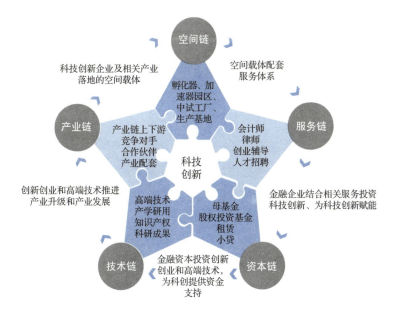

图8-1 五链融合的服务生态

一、产业链

如何通过产业链的功能服务企业科技创新发展，其中最重要的是发挥投资人的产业组织能力，因为无论是人才、技术还是商业模式，最终的落地点都是产业。产业链是创新的基础，也是创新创业最好的应用场景。**从产业链的需求入手，剖析产业发展的痛点，结合新技术、新的企业组织形式、新的商业模式，帮助企业做强产业地位。** 用新的创新创业思维赋能企业的生产、交易、支付以及物流等重要环节，在产业链条中实现效率的提升、成本的降低和供应链的优化等；用新的创新创业理念连接更多的资源和行业，在产业外部拓展新的市场和商机，开拓跨境、跨域、跨板块的业务模式，寻找新的增长点。

二、服务链

服务企业，最重要的是科技服务能力，为不同的创新创业项目匹配更有针对性的服务内容，包含帮助企业寻找众创空间等科技服务载体，介绍法律、财务、知识产权等中介机构。除此之外，投资人还应为企业提供股权和债权的联动服务，针对创业企业的不同阶段提供不同的且更具专业化、市场化的金融产品参考。**通过金融服务和科技服务这两个重要抓手，帮助企业解决融资难、资源少等经营问题，从而推动企业快速发展。**

投资人需帮助企业整合、利用、共享创新资源：借用创新能力——加强与大院大所大学等创新高地的连接，促进产学研和技术转移；引入创新场景——通过不同的方式，例如整合合作的地方政府资源，引入企业新市场、新应用场景，帮助其优化供应链关系，连接上下游企业等；提升创新能力——坚持创新是发展的第一动力，强调人才是创新的第一资源，有效地利用投资机构人才渠道，搭建创新交流平台，利用好人才资源。

通过这几种方式，整合内外部资源，帮助企业解决在创业过程中遇到的问题，减少创新创业的不确定性，提升创新创业的成功率。

三、技术链

创新模式的转变决定着企业培育孵化的模式也在随之进行转变。而追溯到源头，就是对科技的高要求，对新研发的高要求。真正有核心技术的企业会具有更强的竞争力、更高的投资价值，也会越来越受到资本的追逐和政府的支持。投资人应大力支持企业进行技术迭代创新和研发，链接科研院所等技术资源，推进跨学科的科技创新，比如，"IT+机械""生物+化学"等。

四、资本链

金融资本助推科技创新升级，这其中最重要的不是资本的规模，而是用投资的逻辑去做科技创新。只有这样，才能充分发挥风险投资的价值发现、资源整合、规模扩大、市场拓展以及保持研发持续投入等作用，用风险投资的逻辑来审视企业的切实需求，高效地发挥出金融对企业发展的赋能作用。

从资本和风险投资的角度促进创新，帮助企业提升在基金平台（母基金或投资机构的辐射范围）的资源整合能力，帮助企业解决创业阶段面对的融资以及产品研发、市场推广、产业化和人才招聘等问题，这也是投资机构之间服务的互相补足。

五、空间链

创新创业需要有载体的支撑，需要有资源的整合。以往对空间的定义是微观层面的，只是局限于物理空间。随着创新创业模式的不断发展和对经济转型升级的需要，物理空间已经不能满足创业者的需求，更需要投资人跳出物理空间的束缚，用抽象的视野看待创新的载体空间，用服务的意识、产业的观念和市场化的运营机制来合理利用空间。

投资人可以帮助企业将内部创新创业的模式向外部链接创业的模式转变。科技型企业的发展历程不同于互联网企业，它需要一个长期发展的过程，其中任意一个环节的缺失都可能会造成创业失败。从预研、样机、中试到小批量，在投产前就需要经历这些充满变数的过程。即使最终做出了产品，也会存在销售、库存、回款、售后服务、供应链等诸多方面的问题（见图8-2）。通过连接外部创业资源，包括研发机构、传统企业等，可以最大程度地将这些变量从不确定性变为确定性，提高创业的效率和成功率。比如，传统企业的企业家们，都是经历过20年甚至30年艰苦奋斗的优秀企业家，他们对于企业经营的理解远超科研人员，同时，他们所处市场一线，对产品需求的认知也更加深刻。因此，可以加强和传统企业的交流沟通及合作，扩展企业的发展空间。

图 8-2 创业不等式

除此之外,要充分发挥投资人与创业孵化器、加速器、产业园等的联动,在企业成长的全周期内提供空间链的服务,不仅满足企业对物理空间的需求,也为企业在发展空间中提供资源整合等全方面服务,打造新时期的创新创业空间服务链条。

上述五链融合的服务,难点在于资源。这要求投资人平时要注意积累资源,不论是产业资源、政府资源还是资本资源。如果等到需要用资源的时候再去积累,就来不及了。

投前三月,投后三年。投资人在与企业接触后,可能三个月后就完成了投资决策,将投资款打给了企业,但往往至少三年,甚至五年以后才能退出,在这个过程中需要不断地为企业提供增值服务。

总结来说,投资人需要构建全方位、全阶段、全层次的增值服务能力(见图8-3)。

全方位是指从五链融合模式出发,提供包括园区落地、金融(债权)、政府、后续融资、产业上下游等在内的全方位服务。园区落地服务不必拘泥于本地,而是要放眼于京津冀、长三角、大湾区等全国的优秀产业园区;金融侧的服务则可以囊括担保、租赁、银行等多种融资途径;政府侧的服务可以包含申请政策扶持、

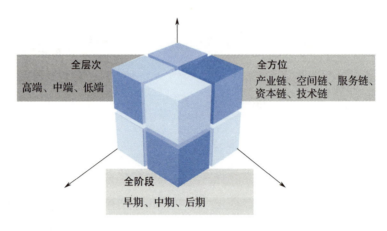

图 8-3　全面的增值服务能力

课题推荐、应用场景支持等；产业上下游资源，可以包括从上游核心部件到下游客户等。

全阶段是指在企业发展的各个阶段，从种子期、公司注册到公司 IPO 上市，在各个阶段都提供具有针对性的服务。

全层次是指无论团队的技术水平高低，均可以提供相对应层次的服务。全球领先的科技项目，可以为其对接国际海外专家资源和国内的大院大所大学；技术水平较为普通的科技项目，则可以帮助其对接生产基地或助其引入新科技来融合发展。

第九章　管：动态管理风险坍塌点

第一节　投后管理的常见工作

投后管理的一线工作一般由投资经理来做，按周期通过见面拜访、微信、电话或邮件来保持对企业最新情况的了解。常见的投后管理工作如下：

(1) 日常沟通。一般会沟通企业的业务里程碑，复盘里程碑推进的进度如何，如若未达到预期里程碑需要找出原因，以及后续里程碑如何设定。通过日常沟通了解企业的日常进展，可以更快地发现企业发展路上的拦路虎，及时解决问题。

(2) 定期"体检"。通过定期审阅三表，即资产负债表、利润表和现金流量表，可以起到财务预警的作用。如果企业账上只有六个月的钱，一定要启动再融资。还可以起到合规提示的作用，因为一些 CEO 不一定是财务出身，可能会因为财务失误等而产生问题，投资人要做及时的提示、调整和修正。还有一些恶性的问题，如一些公司在账务上乱来，投资人则必须做干预和预警。

(3) 后续。根据企业融资规划，帮助被投资企业对接潜在投资机构，为被投资企业提供后续的融资建议，促成后续相关融资协议的签署落地。投资人还可以根据企业后续发展空间，在被投资企业后续融资时选择继续加磅投资。

（4）重大事项管理。包括对所投资企业的股东会、董事会、监事议案进行审议、表决等有关事项，如企业迁址、老股转让、重要合伙人离职以及重要合伙人引进等。投资人需要跟进重大事项的起因，判断其是否会对投资产生不利影响，并上报基金或公司决策。

（5）IPO 申报材料配合。当被投资企业拟申请 IPO 时，还需要配合被投资企业提供相应的合规性文件。

投资人通过日常投后管理工作掌握被投资企业的潜在风险与机会，不仅可以防控风险起到风险预警的作用，还可以根据企业的经营情况选择更合适的退出时间点。

第二节 识别风险坍塌点，预防雪崩

大部分投资人有个共同的特点：不想做投后，只想做投前。在绩效导向下，很多投资人都不愿意承认但又客观存在的事实是，绝大多数投资人的投后都比投前做得弱。投资人虽然对自己已投资项目不会有意忽略，但其更多的精力用在投资新项目、管理新基金上了，因而进行投后管理的主动性往往不足。

尽管很多投资人都不愿意承认，但行业里大多数人的习惯是：倘若一个 2 亿元规模的基金投资完毕，行业里大多数人的习惯是赶紧再做一只新的基金，新的基金可以再投新项目，获取新一轮的管理费收入。

有的企业家希望投资人在投资后少参与企业运营，尤其是发展好的项目。当下发展越好的企业，越不喜欢投资人在投后经常找自己。

这就会存在一个问题，**企业可能在衰落、走下坡路时才会主动找投资人寻求帮助，可是当企业意识到自己的危机、问题、衰落趋势时，一切可能已经来不及了。**当下发展较好的企业往往会有点膨胀，与已经投资了自己的投资人保持深入联系的意愿往往不强，因而对投资人来说，随时获取企业的动态信息就存在一定难度。

要看财务报表好说，在协议上约定好即可。团队、业务的发展情况需要靠多交流，需要增加沟通的频率，除了定期的股东会、以半年或者一年为周期的财务报表，还可以通过与创始团队吃饭、开会等途径，加强沟通联系，获取更多信息。

投后管理重点是做好两件事：一是风险监控，二是增值服务。

在"募投管退"的传统提法里，"管"更加倾向于施加于对象之上的束缚，侧重点在于风险管控。风险管控的工作，需要定期或不定期地了解企业的动态信息。如果工作人员前期不了解企业，作为专职投后人员再去寻找潜在的风险坍塌点，就会非常困难。而雪崩发生之前，最早发现征兆的人，可能还跑得了。可以重点关注以下几个方面：

（1）关注团队动态。包括创业团队是否另立门户、核心成员是否有变动、管理团队中是否有不团结的情况甚至分家、创始人最近的身体状况,甚至严重的家庭矛盾等,这些都是可能影响创业公司健康运转的因素。

(2)关注业务动态。重点关注研发进度是否符合预期、市场开拓是否顺利、约定的里程碑是否达到:该成功的实验是否成功了、该拿的批文是否拿到了、该建的厂房是否建成了、该卖的东西是否卖出去了、该收的钱是否收回来了、产品的性能口碑如何,其中每一步都会影响下一步的业务进展。

(3)关注财务状况。这是监测信息的重中之重。财务状况中最需要关心的是现金流,留意公司账上到底还有多少钱、这些钱还能花多长时间、是否需要新的融资等。从资产负债率、应收账款、周转率、利息保障倍数等去判断其偿债能力、盈利能力、运营能力和运营效率等。比如,利息保障倍数往往能够反映企业的短期偿债能力,资产负债率则能看出其长期偿债能力。

在财务状况中,重点关注现金流是否健康,现金流就好像公司的血液。很多创业公司有好想法,但没钱什么都干不了,即使有钱了,不会花,也一样会失败。无论企业有多好,销售额有多高,如果不能及时把现金收回来,企业照样可能出现破产的情况。现金流可以反映企业的盈利质量,是企业存活与持续经营的前提,也是产品和技术更新的基本保障。总之,企业现金流的重要性体现在方方面面。

现金流是一个很容易出现的风险坍塌点。比如,应收账款比较多的"To B"企业,特别是当B端客户规模大、话语权强,项目本身又是工程类项目、押款时间较长,再加上验收周期、应付账款、售后服务等因素。在整个过程中,一旦企业的周转出现问题，扩张速度稍微快一点，资金就容易周转不过来。

(4) **关注国家政策、法律法规和行业重大变化**。比如，半导体行业面临美国的制裁、疫情对疫苗行业的影响、集采政策变化对医药行业的影响等，都需要及时关注并做出相应的调整。

(5) **注意企业面向公众舆论宣传的舆情风险**。有些动态信息不一定涵盖在这几大类中，但是万变不离其宗，一般都与这几大类有关系。

每个企业会有不同的风险坍塌点，有的企业是项目本身挺好，创业团队自己内讧，结果项目崩了。有的医疗项目，临床试验的数据不理想，基本上后面就很难发展了。有的企业计划或承诺了许久要进入某个市场，并且这个市场对其来讲至关重要，但最终企业"拱"了两三年也没拱进这个市场，这可能就是对企业的致命打击。有的项目创始人突然提出要转股份，这就要引起投资人警觉，思考其为什么转股份：是家里缺钱了，还是对项目失去了信心，意图套现走人？

当比较大的风险情况出现时，如何应对？不同的问题有不同的解决办法。比如，创业团队要分家，首先投资人肯定要尝试一下努力撮合，但如果怎么撮合都无效，那可能就要面临二选一了——选择分家后其中比较看好的一方，而之后可能会涉及重新搭建公司架构、重新估值、判定知识产权权属等一系列工作。通过这种方式，就变相地解决了团队分家这一风险问题。尽管分家后的企业已经不完全是过去的那家企业了，但投资人通过这种方式尽量保证了自己所投股份的资金安全。

如果投资人发现创业团队缺钱了，可以帮其推动下一轮融资或者通过其他渠道找资金。如果创业团队现有产品卖得不好或模式行不通,企业发展遇到了瓶颈、开始转型,投资人也应该尽力帮助其找客户,寻找新的出路。

当所投资的企业出现问题时,投资人通常会发挥所有能力去解决问题,因为要挽救的不仅仅是一家企业,而且还有自身已经投资的资金。

对风险动态信息的监控需要把握及时性。假如当投资人拿到了暗含风险点的动态信息后,发现企业资金链已经断裂或团队已经分崩离析,那一切都晚了。因此,投资人及时拿到准确的动态信息非常关键。

第十章　退：玉汝于成，功成而退

业内有句俗话，投得好不如退得好。"投"是为了"退"，投资在完成历史使命后就应该及时退出。退出是指股权投资机构在其所投资的创业企业发展相对成熟后，将其持有的权益在市场上出售，以收回投资并实现投资收益的过程。退出是股权投资的终极目标，也是判断一个投资机构盈利情况的重要参考。常见的退出方式主要有 IPO、并购、新三板挂牌、股转、回购、借壳、清算等。投资退出并不是只限于项目亏损时的被迫行为，而应该是在投资时就应主动确立的一个发展战略。如何选择适当的时机、适当的途径，顺利地实现投资退出，使投资项目不仅有一个良好的开始，更有一个完美的结局，这对于投资机构来说至关重要。投资项目只有做到有进有退，才能回笼资金抓住新的投资机会，顺利进行下一轮投资计划，实现投资的良性循环和增值，进而优化投资结构，控制投资总量。

第一节　退与投的密切关系

项目退出是指私募股权基金选择合适的时机，将其在被投资企业的股权变现，由股权形态转化为具有流动性的现金收益，以实现资本增值、避免或降低损失。成功的退出保证了私募股权基金投资高收益的获取和资金的高效循环。

退出，其实最关键的是要看前面种的苗质量如何。如果苗不好，可能后面怎么努力都退出不了。因此，首先要种个好苗，其次就是在这个过程中它实现了增值。退出的另外一个难点在于，在投资过程中交易结构是否做好了，有些退出方式需要协议的支撑和法律的保护才能实现。

总体而言，种瓜得瓜，种豆得豆。如果当时，投的就是棵小草，想让它长成一棵参天大树，无论怎么长也长不成想要的样子。如果当时投的是一棵参天大树的小苗，浇浇水、阳光晒一晒，一年不行两年，两年不行三年，再过几年可能真的就长成了参天大树。

第二节　资本市场：
投资人最青睐的退出方式

IPO 是指在被投资企业经营达到一定规模时，向非特定社会公众进行首次公开发行股票的行为。此后，被投资企业将变为上市公司，投资机构持有的被投资企业的股票可以在股票市场上进行公开交易，从而收回现金。通常而言，IPO 是投资机构最理想的退出方式。对于投资机构而言，IPO 可以将私募股权基金所持有的不可流通的企业股份转变为可以上市流通的股票。

在股权投资基金退出的渠道中，IPO 具有很大的优势：一是通常 IPO 是所有退出方式中收益较高的；二是对于股权投资机构来说,IPO 有助于提高股权投资机构的知名度、市场声誉与社会影响力;三是通过上市进行融资,不会影响企业的管理和运营,有助于保持企业的独立性和管理的连续性;四是上市可以为企业长期发展筹集资金提供持续的融资渠道。

根据目标企业上市的区域不同,可以分为境内直接上市和境外直接上市。境内直接上市的方式:将目标企业改制为股份有限公司,通过发行股票在主板、创业板、科创板和新三板创新层等直接上市(见图 10-1)。

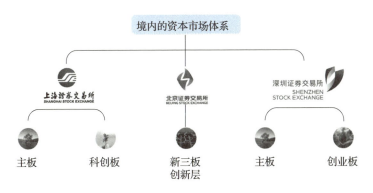

图 10-1 境内的资本市场体系

创业公司可以根据企业自身的业务规模、所属行业匹配其适合的上市板块。各板块的成立时间、服务对象及审核制度(见表 10-1)。

表 10-1 境内资本市场简介

	成立时间	服务对象	审核制度
主板	1990 年	大型成熟企业,致力于打造成中国蓝筹股市场	核准制
创业板	2009 年	为具有高成长性的高科技企业提供融资服务,致力于成为中国企业创新创业的"助推器"	注册制

(续)

	成立时间	服务对象	审核制度
科创板	2018 年	符合国家发展战略、突破关键核心技术、市场认可度高的科创企业	注册制
新三板创新层	2012 年	中小型高新技术企业,为上市资源"孵化器"与"蓄水池"	注册制

境外直接上市是指目标企业直接以境内股份有限公司的名义向境外证券主管机构申请发行股票或其他金融衍生工具,向当地证券交易所申请上市。比如,在香港交易所申请上市发行 H 股,在纽约证券交易所申请上市发行 N 股,在纳斯达克证券交易所申请上市发行 NDX 股,以实现私募股权投资基金的投资退出(见图 10 – 2)。

图 10 – 2 境外主要的资本市场体系

一、主板发行的基本条件

中国证券监督管理委员会令第 32 号《首次公开发行股票并上市管理办法》和《上海证券交易所股票上市规则》规定了在中国境内主板首次公开发行股票并上市的发行条件。

1. 主体资格

（1）依法设立且合法存续的股份有限公司。

（2）自股份有限公司成立后，持续经营时间应当在3年以上，但经国务院批准的除外。

（3）发行人最近3年内主营业务和董事、高级管理人员没有发生重大变化，实际控制人没有发生变更。

2．独立性

（1）具有完整的业务体系和直接面向市场独立经营的能力。

（2）发行人应完整披露关联方关系并按重要性原则恰当披露关联交易。

（3）发行人不存在涉及主要资产、专有技术、商标等的重大权属纠纷，重大偿债风险，影响持续经营的担保、诉讼及仲裁等重大或有事项，所处行业的经营环境已经或者将要发生重大变化，并对发行人的持续盈利能力构成重大不利影响的事项。

3. 公司治理

（1）发行人已依法建立健全股东大会、董事会、监事会、独立董事、董事会秘书制度，相关机构和人员能够依法履行职责。

（2）内部控制制度健全且被有效执行。

（3）公司章程中已明确对外担保的审批权限和审议程序，不存在为控股股东、实际控制人及其控制的其他企业进行违规担保的情形。

（4）有严格的资金管理制度，不得有资金被控股股东、实际控制人及其控制的其他企业以借款、代偿债务、代垫款项或者其他方式占用的情形。

4. 相关主体合规性

（1）发行人的董事、监事和高级管理人员最近 36 个月内无重大违法违规行为和中国证监会行政处罚，以及无严重损害投资者合法权益和社会公共利益的其他情形；最近 12 个月内没有受到证券交易所公开谴责。

（2）发行人的生产经营符合法律、行政法规和公司章程的规定，符合国家产业政策。

5. 财务指标

（1）最近 3 个会计年度净利润均为正数且累计超过 3000 万元，净利润以扣除非经常性损益前后较低者为计算依据。

（2）最近 3 个会计年度经营活动产生的现金流量净额累计超过 5000 万元，或最近 3 个会计年度营业收入累计超过 3 亿元。

（3）发行前股本总额不少于 3000 万元；最近一期末无形资产占净资产的比例不高于 20%；最近一期末不存在未弥补亏损。

（4）内部控制在所有重大方面有效，会计基础工作规范，财务会计报告无虚假记载。

（5）不得有影响发行人持续盈利能力的情形。

6. 股本及发行比例

（1）公司股本总额不少于 5000 万元。

（2）公开发行的股份达到公司股份总数的 25% 以上；公司股

本总额超过 4 亿元的，公开发行股份的比例达到 10% 以上。

二、创业板发行的基本条件

中国证券监督管理委员会令第 167 号《创业板首次公开发行股票注册管理办法（试行）》和《深圳证券交易所创业板股票上市规则》，规定了在创业板首次公开发行股票并上市的发行条件、上市条件等要求。

1. 主体资格

（1）发行人是依法设立且持续经营三年以上的股份有限公司，具备健全且运行良好的组织机构，相关机构和人员能够依法履行职责。

（2）有限责任公司按原账面净资产值折股整体变更为股份有限公司的，持续经营时间可以从有限责任公司成立之日起计算。

2. 独立性

（1）主营业务、控制权和管理团队稳定，最近二年内主营业务和董事、高级管理人员均没有发生重大不利变化；控股股东和受控股股东、实际控制人支配的股东所持发行人的股份权属清晰，最近二年实际控制人没有发生变更，不存在导致控制权可能变更的重大权属纠纷。

（2）发行人业务完整，具有直接面向市场独立持续经营的能力；资产完整，业务及人员、财务、机构独立，与控股股东、实际控制人及其控制的其他企业间不存在对发行人构成重大不利影响的同业竞争，不存在严重影响独立性或者显失公平的关联交易。

（3）不存在涉及主要资产、核心技术、商标等的重大权属纠纷，重大偿债风险，重大担保、诉讼、仲裁等或有事项，经营环境已经或者将要发生重大变化等对持续经营有重大不利影响的事项。

3. 公司治理

（1）发行人会计基础工作规范，财务报表的编制和披露符合企业会计准则和相关信息披露规则的规定，在所有重大方面公允地反映了发行人的财务状况、经营成果和现金流量，最近三年财务会计报告由注册会计师出具无保留意见的审计报告。

（2）发行人内部控制制度健全且被有效执行，能够合理保证公司运行效率，确保合法合规和财务报告的可靠性，并由注册会计师出具无保留结论的内部控制鉴证报告。

4. 相关主体合规性

（1）发行人生产经营符合法律、行政法规的规定，符合国家产业政策。最近三年内，发行人及其控股股东、实际控制人不存在贪污、贿赂、侵占财产、挪用财产或者破坏社会主义市场经济秩序的刑事犯罪，不存在欺诈发行、重大信息披露违法或者其他涉及国家安全、公共安全、生态安全、生产安全、公众健康安全等领域的重大违法行为。

（2）董事、监事和高级管理人员不存在最近三年内受到中国证监会行政处罚，或者因涉嫌犯罪正在被司法机关立案侦查或者涉嫌违法违规正在被中国证监会立案调查且尚未有明确结论意见等情形。

5．财务指标

（1）发行人为境内企业且不存在表决权差异安排的，市值及财务指标应当至少符合下列标准中的一项。

1）最近两年净利润均为正，且累计净利润不低于 5000 万元。

2）预计市值不低于 10 亿元，最近一年净利润为正且营业收入不低于 1 亿元。

3）预计市值不低于 50 亿元，且最近一年营业收入不低于 3 亿元。

（2）营业收入快速增长，拥有自主研发、国际领先技术，同行业竞争中处于相对优势地位的尚未在境外上市红筹企业，申请在创业板上市的，以及存在表决权差异安排的，市值及财务指标应当至少符合下列标准中的一项。

1）预计市值不低于 100 亿元，且最近一年净利润为正。

2）预计市值不低于 50 亿元，最近一年净利润为正且营业收入不低于 5 亿元。

6．股本及发行比例

（1）发行后股本总额不低于 3000 万。

（2）公开发行的股份达到公司股份总数的 25% 以上；公司股本总额超过 4 亿元的，公开发行股份的比例为 10% 以上。

三、科创板发行的基本条件

根据中国证券监督管理委员会公告〔2020〕21 号《科创属性评价指引（试行）》、中国证券监督管理委员会公告〔2021〕8 号《关于修改〈科创属性评价指引（试行）〉的决定》和《上海证券交易所科创板股票上市规则》，对于拟在科创板上市企业的科创属性、市值与收入的标准、红筹企业与特殊表决权企业的标准做出了规定。

1. 科创属性认定标准

（1）支持和鼓励科创板定位规定的相关行业领域中，同时符合下列 4 项指标的企业申报科创板上市。

1）最近三年研发投入占营业收入比例 5% 以上，或最近三年研发投入金额累计在 6000 万元以上。

2）研发人员占当年员工总数的比例不低于 10%。

3）形成主营业务收入的发明专利 5 项以上。

4）最近三年营业收入复合增长率达到 20%，或最近一年营业收入金额达到 3 亿元。

（2）支持和鼓励科创板定位规定的相关行业领域中，虽未达到前述指标，但符合下列情形之一的企业申报科创板上市。

1）发行人拥有的核心技术经国家主管部门认定具有国际领先、引领作用或者对于国家战略具有重大意义。

2）发行人作为主要参与单位或者发行人的核心技术人员作为主要参与人员，获得国家科技进步奖、国家自然科学奖、国家技术发明奖，并将相关技术运用于公司主营业务。

3）发行人独立或者牵头承担与主营业务和核心技术相关的国家重大科技专项项目。

4）发行人依靠核心技术形成的主要产品（服务），属于国家鼓励、支持和推动的关键设备、关键产品、关键零部件、关键材料等,并实现了进口替代。

5) 形成核心技术和主营业务收入的发明专利(含国防专利)合计 50 项以上。

2. 市值与收入的五套标准

《上海证券交易所科创板股票上市规则》对于市值及财务指标方面的要求至少要满足下面五选一的条件(见表 10-2)。

表 10-2 市值与收入的五套标准

	预计市值	净利润	营业收入	其他
标准一	不低于 10 亿元	最近两年均为正,且累计净利润不低于 5000 万元(累计)	—	—
		最近一年为正	最近一年不低于 1 亿元	—
标准二	不低于 15 亿元	—	最近一年不低于 2 亿元	最近三年累计研发投入占最近三年累计营业收入的比例不低于 15%
标准三	不低于 20 亿元	—	最近一年不低于 3 亿元	最近三年经营活动产生的现金流量净额累计不低于人民币 1 亿元
标准四	不低于 30 亿元	—	最近一年不低于 3 亿元	—
标准五	不低于 40 亿元	—	—	主要业务或产品需经国家有关部门批准,市场空间大,目前已取得阶段性成果。医药行业企业需至少有一项核心产品获准开展二期临床试验。其他符合科创板定位的企业需具备明显的技术优势并满足相应条件

3. 红筹企业与特殊表决权企业的标准

营业收入快速增长，拥有自主研发、国际领先技术，同行业竞争中处于相对优势地位的尚未在境外上市红筹企业，申请发行股票或存托凭证并在科创板上市的，市值及财务指标应当至少符合下列上市标准中的一项：预计市值不低于 100 亿元；或预计市值不低于 50 亿元，且最近一年营业收入不低于 5 亿元。

存在表决权差异安排的发行人申请股票或者存托凭证并在科创板上市的，其表决权安排等应当符合《上海证券交易所科创板股票上市规则》等的规定；发行人应当至少符合下列上市标准中的一项：预计市值不低于 100 亿元；或预计市值不低于 50 亿元，且最近一年营业收入不低于 5 亿元。

四、北交所发行的基本条件

《北京证券交易所股票上市规则（试行）》，规定了在北交所首次公开发行股票并上市的发行条件等要求。

1. 发行人资格

发行人申请公开发行并上市，应当符合下列条件。

（1）发行人为在全国股转系统连续挂牌满 12 个月的创新层挂牌公司。

（2）符合中国证券监督管理委员会规定的发行条件。

（3）最近一年期末净资产不低于 5000 万元。

（4）向不特定合格投资者公开发行的股份不少于 100 万股，发行对象不少于 100 人。

（5）公开发行后，公司股本总额不少于 3000 万元。

（6）公开发行后，公司股东人数不少于 200 人，公众股东持股比例不低于公司股本总额的 25%；公司股本总额超过 4 亿元的，公众股东持股比例不低于公司股本总额的 10%。

（7）市值及财务指标符合本规则规定的标准。

（8）本所规定的其他上市条件。

2. 市值及财务指标

市值及财务指标应当至少符合下列标准中的一项。

（1）预计市值不低于 2 亿元，最近两年净利润均不低于 1500 万元且加权平均净资产收益率平均不低于 8%，或者最近一年净利润不低于 2500 万元且加权平均净资产收益率不低于 8%。

（2）预计市值不低于 4 亿元，最近两年营业收入平均不低于 1 亿元，且最近一年营业收入增长率不低于 30%，最近一年经营活动产生的现金流量净额为正。

（3）预计市值不低于 8 亿元，最近一年营业收入不低于 2 亿元，最近两年研发投入合计占最近两年营业收入合计比例不低于 8%。

（4）预计市值不低于 15 亿元，最近两年研发投入合计不低于 5000 万元。

五、其他关注点

1. 持续经营能力

根据中国证券监督管理委员会发布的《首发业务若干问题解

答》，发行人存在以下情形的，中介机构应重点关注该情形是否影响发行人持续经营能力。

（1）发行人所处行业受国家政策限制或国际贸易条件影响存在重大不利变化风险。

（2）发行人所处行业出现周期性衰退、产能过剩、市场容量骤减、增长停滞等情况。

（3）发行人所处行业准入门槛低、竞争激烈，相比竞争者发行人在技术、资金、规模效应方面等不具有明显优势。

（4）发行人所处行业上下游供求关系发生重大变化，导致原材料采购价格或产品售价出现重大不利变化。

（5）发行人因业务转型的负面影响导致营业收入、毛利率、成本费用及盈利水平出现重大不利变化，且最近一期经营业绩尚未出现明显好转趋势。

（6）发行人重要客户本身发生重大不利变化，进而对发行人业务的稳定性和持续性产生重大不利影响。

（7）发行人由于工艺过时、产品落后、技术更迭、研发失败等原因导致市场占有率持续下降、重要资产或主要生产线出现重大减值风险、主要业务停滞或萎缩。

（8）发行人多项业务数据和财务指标呈现恶化趋势，短期内没有好转迹象。

（9）对发行人业务经营或收入实现有重大影响的商标、专利、专有技术以及特许经营权等重要资产或技术存在重大纠纷或诉讼，已经或者未来将对发行人财务状况或经营成果产生重大影响。

（10）其他明显影响或丧失持续经营能力的情形。

2. 财务内控规范

（1）返利、折扣等。关注公司获得返利、给予折扣（如有）的具体条件、结算流程、会计处理及合法合规性，并结合同行业上市公司或拟上市公司等相关情况，说明返利、折扣是否符合行业惯例；关注报告期内公司取得返利、给予折扣的具体情况、对应的金额、公允性及合理性、相关税务处理及合规性。

（2）应收账款、存货管理和经营活动净现金流波动。关注报告期应收账款逐年上升的原因，对主要客户的信用政策，应收账款金额与信用政策是否匹配，信用政策是否严格执行及应收账款的逾期情况，是否存在通过放宽信用政策增加业务收入的情况；结合各期末应收账款在期后的回款情况及进度，说明应收账款坏账准备计提的充分性；关注存货的真实性，各期末库存商品金额较大的原因；结合最新采购价格、存货库龄、期后出库情况，说明存货跌价准备计提的充分性，与同行业可比公司存货周转率的差异；关注经营活动产生的现金流量净额波动较大，且与同期净利润不匹配的原因及合理性，是否与行业惯例一致，是否与销售政策、采购政策、信用政策变化情况相匹配。

（3）财务内控规范。部分首发企业在提交申报材料的审计截止日前存在财务内控不规范情形，如为满足贷款银行受托支付要求，在无真实业务支持情况下，通过供应商等取得银行贷款或为客户提供银行贷款资金走账通道（简称"转贷"行为）；向关联方或供应商开具无真实交易背景的商业票据，通过票据贴现后获取银行融资；与关联方或第三方直接进行资金拆借；通过关联方或第三方代收货款；利用个人账户对外收付款项；出借公司账户为他人收付款项等。

3. 关联方资金往来

上市前：报告期内的财务内控情况需要严格核查及规范，包括关注发行人财务核算是否真实、准确，并重点关注与关联方资金往来的实际流向与使用情况，是否通过体外资金循环粉饰业绩。

4. 单一客户重大依赖

根据 2020 年 6 月 10 日新修订的《首发业务若干问题解答》，发行人对单一大客户存在重大依赖，即来自单一大客户主营业务收入或毛利贡献占比超过 50% 以上的，应重点关注发行人客户的稳定性和业务持续性，是否存在重大不确定性风险，在此基础上合理判断。

对于非因行业特殊性、行业普遍性导致客户集中度偏高的应重点关注：单一大客户是否为关联方或者存在重大不确定性客户，是否为异常新增客户；客户高度集中是否可能导致对其未来持续盈利能力存在重大不确定性的重大疑虑，进而影响是否符合发行条件的判断。

对于发行人下游客户的行业分布集中而导致的客户集中具备合理性的特殊行业（如电力、电网、电信、石油、银行、军工等行业）应重点核查：发行人与同行业可比上市公司进行比较，充分说明客户集中是否符合行业特性，发行人与客户的合作关系是否具有一定的历史基础，有充分的证据表明发行人采用公开、公平的手段或方式独立获取业务，相关的业务具有稳定性以及可持续性，并予以充分的信息披露。

5. 资产完整性

根据中国证券监督管理委员会发布的《首次公开发行股票并上市管理办法》规定，发行人的主要资产不存在重大权属纠纷，发行人在用的商标、专利、专有技术及特许经营权等重要资产或技术的取得或者使用不存在重大不利变化的风险。

6. 合法合规情况

（1）经营资质齐备。关注公司是否具备全部生产所必需的资质证书，是否存在不具备必备资质开展生产经营的情形；资质取得的过程是否合法合规；关注公司所处行业是否存在行业标准、公司产品是否符合相关行业标准，是否存在质量问题，报告期内是否存在纠纷及潜在纠纷；公司的资质证书是否存在续期的法律障碍，如行业标准发生变化，公司是否存在不能满足行业标准的风险。

（2）产品质量责任。关注公司产品质量控制的具体措施，公司与有关生产方（如适用）、分销商关于产品质量分摊的约定及有关风险；关注报告期内公司产品质量相关纠纷、投诉或诉讼的情况。

（3）社保用工合规。关注报告期内公司员工社会保障制度和劳动用工的执行情况及其合法合规性；关注报告期内公司是否存在未足额缴纳社会保险或住房公积金的情形及形成原因、合法合规性，是否构成重大违法行为及本次发行的法律障碍。

（4）劳务派遣。劳务派遣员工不得超过用工总量的10%，且只能用于临时性、辅助性或者替代性的工作岗位；核查发行人劳务派遣用工情况，计算劳务派遣人员占比，确认是否符合《劳务派遣暂行规定》的要求。

（5）重大诉讼。审核关注报告期内发生或虽在报告期外发生但仍对发行人产生较大影响的诉讼或仲裁的相关情况，包括案件受理情况和基本案情，诉讼或仲裁请求，判决、裁决结果及执行情况，诉讼或仲裁事项对发行人的影响等。

（6）优惠政策。关注发行人研发费用对应的具体项目、构成及其归集方法，研发投入相关内控制度及其执行情况，研发人员占比，是否符合申请高新技术企业资格的相关条件；关注发行人报告期内税收优惠是否符合相关法律规定，发行人报告期内经营成果是否对税收优惠存在依赖，目前所取得的税收优惠的有效期，优惠期满后税务政策发生变化的可能性；如公司未能被继续认定为高新技术企业，或者国家对相关出口企业增值税优惠政策做出调整，量化分析其对公司经营业绩的影响情况。

（7）行政处罚。关注发行人是否存在环境污染、安全生产、产品质量纠纷等方面的违法违规情形；查阅主管部门出具的发行人报告期内的合规证明，了解发行人行政处罚事项具体情况，查阅行政处罚决定书，查阅相关法律法规，确认违法行为的严重程度，核查发行人的整改情况、罚款缴纳凭证，获取政府专项合规函，确认是否属于重大违法违规行为。

7. 关联交易

在上市审核标准中，尊重企业合法合理、正常公允且确实有必要的关联交易。关联交易并不是实质性的障碍，企业可以存在关联交易，但必须严格遵守相关规定，证明企业的关联交易不构成利润转移、利润操纵、侵害中小股东的利益以及影响企业的独立性等原则。

在实践中，监管机构重点关注关联交易发生的必要性、公允性、合理性、关联交易是否履行了合规程序并公允定价、关联交易的比重、发行人对关联方的依赖程度等方面。发行人需对关联交易进行合理规范，并在申报时对相关问题进行详尽披露。关注要点包括以下七点。

（1）关联交易的合法性、必要性、合理性及公允性。

（2）关联方认定（发行人应当按照《企业会计准则》及其他相关规定认定并披露关联方），关联交易履行的程序等事项。

（3）经常性及偶发性关联交易的分类披露及关联交易对财务状况和经营成果的影响。

（4）关联交易是否影响发行人的经营独立性，是否构成对控股股东或实际控制人的依赖。

（5）是否存在通过关联交易调节发行人的收入利润或成本费用，对发行人进行利益输送的情形。

（6）是否存在关联交易非关联化的情况。

（7）关联交易是否履行了公司章程规定的程序，以及独立董事对关联交易履行的审议程序是否合法及交易价格是否公允的意见。

8. 同业竞争

同业竞争是指公司所从事的业务与其控股股东或实际控制人或控股股东所控制的其他企业所从事的业务相同或近似，双方构成或可能构成直接或间接的竞争关系。

《首次公开发行股票并上市管理办法》要求发行人应当在招股说明书中披露已达到发行监管对公司独立性的基本要求。配套出台的《首发业务若干问题解答》进一步明确了同业竞争的判断原则：应按照实质重于形式的原则，结合相关企业历史沿革、资产、人员、主营业务等方面与发行人的关系，以及业务是否有替代性、竞争性、是否有利益冲突、是否在同一市场范围内销售等，论证是否与发行人构成竞争；不能简单以产品销售地域不同、产品的档次不同等认定不构成同业竞争。

《上海证券交易所科创板股票发行上市审核问答》指出，认定同业竞争是否构成重大不利影响时，保荐机构及发行人律师应结合竞争方与发行人的经营地域、产品或服务的定位，同业竞争是否会导致发行人与竞争方之间的非公平竞争、是否会导致发行人与竞争方之间存在利益输送、是否会导致发行人与竞争方之间相互或者单方让渡商业机会情形，对未来发展的潜在影响等方面，核查并出具明确意见。竞争方的同类收入或毛利占发行人该类业务收入或毛利的比例达30%以上的，如无充分相反证据，原则上应认定为构成重大不利影响。

《创业板首次公开发行股票注册管理办法（试行）》中明确将

不存在同业竞争列为发行条件：发行人与控股股东、实际控制人及其控制的其他企业间不存在对发行人构成重大不利影响的同业竞争。对于"重大不利影响"的界定，由于创业板在同业竞争上的监管尺度与科创板趋同，可以参照科创板的相关要求进行判断。

六、境外资本市场

加入世贸组织推动了中国经济金融开放程度的迅速提高，为中国企业进入国际市场上市提供了更为广阔的市场空间。在此之前，中国的一些大型企业在国际证券市场的上市成功不仅为这些企业的发展筹集了大量资金，促进了它们根据国际规范进行运作，而且促进了它们按照国际市场规则迅速发展。近年来，中国越来越多的企业赴境外上市。

中国香港是最活跃的国际金融中心之一，港交所是中概股境外上市的重要集聚地之一，是包括恒生指数等在内的重要的国际性指数的中心市场，吸引了大量国际性的金融机构在此活动。对于内地的企业来说，香港市场作为本土市场的构成部分，便于投资者的了解，应当成为内地企业的首选。

2018年4月24日，港交所官方公布了《新兴及创新产业公司上市制度》的咨询总结，港股市场的上市制度改革尘埃落定。此次改革主要有三个方面：一是针对未盈利的生物科技公司的上市规定，二是接受同股不同权股权架构公司赴港上市，三是将香港联交所作为第二上市地的公司的标准。

此次改革有效地降低了港股上市的门槛，为新经济公司赴港上市提供了捷径，如小米集团、哔哩哔哩等独角兽企业。由于港交所在积极地推进 IPO 制度的改革，同时内地也在加快开放的速度。同时，新增的第 18A 章《生物科技公司》上市规则生效，纳斯达克不再是无营收、无利润的创新药公司谋求上市的唯一选择，达到"至少有一项核心产品已通过概念阶段""预期市值不低于 15 亿港元"等要求后，相关生物科技公司即具备上市资格。该政策实行后，大批生物企业向港交所提交了上市申请。

第三节　其他退出方式

一、股权转让

股权转让是除 IPO 外投资机构实现退出的另一个重要方式。股权转让指的是投资机构依法将其持有的股东权益有偿转让给他人，套现退出的一种方式。比如，签署股权转让协议退出、在区域股权交易中心公开挂牌转让等。通常私募股权基金投资的存续期届满，或出于某种原因必须使收益变现，投资机构会寻找买家，将其所持股份转让给另一家投资机构，从而实现退出。此外，被投资企业在进行隔一轮或隔多轮的融资时，老投资人可以采用一定的折扣或者是没有折扣的价格转让给对投资标的有投资意向的新投资机构，此时的股权转让价格一般会参照上一轮的被投资企业融资估值，并结合新的一轮融资估值情况来具体确定。早期投资人采用股权转让方式退出的情况比较常见。

二、并购退出

兼并收购（简称并购）是私募股权基金在时机成熟时，投资机构将目标企业的股权转让给第三方,以确保所投资金顺利地退出,这也是私募股权基金实现退出的一种重要方式。

在我国,股票市场尚不成熟,企业 IPO 后的股票溢价更高。因此,并购只是在股票市场低迷或者 IPO 退出受阻时退而求其次的选择。投资机构更愿意被投企业上市,以实现较高的资本增值,从而实现退出。而在美国、英国等资本市场成熟的国家,股票二级交易市场的价格也较为公允,通过 IPO 方式退出并不一定就能获得比并购退出更多的溢价。因此,在有些国家并购已成为一种主要的退出方式,它能够有效地缩短退出时间,减少时间成本和机会成本。

通过并购退出的优势有以下三点。

(1) 并购退出更高效、更灵活。相比较 IPO 漫长的排队上市,并购退出程序更为简单,不确定因素更小。并购在企业的任何发展阶段都能实现,对企业的市场规模、财务指标等都没有规定约束。双方在经过协商谈判达成一致意见以后即可执行并购,迅速实现资本循环,有利于提高投资公司的资本运作效率,减少投资风险。

(2) 并购退出的交易价格及退出回报较为明确。在并购交易完成后,投资机构即可一次性全部退出,而 IPO 退出则面临 1~3 年不等的禁售期,还要考虑到被投企业上市后的股价波动,可能需要分批次才能够实现全部退出,增加了退出获利的不确定性。

(3) 并购退出可以缓解 PE 的流动性压力。投资机构也面临着资金的压力,需要尽快有资金回流以实现收益分配,而在众多退出方式中,并购退出是可以实现"短平快"收益的方式之一。

通过并购方式退出的弊端有以下三点。

（1）潜在的实力买家数量有限。并购资金量较大，市场上潜在的购买者数量有限，目标企业不容易找到合适的并购者，或者出价可能不具有吸引力。

（2）收益率比 IPO 低。由于市场的变化甚至是信息的不对称，为了能够迅速退出，可能导致被并购企业价格被低估。

（3）企业管理层可能持反对意见。企业的产权或者控制权可能会由于并购而发生变化，原有管理层可能需要让渡一部分权力与利益，这可能会导致其抵制并购的情况。

对一些发展了一定年头、进入平台阶段、成长速度变慢的"小老头"企业，或者发展遇到瓶颈的企业，需要由并购方带来资源以实现突破，可能更适合通过并购方式退出。

三、管理层回购

管理层回购是指私募股权投资基金将其所持有的创业企业股权出售给企业的管理层而退出的方式。在投资时，投资机构可能会与管理层签订对赌条款或回购条款，以降低其投资风险，保证基金的基本收益。若被投企业发展不及预期，如没有按约定实现上市或完成研发里程碑、触发了对赌条款或回购条款，则由投资机构与管理层沟通协商来确定回购的具体细节。这种方式既可以满足投资机构对于资金安全或业绩预期的要求，也可以使创业企业将外部股权全部内部化，使得创业企业保持充分的独立性。

四、借壳上市

借壳上市是指一些非上市公司通过收购一些业绩较差、筹资能力较弱的上市公司,剥离被购公司资产,注入自己的资产,从而实现间接上市的操作手段。投资机构可以利用自身资源帮助被投资公司寻找合适的"壳",使其上市后在二级市场套现退出。相对正在排队等候 IPO 的公司而言,借壳上市所花费的平均时间将大大减少。然而,借壳上市也容易产生一些负面问题,如滋生内幕交易、削弱现有的退市制度等。国家监管政策的日趋完善、退市制度的执行、注册制的实施等,逐渐使得借壳上市不再是投资机构偏好的退出渠道。

五、破产清算退出

在实际投资过程中,会面临投资项目发展不及预期、不能达到预期收益,或投资机构认为企业成长速度过慢、投资项目可能失败、面临破产的情况。在这些情况下,破产清算成为股权项目基金最无奈的退出方式。破产清算可以减少被投企业继续经营带来的风险和损失,做到及时止损,以便尽快发掘新的市场机会。破产清算是股权投资机构投资失败后采取的不得已的策略,是最不愿意看到的退出方式。

PART FOUR

科技创新涵盖很多相关产业,其中有些产业是各国争相发展的重中之重,可谓"兵家必争之地",半导体、医疗健康和新能源汽车就是其中三个重点产业。

半导体是电子信息和IT产业的基础,是许多工业整机设备的核心,广泛运用于计算机、通信、军事、工业、医疗等领域,半导体产业是构建我国战略科技力量自立自强的核心支撑产业。

医疗健康是世界上规模最大和增长速度最快的产业之一,是满足人们健康生活的刚性需求,同时受人口数量增长、生活水平提高、人口老龄化等驱动力推动,被称为永不衰落的朝阳产业。

当前,汽车与能源、交通、信息通信领域的技术融合和协同发展成为汽车行业的发展趋势。发展新能源汽车产业是应对气候变化、化石燃料短缺、推动绿色可持续发展的战略举措之一。

第四篇
"兵家"必争之地

第十一章　半导体：工业粮食

第一节　半导体产业概览

半导体是集成电路的基础材料，而集成电路是芯片的重要组成部分。

半导体是指常温下导电性能介于导体与绝缘体之间的一类材料。半导体的特殊之处在于其导电的可控性强，可以在外界环境（如光照、温度等）变化下呈现导通、阻断的电路特性，实现特定的功能。常见的半导体材料涉及硅、锗、砷化镓、碳化硅、氮化镓等。半导体产业按照产品的主流分类为集成电路、分立器件、光电器件和传感器（见图11-1）。

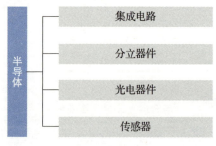

图11-1　半导体产业按照产品的主流分类

集成电路（Integrated Circuit，简称 IC）。集成电路是采用特定的制造工艺，将晶体管、电容、电阻和电感等元件以及布线互连，按照一定的电路互联，集成在半导体晶片上，进而封装在一个管壳内，变成具有某种电路功能的微型电子器件。集成电路在半导体产品中占比超过 80%，故本章以集成电路为主要研究方向。

分立器件。具有独立功能的独立零件叫作分立器件，与集成电路相对应，是最小的元器件，内部没有集成的东西。它主要包括电阻、电容、晶体二极管、三极管、整流二极管、功率二极管、化合物二极管等，被广泛应用于消费电子、计算机及外设、网络通信、汽车电子、LED 显示屏等领域。

光电器件。根据光电效应制作的器件称为光电器件（或光敏器件），主要包括利用半导体光敏特性工作的光电导器件、利用半导体光伏效应工作的光电池和半导体发光器件等。

传感器。利用半导体性质易受外界条件影响这一特性制成的传感器，按输入信息可以分为物理敏感、化学敏感和生物敏感半导体传感器三类。其主要应用领域是工业自动化、家用电器、环境检测、生物工程等。

集成电路产业按照制造流程的主流分类为：IC 设计—IC 制造—IC 封测。图 11-2 为集成电路的产业链。

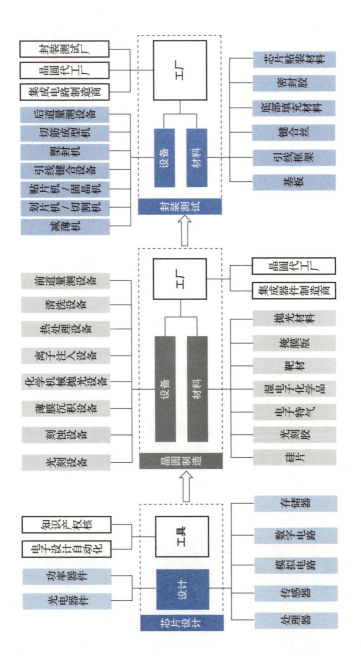

图11-2 集成电路的产业链

第二节　IC 设计

IC 设计是连接市场需求和芯片加工的重要桥梁，是表现芯片创意、知识产权与专利的重要载体。根据电路功能和性能的要求，在正确选择系统配置、电路形式、器件结构、工艺方案和设计规则的情况下，尽量减小芯片面积，降低设计成本，缩短设计周期，以保证全局优化，设计出满足要求的集成电路。最终输出的是掩膜版图数据，通过制版和工艺流片可以得到所需的集成电路。图 11-3 为半导体设计产业的分类。

半导体设计产业		
	设计工具与服务	EDA、IP 授权、设计服务
	处理器	CPU、DSP、GPU、MCU、FPGA、ASIC
	模拟集成电路	射频通信、通信协议类、ADC/DAC 芯片、电源管理芯片
	存储器	DRAM、NOR Flash、NAND Flash、存储控制芯片
	传感器	MEMS 传感器、分立传感器
	光电子器件	光通信器件、激光器、光探测器、光显示器件
	功率器件	MOSFET、IGBT、功率二极管、晶闸管、功率芯片

图 11-3　半导体设计产业的分类

一、IC 设计工具与服务

1. IC 设计软件

电子设计自动化技术（Electronic Design Automation，简称 EDA）是指以计算机为工作平台，融合了应用电子技术、计算机技术、信息处理及智能化技术的最新成果,进行电子产品的自动设计。EDA 是用来完成超大规模集成电路芯片的功能设计、综合、验证、物理设计等流程的设计方式。EDA 软件作为集成电路领域的上游基础工具,贯穿于集成电路设计、制造、封测等环节,是集成电路产业的战略基础支柱之一。

目前全球 EDA 软件行业每年的市场规模有 100 亿美元。全球 EDA 专利技术布局和销售市场均被三大公司垄断,即美国的新思科技(Synopsys)、铿腾电子(Cadence)、原明导国际[Siemens EDA(Mentor Graphics),2017 年被西门子收购,改名为 Siemens EDA]。中国 EDA 行业目前大概有近 30 家企业,都不满 20 年,营业收入占本土市场比例很低。

2. IP 授权与 IC 设计服务

IP 授权与芯片设计服务可统称为 IC 设计服务。

IP(Intellectual Property)指在集成电路设计中,经过验证的、可重复使用且具备特定功能的集成电路模块,通常由第三方开发授权。IP 位于集成电路产业链上游,主要客户是设计企业。独立 IP 企业的出现主要源于半导体设计行业的分工。IC 设计公司无须对芯片的每个细节进行设计,通过购买成熟可靠的 IP 方案,就可以实现某个特定功能。设计人员以 IP 核为基础进行设计,类似搭积木的开发模式,可以大大降低芯片的设计难度、缩短芯片的设计周期,并提升芯片的性能。按产品种类分类,IP 商提供包括处理器 IP、有线接口 IP、物理 IP 等不同产品。

由于 IC 设计成本提升以及对效率和定制化要求提高,精细化分工趋势愈加明显。集成电路 IP 业务因其性能高、功耗优、成本适中、可缩短设计周期等特点，迎来了蓬勃发展。目前，全球集成电路 IP 行业每年的市场规模有 50 亿美元。

目前，IP 行业竞争格局高度集中，前十大企业的市场占比接近 80%，且格局较稳定。安谋（ARM）、新思科技、铿腾电子过去几年始终位居行业前三，龙头企业地位稳固。中国大陆除了芯原股份发展较早外，还有寒武纪、华大九天、橙科微、IP Goal 和 Actt 等 IP 企业也在快速发展。

二、处理器和逻辑电路

处理器和逻辑电路都属于数字集成电路。处理器可以细分为 CPU、GPU、MCU、NPU、GPGPU、DPU、DSP、ISP 等微处理器。逻辑电路可以细分为 FPGA、CPLD 等可编程逻辑器件，ASIC 等专用逻辑器件，以及基带、编解码器等。

数字集成电路是将元器件和连线集成于同一半导体芯片上而制成的数字逻辑电路或系统。

1. CPU

中央处理器（Central Processing Unit，简称 CPU）是负责信息处理、程序运行的执行元件。按照架构和性能的不同被广泛应用在个人计算机、移动电子设备、游戏机、路由器、激光打印机等设备上。CPU 是一块超大规模的集成电路，是一台计算机的运算核心和控制核心。CPU 的功效主要为处理指令、执行操作、控制时间、处理数据。CPU 的内部结构可以分为控制单元、逻辑单元和存储单元三大部分，三个部分相互协调，便可以进行分析、判断、运算，并控制计算机各部分协调工作。CPU 作为算力基础，是整个科技行业的底座。技术及生态是 CPU 行业发展的关键要素。

CPU 的下游市场涵盖服务器、桌面端、移动 PC 端、智能手机以及物联网、人工智能、汽车电子、智能穿戴等新兴应用领域。从 CPU 整体市场未来的增量空间来看，短期来看桌面端及移动 PC 端增量维持稳定、服务器受益于云化趋势维持较高增速、智能手机迎来 5G 换机潮等周期性行情，中长期来看新兴应用领域受益于垂直空间发展存在增长机会；短期来看 CPU 市场增量可能由云化趋势带来的服务器增量以及 5G 换机潮带来的增量驱动，中长期来看伴随着下游细分领域快速发展，新兴应用领域可能接力成为 CPU 增量主力。从 CPU 存量市场空间来看，目前 CPU 主要市场份额仍掌握在海外企业手中，国内 CPU 进口数量及海外企业市场份额占比仍然较高，国内 CPU 企业产品逐步由可用进阶为好用，叠加国产替代政策持续加码，国产替代确定性较高且空间十分可观。

CPU 指令集是 CPU 中计算和控制计算机系统所有指令的集合。目前 CPU 可以分为复杂指令集（CISC）、简单指令集（RISC）两大类。复杂指令集主要为 X86 架构，而简单指令集又可以细分为 ARM、MIPS、RISC–V、Power PC、Alpha 架构。

X86 架构目前占据了服务器、桌面及移动 PC 的主要市场份额。X86 市场目前整体上呈现英特尔与 AMD 两家巨头垄断的竞争格局。生态较为完善的是 ARM 架构，基本占据了简单指令集九成的市场。ARM 以低耗、高效、发展时间长的优势牢牢把握着手机等移动终端的市场，目前也是非 X86 架构中应用最广泛、发展最成熟的架构。

我国企业在架构底层指令集和 IP 的设计上较为落后，因此多采用 IP 授权或指令集授权的方式开发 CPU 产品。近年来，基于 ARM 架构和 RISC－V 开源架构设计的 CPU 越来越多，生态逐渐丰富，也为国内企业提供了许多机会。

2. DSP

信号数字化处理器（Digital Signal Processor，简称 DSP）指的是数字信号处理技术，DSP 芯片就是能够实现数字信号处理技术的芯片。DSP 芯片是一种快速强大的微处理器，独特之处在于它能即时处理资料。DSP 芯片内部采用程序和数据分开的哈佛结构（一种将程序指令存储和数据存储分开的存储器结构），具有专门的硬件乘法器，可以用来快速地实现各种数字信号处理算法。在当今的数字化时代背景下，DSP 已成为通信、计算机、消费类电子产品等领域的基础器件。

DSP 芯片强调数字信号处理的实时性。DSP 将模拟信号转换成数字信号，用于专用处理器的高速实时处理。它具有高速、灵活、可编程、低功耗的界面功能，在图形图像处理、语音处理、信号处理等通信领域起到越来越重要的作用。

目前，全球 DSP 芯片巨头主要有德州仪器（TI）、亚德诺半导体（ADI）和摩托罗拉公司。其中，德州仪器公司独占鳌头，占据绝大部分的国际市场份额，亚德诺半导体和摩托罗拉也有一定的市场。目前，国内 DSP 企业开始纷纷突破。

3. GPU

图形处理器（Graphics Processing Unit，简称 GPU）又称显示核心、视觉处理器、显示芯片，是一种在个人电脑、工作站、游戏机和一些移动设备（如平板电脑、智能手机等）上，做图像和图形相关运算工作的微处理器。

GPU 在电脑主机、游戏主机、汽车、服务器、移动终端等领域被广泛地运用。服务器注重算力而采用独立的 GPU，移动终端注重便携性而采用集成的 GPU，而电脑主机、游戏主机、汽车等主要采用"独立+集成"的 GPU 接入方式。

目前，全球 GPU 每年的市场规模约为 260 亿美元。全球 GPU 市场被巨头垄断，主要市场份额被英伟达（NVIDIA）、超威（AMD）、英特尔等企业占领。国产 GPU 的发展落后于国产 CPU，因为 GPU 结构没有控制器，必须由 CPU 进行控制调用才能工作，否则 GPU 无法单独工作。目前，国产 GPU 企业也在蓬勃发展，在 GPU 软硬件方面同时突破，如景嘉微、航锦科技、芯原股份等国内领先企业。

4. MCU

微控制单元（Micro Controller Unit，简称 MCU）又称微控制器或单片机，是把 CPU 的频率与规格做适当缩减，并将内存（Memory）、计数器（Timer）、USB、A/D 转换、UART、PLC、DMA 等周边接口，甚至 LCD 驱动电路都整合在单一芯片上，形成芯片级计算机，从而实现终端控制的功能。它具有性能高、功耗低、可编程、灵活度高等优点。

目前，全球 MCU 每年的市场规模约为 150 亿美元。市场上以 8 位和 32 位的 MCU 为主。其中，8 位 MCU 凭借超低成本、设计简单等优势，活跃于市场。未来随着产品性能要求的不断提高，32 位 MCU 的市场规模将进一步扩大。

全球 MCU 企业主要为瑞萨电子（RENESAS）、恩智浦（NXP）、英飞凌（Infineon）、微芯科技（Microchip）、（意法半导体）ST 等。在国内，现阶段 8 位、32 位 MCU 企业居多，未来将加大研发投入，进一步实现 MCU 的国产替代，逐步扩大市场份额。国内 MCU 芯片企业在中低端市场具备较强的竞争力。兆易创新、华大半导体、中颖电子、东软载波、北京君正、极海半导体等市场占有率稳步上升。国外企业以 IDM（垂直整合制造）模式为主，国内企业以无晶圆厂（Fabless）模式为主。

5. FPGA

现场可编程门阵列（Field Programmable Gate Array，简称 FPGA），是在 PAL、GAL、CPLD 等可编程器件的基础上进一步发展的产物。它是作为专用集成电路（ASIC）领域中的一种半定制电路而出现的，既解决了定制电路的不足，又克服了原有可编程器件电路数有限的缺点。有了 FPGA 芯片，就可以用程序编一个新发明的 CPU 内核出来，嵌到 FPGA 芯片中去，并且可以嵌入多个。

由于具有先购买再设计的特性，FPGA 芯片广泛应用在原型验证、通信、汽车电子、工业控制、航空航天、数据中心等领域。国际 FPGA 芯片市场被四大巨头垄断，分别是赛灵思（Xilinx）、阿尔特拉（Altera）、美高森美（Microsemi）以及莱迪思（Lattice）。2019 年全球 FPGA 芯片市场规模约为 69 亿美元，中国 FPGA 芯片市场规模约为 120 亿人民币，其中民用市场规模约为 100 亿。目前，国产替代加速发展，国内领先 FPGA 芯片企业进一步开拓高端 FPGA 芯片民用领域，如紫光同创、安路科技、高云半导体、智多晶等公司有望加速成长。

6. ASIC

特殊应用集成电路（Application Specific Integrated Circuit，简称 ASIC）又称专用集成电路，是针对用户对特定电子系统的需求，从根级设计、制造的专有应用程序芯片，其计算能力和计算效率可以根据算法需要进行定制，是固定算法最优化设计的产物。ASIC 芯片读取原始输入数据信号，并经内部逻辑电路运算后直接生成输出信号。

ASIC 芯片基本由硅、磷化镓、砷化镓、氮化镓等材料构成。在物理结构层面，ASIC 芯片模块由外挂存储单元、电源管理器、音频画面处理器、网络电路等 IP 核拼凑而成。同一芯片模组可以搭载一个或几个功能相同或不同的 ASIC 芯片，以满足一种或多种特定需求。

ASIC 芯片模块可被广泛应用于人工智能设备、耗材打印设备、军事国防设备等智慧终端。

目前，全球 ASIC 芯片每年的市场规模约为 50 亿美元。ASIC 芯片行业尚未形成稳定的竞争格局，市场呈现传统电子巨头、科研院所、初创型企业互相竞争的态势。国外算法架构设计企业包括高通、安谋、谷歌、英特尔、微软、赛灵思、IBM、思科等，国内算法架构设计企业包括寒武纪、中星微、阿里平头哥等。其中,寒武纪已具备较为成熟的运算架构设计能力,其算法已大规模应用于华为加速运算产品中。

三、模拟集成电路

模拟集成电路是虚拟世界与现实世界的物理桥梁,主要是指电阻、电容、晶体管等集成在一起用来产生、放大和处理连续函数形式模拟信号(如声音、光线、温度等)的集成电路。模拟信号经过采集、滤波、放大,再经过模数转换器(Analog to Digital Converter,简称 ADC)形成离散的数字信号("0"和"1"),经过数字 IC(MCU、CPU、DSP 等)处理后,再交由数模转换器(Digital to Analog Converter,简称 DAC)进行后处理,转换为最终的声音、图像、无线电波等模拟信号进行传输。而数字集成电路则主要负责逻辑处理运算与判断。模拟集成电路从功能上可以分为射频器件、通信协议类、数据转换器、电源管理电路等(见图 11-4)。

模拟集成电路	射频器件	射频收发器、低噪声放大器、功率放大器、滤波器、开关、双工器
	通信协议	WiFi、蓝牙、NB-IoT、RFID、UWB、Zigbee、LoRa、GPS、北斗
	数据转换器	数模转换器DAC、模数转换器ADC
	电源管理	AC/DC、DC/DC、驱动IC、电源保护、LDO、电池管理
	放大器	运算放大器、仪表放大器、专用放大器、差分放大器
	接口	电路保护、隔离、电平转换器、光网络IC、开关与多路复用器
	驱动	刷式电动DC、步进DC、三相驱动

图 11-4 模拟集成电路的分类

1. 射频通信类

射频（Radio Frequency，简称 RF），表示可以辐射到空间的电磁频率，频率范围在 300KHz～30GHz。射频就是射频电流，它是一种高频交流变化电磁波的简称。电磁波频率高于 100kHz 时，电磁波可以在空气中传播，并经大气层外缘的电离层反射，形成远距离传输能力，我们把具有远距离传输能力的高频电磁波称为射频。射频技术在无线通信领域中被广泛使用。射频可以分为微波、毫米波、太赫兹。

无线通信射频类产品包括天线、射频前端、射频收发、基带（见图 11-5）。

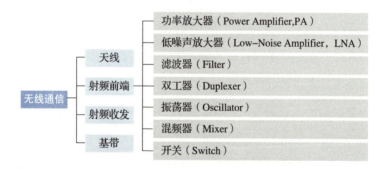

图 11-5　无线通信射频类产品的分类

射频前端（Radio Frequency Front-End，简称 RFFE）模块位于无线通信系统中基带芯片的前端，是无线电系统的接收机和发射机，可以实现射频信号的传输、转换和处理功能，是移动终端通信的核心组件。射频前端模块主要包括功率放大器、低噪声放大器、开关、混频器、振荡器、滤波器、双工器。

在移动终端设备稳定出货的背景下,随着通信网络向 5G 升级,射频器件的数量和价值量都在增加,预计射频前端芯片行业的市场规模将持续快速增长。目前,全球射频前端市场规模每年约为 200 亿美元。在射频前端的各组件中,滤波器占了最大的细分市场(约 50%),功率放大器占比约 30%,开关与低噪声放大器合计占比约 20%。目前,各细分市场均为日美巨头垄断,市场集中度较高。传统 SAW 滤波器市场的主要供应商为村田(Murata)、东京电气化学(TDK)、太阳诱电(Taiyo Yuden)等几家日本企业,总计占据了全球市场份额的 80% 以上。BAW 滤波器市场被博通(Broadcom)和科沃(Qorvo)垄断。全球功率放大器市场被思佳讯(Skyworks)、科沃、博通等 IDM 企业垄断,合计占有超过 90% 的市场份额。射频开关主要包括思佳讯、科沃、博通、恩智浦、英飞凌、村田等。海外公司的优势在于 IDM 生产和模组化销售。国内企业在各领域都有布局,比如恩智浦领域的紫光展锐、昂瑞微、唯捷创芯、芯百特等,低噪声放大器领域的卓胜微,滤波器领域的麦捷科技、好达电子、汉天下等。

2. 通信协议类

通信协议类产品可以分为高速率(大于 10Mbit/s)的 3G、4G、5G 和 WiFi,中速率(1~10Mbit/s)的 2G、eMTC、UWB 和蓝牙,低速率(小于 1Mbit/s)的 LPWAN,包括 NB-IoT、LoRa、Sigfox、ZETA 和 Zigbee、RFID 以及导航模块。

按照技术分类可以分为广域无线通信、局域无线通信和导航系统。

无线通信各类芯片技术难度不同，总体上广域无线通信芯片技术难度高于局域无线通信芯片，而广域无线通信技术中蜂窝技术芯片难度最大，局域无线通信技术中 WiFi 芯片技术难度高于蓝牙芯片。

物联网应用场景众多，没有一种通信技术能够满足所有物联网场景的需求。物联网应用场景的丰富多样也造就了网络接入技术百花齐放的局面。

目前，在远距离高速率无线通信方面需要 4G 和 5G。在短距离无线通信方面，WiFi 和蓝牙占据了近一半的市场份额，未来在短距离无线通信场景中，高速率传输主要使用 WiFi，而中低速率传输将主要使用蓝牙。

低功耗广域无线网（LPWAN）市场目前处于跑马圈地状态，市场格局尚未形成。NB – IoT 的市场规模较大。

在蓝牙上，国内能够替代国外头部 Nordic、Dialog 公司 BLE 芯片的企业不多，国产 BLE 芯片多集中在中低端的应用。国内高中低端的音频蓝牙芯片企业都有，受益于 TWS 耳机销量爆发式的增长，上游音频蓝牙芯片市场规模也将保持快速增长的趋势。不断适应物联网的新需求，蓝牙 6.0 将整合低功耗技术和音频技术，并提高 BLE 的传输速率，低功耗蓝牙的应用范围将进一步扩大。

全球 WiFi 芯片市场规模目前每年约为 190 亿美元。主流市场被以博通、高通、德州仪器、美满（Marvell）、瑞昱（RealTek）、赛普拉斯（Cypress）、联发科（MTK）等传统 IC 设计龙头企业占据。国内新锐企业如乐鑫科技、南方硅谷、联盛德微电子等快速发展。目前重点发展多模 WiFi – SoC 和 WiFi – 6 技术。WiFi – 6 引入 OFDMA、MU – MIMO 和 TWT 等技术，通信质量、传输效率、能耗表现、多设备容纳等方面相对 WiFi – 5 有了巨大提升。

UWB 芯片公司也发展迅速，如精位科技、博瑞微、联睿电子、瀚巍、优智联等。

NB – IoT 行业的优势是补贴力度大，处在授权频段，抗干扰能力有保障；劣势是受限于运营商的服务，数据隐私没法保障。NB – IoT 芯片基本实现了国产化，企业主要有华为海思、紫光展锐、联发科、移芯等。NB – IoT 的推广效果主要由运营商投入积极性决定。

ZETA 行业的优势是组网灵活且组网成本相比 LoRa 较低，具有自主知识产权以及柔性 Tag 技术；劣势是联盟成员数不够多，推广起来具有一定的难度。

LoRa 行业的优势是在非授权频段一枝独秀，联盟成员众多，案例丰富，组网的灵活性大，不受运营商的管控限制，传输距离和能耗上具有一定的优势；劣势是组网的成本相对较大，协议没有自主知识产权，容易受到授权影响。需要注意的是，LoRa 协议的知识产权归属美国企业，因此对 LoRa 在市政及电力等领域的应用前景应保持谨慎态度。

3. ADC/DAC 芯片

计算机处理的是数字信号，其输入和输出的也是数字信号。而在我们的日常生活中，许多物理量都是模拟量，如温度、压力、声音、图像、流量、速度等，这些模拟量可以通过传感器或换能器变成与之对应的电模拟量。为了实现计算机对这些电模拟量的检测、运算和控制，就需要进行模拟量与数字量之间的相互转换。我们常常把模拟量转换成数字量称为 AD 转换，完成这种转换的电路称为模数转换器（ADC）；把数字量转换成模拟量称为 DA 转换，完成这种转换的电路称为数模转换器（DAC）。

ADC 芯片可用于消费电子市场，高端 ADC 芯片主要应用在军工、航空航天、有线无线通信、汽车、工业和医疗仪器（核磁共振、超声）等对工艺、性能、可靠性要求极高的领域。

信号链市场标准化程度高，下游应用广泛，具有较长的生命周期和分散的应用场景，近年来发展势头良好，行业规模稳步增长。全球信号链模拟芯片的市场规模每年约为 100 亿美元。其中，TI、ADI 等模拟芯片巨头在信号链芯片市场占据着领先的地位。

从国内目前的市场情况来看，模拟信号链芯片的市场规模每年约为 200 亿元，平均国产率不足 10%。国内信号链芯片企业的产品主要在放大器、比较器、接口芯片等低端领域，产品同质化严重；对于高端的 ADC、高频器件及基站信号链芯片等领域涉足较少。目前国际上 ADC/DAC 市场份额分别被亚德诺半导体、德州仪器、美信半导体（MAXIM）、微芯半导体（Microchip）等国外企业独占。

4. 电源管理芯片

电源管理芯片（Power Management Integrated Circuit）是在电

子设备系统中担负起对电能的变换、分配、检测及其他电能管理的芯片，主要负责识别 CPU 供电幅值，产生相应的短矩波，推动后级电路进行功率输出。

目前，全球电源管理芯片的市场规模每年约为 330 亿美元，中国电源管理芯片的市场规模每年约为 800 亿元。电源管理芯片设计市场仍然以德州仪器、安美森、DIODES、恩智浦、亚诺德半导体等国际企业为主导。电子产品技术升级仍在进行，如快充技术、48V 系统等，对于电源管理芯片仍具有升级需求，而这也将成为各企业当下重点竞争的领域，市场前景广阔。DC/DC 芯片的应用范围最广泛，包括掌上电脑、相机、备用电池、便携式仪器、手机、电动机速度控制、显示偏置和颜色调整器等。随着 5G 通信、新能源汽车、物联网等应用市场的发展，电源管理芯片市场规模将快速增长。

四、存储器

存储器的主要功能是存储程序和各种数据，并能在计算机运行过程中高速、自动地完成程序或数据的存取。存储器是具有"记忆"功能的设备，它采用具有两种稳定状态的物理器件来存储信息。存储芯片根据其读写特性可以分为只读存储器和随机读写存储器；根据其断电后数据是否丢失又可以分为易失性存储芯片和非易失性存储芯片。具体分类如图 11-6 所示。

存储器市场规模目前每年有 1700 亿美元，是半导体的第一大领域，国际巨头占据其主流市场。

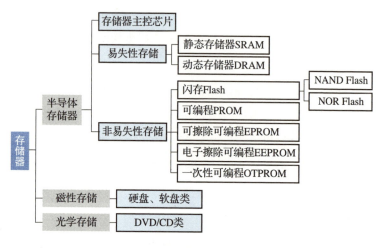

图 11-6　存储器的分类

目前，DRAM 主要市场被 DDR4 占据，PC 端、移动端、服务器端是主要需求来源，车用 DRAM 是未来的新增量。全球 DRAM 市场规模目前每年约为 620 亿美元，是最大的半导体芯片细分市场。目前，三星（韩国）、海力士（韩国）、美光（美国）三大寡头垄断市场。中国的长江存储、合肥长鑫、福建晋华等成长迅速。

NAND Flash 目前在国内集成电路市场中的份额基本稳定在 10%，是需求量很大的芯片。全球 Nand Flash 存储芯片的市场规模约为每年 500 亿美元。根据其应用端的差异，NAND Flash 还可以进一步分为便携存储卡、固态硬盘、嵌入式存储等，是电子设备、数据中心的主要存储器。目前，Nand Flash 的市场基本被三星、海力士、美光、英特尔等国际大厂把持。国内企业成长迅速，如长江存储、合肥长鑫与兆易创新。

NOR Flash 芯片曾经被广泛应用于功能手机。由于 NOR Flash 市场需求不大，Micron（美国）和 Cypress（美国）采取减产措施，中国台湾的两家企业旺宏和华邦电子成为市场占有率前两名。中国大陆目前仅有兆易创新、武汉新芯、中芯国际有相关业务。

固态硬盘（Solid State Drives，简称 SSD）主控芯片领域，三星、英特尔、东芝、华为海思有自己的 SSD 控制芯片技术，也拥有闪存芯片，占领了 SSD 的主流市场。在消费级市场中，独立第三方主控有美满（美国）、群联（中国台湾）、慧荣 SMI（中国台湾）分别占据高中低各大市场。在企业级市场中，独立第三方主控有美国的 PMC、CNex 等。中国国内企业忆芯科技、得瑞领新、华芯、国科微、华澜微、得一微电子、泽石、普冉、华存、英韧等公司加速进入存储市场参与竞争。

五、传感器

微型机电系统（Micro-Electro-Mechanical System，简称 MEMS）即微机电系统，是把微电子与精密机械结合发展起来的工程技术，尺寸在 1~100 微米量级，采用了集成电路的先进制造工艺，与传统产品相比，具有微型化、产能高、可大批量生产、成本低等优势。

MEMS 技术被广泛应用于各种传感器芯片，其核心功能是把物理信号转换为电子设备能够识别的电信号，是人工智能、物联网、大数据等新一代信息技术的感知基础和数据来源。MEMS 在生物、光学、射频、机械等领域也有重要的应用。

MEMS 器件应用广泛，市场空间大。MEMS 器件涵盖射频

MEMS、压力传感器、麦克风、加速度计、陀螺仪、惯性组合等诸多产品类型，广泛应用于消费电子、汽车、工业、医疗、通信等领域。全球 MEMS 市场规模目前每年约为 170 亿美元。国内市场的市场规模目前每年约为 600 亿元。

美国、欧洲、日本三分 MEMS 市场，博世、意法半导体、德州仪器、博通、索尼等 MEMS 巨头长期排名领先。国内 MEMS 产业链布局完整，但还处于起步阶段。目前国内前十 MEMS 企业占据的市场份额仅有 10%。但国内企业当前已经具备主流 MEMS 器件的生产能力，同时产业链不断走向成熟。未来，受益于政策的支持、疫情和贸易摩擦倒逼下的国产化诉求、科创板成立带来的有利融资环境等优势，MEMS 产业链国产化进程有望加速。

六、光电子器件

光电子器件是一种以光电元件为检测元件的传感器。光电传感器可将可见光波信号转化为电信号，可在光电检测系统中实现光电转化功能，并完成信息的传输、处理、储存、显示及记录等工作。光电子器件有光电管、光电倍增管、光敏电阻、光敏二极管、光敏三极管、光电池等。

光电传感器不局限于光探测，还可以作为其他传感器的探测元件直接用于检测引起光量变化的非电量，如光照强度、辐射温度、气体成分等，也可以检测能转换成光量变化的其他非电量，如物体的直径、表面粗糙度、应变、位移、振动、速度、加速度及工作状态等。由于光电传感器具有信号响应速度快、非接触测量、性能可靠、探测精度和分辨率高等特点，且体积小、重量轻、能耗低,目前被广泛应用于多个领域,如航空航天、通信、智能产品、LED及自动化控制等。

目前,中国光电传感器行业的市场规模每年约为40亿元。物联网、自动驾驶及移动互联网等高新产业的快速发展为中国光电传感器行业带来广阔的市场空间。同时,中国光电传感器行业上下游企业在多项利好政策加持下快速发展,有望持续提升光电传感器的技术含量,提高中国光电传感器行业的自主研发能力,推进高端传感器研发进程,提高光电传感器在各行业应用占比。中国光电传感器将朝着智能化、微型化及多功能化方向发展,带动其下游应用领域和范围不断扩大,推动中国光电传感器行业快速发展。

七、功率器件

功率器件是进行功率处理的,具有处理高电压、大电流能力的半导体器件。功率半导体器件主要有功率模组、功率IC（Power IC）和功率分立器件三大类（见图11-7）。其中,功率模组是将多个分立功率半导体器件进行模块化封装;功率IC对应将分立功率半导体器件与驱动、控制、保护、接口、监测等外围电路集成;功率分立器件则是功率模组与功率IC的关键。

图11-7 功率器件的分类

作为电能与功率处理的核心器件，功率半导体器件主要用于电力设备的电能变换和电路控制，更是弱电控制与强电运行之间的沟通桥梁，主要作用是变频、变压、变流、功率放大和功率管理，对设备正常运行起到关键作用。

不同的细分领域，对功率半导体器件的电压承受能力要求也不一样。以绝缘栅双极型晶体管（IGBT）为例，消费电子电压一般要求在600V以下，太阳能逆变器及新能源汽车要求在600~1200V，而轨道交通要求最高，范围在3300~6500V。

半导体行业从诞生至今，先后经历了三代材料的变更历程。截至目前，功率半导体器件领域仍主要采用以硅（Si）为代表的第一代半导体材料。但随着功率半导体器件逐渐往高压、高频方向发展，传统的硅基功率半导体器件及其材料已经接近物理极限，再往下发展的空间很有限。而以砷化镓（GaAs）为代表的第二代化合物半导体材料又存在成本高、有毒性、环境污染大等缺点，难以被采用。于是产业将目光转向以碳化硅（SiC）、氮化镓（GaN）为代表的第三代半导体材料，以期开发出更能适应高温、高功率、高压、高频以及抗辐射等恶劣条件的功率半导体器件。

目前，包含功率模组及功率分立器件在内的功率半导体器件，全球市场规模每年约为200亿美元，其中中国功率半导体器件的市场规模约占一半。

功率IC继续占据总体市场的半壁江山。同时，在"功率模组+器件"的市场结构中，金氧半场效晶体管（MOSFET）、二极管/整流桥、IGBT也占据了接近一半的市场份额。

MOSFET的市场几乎都集中在国际大厂手中，其中英飞凌是行业龙头，安森美紧随其后。而国内领先企业，如士兰微和华微电子所占市场份额较少。

作为全控型功率半导体器件的代表，IGBT 的重要性日益显著，已成为全球工业的重要基础元件。目前全球 IGBT 市场主要被五大原厂所垄断，分别是英飞凌、三菱电机、富士电机、安森美、阿西布朗勃法瑞（ABB）。

全球功率半导体产能主要集中在欧洲、美国、日本三个国家和地区，它们拥有先进的技术和生产制造工艺，品质管理也领先其他国家和地区，是 IGBT、中高压 MOSFET 等高端器件的主要提供方，长期占据着全球 70% 的市场份额。中国台湾从代工起步，目前技术水平较欧洲、美国、日本仍有差距，大约占据着全球 10% 的市场份额。中国大陆，处于功率半导体器件供应链末端，以提供二极管、晶闸管、低压 MOSFET 等低端功率半导体器件为主，而用于生产、制造的设备也需要从国外进口，整体实力还比较弱。

第三节　半导体制造

一、概述

芯片（集成电路）制造就是在硅片上雕刻复杂电路和电子元器件（利用薄膜沉积、光刻、刻蚀等工艺），同时把需要的部分改造成有源器件（利用离子注入等）。

芯片的制造过程可以分为前道工艺和后道工艺。前道工艺是指晶圆制造厂的加工过程,在空白的硅片上完成电路的加工,出厂产品依然是完整的圆形硅片。后道工艺是指封装和测试的过程,在封测厂中将圆形的硅片切割成单独的芯片颗粒,完成外壳的封装,最后完成终端测试,出厂为芯片成品(见图11-8)。

图11-8 芯片制造的工艺流程

二、晶圆制造

晶圆制造是指在晶圆上制造出半导体器件的一系列生产过程(见图11-9)。该过程可以分为三个阶段:一是材料制备(从沙子到多晶硅),二是晶圆制备(从多晶硅到晶圆),三是晶圆制造(在晶圆表面及内部生成半导体器件)。

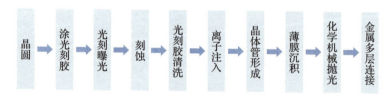

图11-9 晶圆制造的流程

全球晶圆代工市场一直呈现快速增长趋势,未来有望持续。自20世纪80年代晶圆代工模式诞生以来,经过30多年的发展,晶圆代工市场已经成为全球半导体产业中不可或缺的核心环节。未来进入物联网时代,在5G、人工智能、大数据的强劲需求下,晶圆代工行业有望保持持续快速增长。

晶圆代工是制造业的巅峰，呈现出资金壁垒高、技术难度大、技术迭代快等特点，因此也导致了行业呈现寡头集中的格局。

三、半导体制造设备

1. 光刻设备

光刻工艺是一种多步骤的图形转移过程，其目的是将图案从掩膜版转移到晶圆表面。图形转移是通过两步来完成的：一是图形被转移到光刻胶层，二是图形从光刻胶层转移到晶圆层。

光刻机是制造芯片的核心装备，其功能是把掩膜版上的图案通过曝光印制到晶圆表面。光刻机的工作原理是以激光器作为光源发射光束穿透掩膜版及镜片，将线路图曝光在带有感光涂层的晶圆表面。

下游晶圆巨大需求、服务器云计算和 5G 基础建设的发展，带动了相关芯片的需求，2020 年光刻机销售额稳定提升，全球光刻机市场规模达到 136 亿元。

全球半导体前道光刻机长期由阿斯麦、尼康和佳能三家公司垄断，三家公司占据市场份额高达 99%，其中阿斯麦的市场份额常年高达 60% 以上，呈现市场垄断地位。全球高端光刻机市场呈现两极分化，阿斯麦完全垄断了超高端光刻机领域，佳能完全退出了高端市场，并凭借价格优势占据了中低端市场的优势地位。

2. 刻蚀设备

刻蚀是晶圆制造中选择性地移除沉积层特定部分的工艺，其主要目标是将掩膜版上的图形精确地转移到晶圆的表面。刻蚀工艺主要类型包括两种：一是湿法刻蚀，二是干法刻蚀。干法刻蚀是目前的主流刻蚀技术，其中又以高密度等离子体刻蚀装置为主导。

随着存储制造对刻蚀设备的需求激增，预计 2025 年全球刻蚀市场规模将达到 155 亿美元，复合增长率达 12%。存储器是半导体销售额中占比最大的一类芯片产品，占半导体市场份额的 35%。DRAM 和 NAND 存储器占据了 90% 的存储器份额，采用存储单元堆叠式布局，需要更多通孔和导线等的刻蚀。

全球市场行业集中度高，技术壁垒显著。全球刻蚀机市场长期以来一直被泛林半导体（Lam Research）、东京电子（TEL）、应用材料（AMAT）三大巨头占据，它们 2019 年合计市场占比约 90%。在细分介质刻蚀机市场中，东京电子处于领先地位，市场占有率达到 52%，国内中微公司市场占有率也已达到 3%。

依靠领先技术和丰富的产品组合，泛林半导体已成长为行业龙头。随着集成电路中器件互连层数增多，刻蚀设备的使用量不断增大，泛林半导体由于其刻蚀设备品类齐全，从 65 纳米、45 纳米设备市场起逐步超过应用材料和东京电子，成为行业龙头。

3. 薄膜沉积设备

薄膜沉积是指采用物理或化学方法使物质附着于晶圆表面的过程。根据工作原理不同，薄膜沉积工艺可以分为三大类。

（1）化学气相沉积（CVD）：含有薄膜所需的原子或分子的化学物质在反应室内混合并在气态下发生反应，其原子或分子积淀在晶圆表面并聚集，形成薄膜。

（2）物理气相沉积（PVD）：利用蒸发或溅射，实现原子从源物质到沉底材料表面的物质转移，沉积形成薄膜。

（3）原子层沉积（ALD）：是一种可以将物质以单原子膜形式一层一层地镀在基底表面的方法，是制备薄膜材料的重要方法之一，本质上属于 CVD 的一种。

根据 Maximize Market Research 的数据，全球薄膜沉积设备整体规模稳定增长，2020 年的市场规模为 172 亿美元，受益于晶圆代工厂、存储、AMOLED 以及太阳能电站等需求的增加，预计到 2025 年将达到 340 亿美元。分类型来看，CVD 设备的应用最广，占比为 57%；其次是 PVD，占比为 25%；ALD 及其他镀膜设备占比为 18%。

从各类设备来看，在全球 CVD 设备市场中，应用材料占比为 30%，泛林半导体占比为 21%，东京电子占比为 19%，三大企业占据了全球 70% 的市场份额；在全球 PVD 设备市场中，应用材料占比为 85%，基本垄断，处于绝对龙头地位；在全球 ALD 设备市场中，东京电子占比为 31%，先晶半导体占比为 29%，合计占比 60%。中国整个薄膜沉积设备领域 98% 依赖进口，国产化率仅有 2%，未来替代空间巨大。在国内企业中，北方华创和拓荆科技处于领先地位，北方华创 CVD、PVD 等相关设备已具备 28nm 工艺水平，14/10/7nm 等先进制程正处于研发与验证阶段；拓荆科技 CVD 和 ALD 相关设备已广泛应用于国内晶圆厂 14nm 及以上制程集成电路制造生产线，并已展开 10nm 及以下制程产品验证测试。

4. 离子注入设备

离子注入机是集成电路制造前工序中的关键设备，为改变半导体载流子浓度和导电类型需要对半导体表面附近区域进行掺杂。掺杂是将特定量的杂质通过薄膜开口引入晶圆表层的工艺过程。掺杂的目的是在晶圆表层内建立兜形区，在这些兜形区形成电性活性区和 PN 结。掺杂有两种工艺方法：一是扩散，二是离子注入。

根据国际半导体产业协会的数据，2013—2019 年，全球离子注入机市场整体呈现上升趋势，2013 年的市场规模为 8.1 亿美元，2019 年增长到了 18 亿美元。中国市场 2016 年的市场规模为 23.2 亿元，2020 年增长到了 44.5 亿元，其中 IC 用离子注入机规模最大，2020 年市场规模为 43.2 亿元，占比为 97.1%。

根据高德纳咨询公司的数据，在全球离子注入机中，低能大束流离子注入机占据主要地位，占比达到 61%，中低束流离子注入机和高能离子注入机分别占比 20% 和 18%。从企业来看，应用材料占比高达 70%，行业龙头地位显著，其次为亚克士（Axcelis），占比为 20%。

5. 热处理设备

热处理工艺包括氧化、扩散、退火三种。

（1）氧化是将晶圆放置于氧气或水汽等氧化剂的氛围中进行高温热处理，在晶圆表面发生化学反应形成氧化膜的过程。氧化膜可以作为离子注入的阻挡层及注入穿透层（损伤缓冲层）、表面钝化、绝缘栅材料以及器件保护层、隔离层、器件结构的介质层等。

（2）扩散是指在高温条件下，利用热扩散原理将杂质元素按工艺要求掺入晶圆中，使其具有特定的浓度分布，从而改变硅材料的电学特性，形成半导体器件结构。扩散工艺被用于制作 PN 结或构成集成电路中的电阻、电容、互连布线、二极管和晶体管等器件。

（3）退火是指在氮气等不活泼气体中加热离子注入后的硅片，修复离子注入带来的晶格缺陷的过程，可以激活杂质、消除损伤。

热处理设备主要包括：立式炉、卧式炉、快速升温炉。立式炉和卧式炉是传统热处理设备，分别以垂直和水平的方式将晶圆送至管状反应腔中进行高温处理，其中立式炉逐渐取代占地面积大的卧式炉。快速升温炉是通过辐射热源照射单片晶圆进行高温反应，由于一次专注于加热一片晶圆，热处理的控制精度大幅提升，因此在先进制程工艺中快速升温炉的应用正逐渐增加。

6. 化学机械抛光设备

化学机械抛光（CMP）工艺是晶圆制造以及封装等环节必需的关键制程工艺，主要目的是实现芯片的平坦化。早期的抛光技术包括机械抛光和化学抛光，但由于去除速率低，在先进制程中均无法满足芯片量产需求，而 CMP 技术结合了机械抛光和化学抛光的各项优点，兼顾了表面全局和局部平坦化，抛光质量高，在目前的晶圆制造中被广泛使用。

（1）CMP 设备负责机械研磨抛光，其主要的零部件包括研磨头、研磨垫整理器、检测系统、清洗系统。

（2）CMP 材料：负责通过化学反应移除目标化合物，其主要包括抛光液、抛光垫。

在全球 CMP 设备企业中，应用材料占据了绝大部分份额，占比为 70%，其次为荏原机械，占比为 25%。从 2019 年全球各国家和地区来看，中国占比为 35%，是全球 CMP 设备的最大市场，其中中国大陆占比为 25%，中国台湾占比为 10%；韩国占比为 26%，北美、日本和欧洲分列 3～5 名，占比分别为 13%、9%、7%。

7. 清洗设备

在晶圆制造过程中，清洗可以减少杂质，提升良率。在实际生产中，在每一步光刻、刻蚀、薄膜沉积等重复性工序后，都需要进行一步清洗工序。随着线宽不断缩小，芯片对杂质越来越敏感，因此清洗过程就显得尤为重要。

半导体清洗工艺分为湿法清洗和干法清洗。湿法清洗采用特定的化学液体，主要包括溶液浸泡法、机械刷洗法、超声波清洗法等。干法清洗主要包括等离子清洗法、气相清洗法等。目前，90% 以上的清洗步骤为湿法清洗。湿法清洗设备可以分为单片清洗设备、槽式清洗设备、组合式清洗设备、批式旋转喷淋清洗设备，其中以单片清洗设备为主流。

根据高德纳咨询公司的数据，2018 年全球半导体清洗设备的市场规模为 34.17 亿美元，2019—2020 年全球半导体行业景气度下行，市场规模有所下降，分别为 30.49 亿美元和 25.39 亿美元，预计随着全球半导体行业的复苏,2024 年将达到 31.93 亿美元。在全球清洗设备企业中,迪恩士(Screen)为全球第一,占比为 45.1%;东京电子、细美事和泛林半导体分列 2~4 位,占比分别为 25.3%、14.8% 和 12.5%,盛美股份和其他企业合计占比 2.3%。

四、半导体制造材料

1. 光刻胶

光刻胶是光刻工艺的核心要素和关键材料。光刻胶是一种具有光化学敏感性的混合液体,其主要成分包括溶剂、光引发剂、成膜树脂。光刻胶利用光化学反应,经曝光、显影等光刻工艺,将所需要的微细图形从掩膜版转移到晶圆上,是用于微细加工技术的关键性电子化学品。光刻胶的分类如图 11-10 所示。

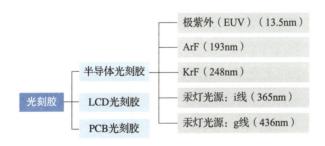

图 11-10 光刻胶的分类

据国际半导体产业协会的统计数据显示,2016—2019 年,全球半导体光刻胶的市场规模从 15 亿美元增长至 2019 年的 18 亿美元,年复合增长率达 6.3%。全球半导体光刻胶领域主要被 JSR、

TOK、杜邦、信越化学等企业垄断,尤其是高端 EUV 和 ArF 光刻胶几乎完全被美国和日本的企业控制。

2. 湿电子化学品

湿电子化学品是指主体成分纯度大于 99.99%,杂质离子和微粒数符合严格要求的化学试剂,是重要的晶圆制造材料之一。湿电子化学品主要以硫酸、盐酸、氢氟酸、氨水、氢氧化钠、氢氧化钾、丙酮、乙醇、异丙醇等为原料,经过预处理、过滤、提纯等工艺生产得到的高纯度产品。湿电子化学品在半导体领域主要应用在晶圆制造的清洗、蚀刻、掺杂、显影、晶圆表面处理、去膜、去光刻胶等工艺中。

2020 年全球湿电子化学品的市场规模为 50.8 亿美元,近 5 年复合增长率为 4.3%。2019 年,其全球下游需求量合计为 327 万吨,其中半导体需求量达到 134 万吨(占比 41%),显示面板需求量达到 116 万吨(占比 35%),光伏产业需求量达到 77 万吨(占比 24%)。

全球湿电子化学品市场中,欧美、日本企业的份额逐年降低。根据中国电子材料行业协会的数据,2018 年全球半导体、平板显示、太阳能电池三大应用市场使用湿电子化学品总量达到 307 万吨,全球市场规模为 52.65 亿美元。在市场格局方面,2018 年欧美传统老牌企业(包括其亚洲工厂)的市场份额约为 33%,较 2010 年减少 4 个百分点;日本十家左右生产企业的市场份额共占 27% 左右,较 2010 年减少 7 个百分点;其余市场份额主要由中国和韩国企业生产的湿电子化学品所占据,约占 38%。

3. 电子特气

特种气体是用途有别于一般气体的气体,是一个笼统的概念。它在纯度、品种、性能方面都是严格按照一定规格进行生产和使用的。电子特气的分类见图 11-11。

图 11-11 电子特气的分类

根据国际半导体产业协会公布的数据,2018 年,电子特气的全球市场规模约为 42.7 亿美元,占晶圆制造材料的 12.9%,是仅次于硅片的第二大材料。2010—2018 年,电子特气市场的年化复合增长率约为 5%,与半导体和半导体材料行业大体一致。

截至 2018 年,美国空气化工、新林德、法液空、日本大阳日酸总计占据我国电子特气市场份额的 88%;而国内的气体公司,比如华特气体、金宏气体等占比都没有超过 3%。

4. 掩膜版

掩膜版(又称光罩)主要由透光的基板和不透光的遮光膜组成。其工作原理是由遮光膜在基板一侧形成图形,然后通过曝光方式将图形复制到下游制程的材料上。按基板材料分类,主要分为玻璃基板（石英玻璃、苏打玻璃和硼硅玻璃）和树脂基板两大类。按遮光膜材料分类，主要分为乳胶遮光膜和硬质遮光膜。

根据 Wind 的数据，2019 年全球半导体晶圆制造材料市场规模为 328 亿美元。根据立鼎产业研究网的统计，半导体晶圆制造材料中掩膜版占比约为 14%。初步计算，2019 年全球半导体掩膜版市场规模约为 46 亿美元。预计未来 5 年全球半导体晶圆制造材料市场规模的复合增长率为 5%。2022 年，全球半导体掩膜版市场规模有望达到 53 亿美元。

在半导体领域，除英特尔、三星、台积电三家全球最先进的晶圆制造厂所用的掩膜版是自供外，其他的半导体掩膜版主要被美国的福尼克斯（Photronics）以及日本的 DNP 和凸版印刷（Toppan）三家公司所垄断。大陆少数企业，如无锡华润、无锡中微等，只能制造 0.13 微米以上的掩膜版。

5. 靶材

在晶圆制造过程中，靶材是用于制备薄膜的主要材料之一。溅射是制备薄膜材料的主要技术之一，它利用离子源产生的离子，在真空中经过加速聚集，形成高速离子束流，轰击固体表面，离子和固体表面原子发生动能交换，使固体表面的原子离开固体并沉积在基底表面，被轰击的固体即为溅射靶材。靶材由靶坯和背板焊接而成。靶坯是高速离子束流轰击的目标材料，属于靶材的核心部分。背板主要起到固定靶材的作用。铜、铝、钼、氧化铟锡（ITO）是应用最广的靶材。

（1）按形状分类，主要有长靶、方靶与圆靶。

（2）按化学成分分类，主要有单质金属靶材、合金靶材、陶瓷化合物靶材。

（3）按应用领域分类，主要有半导体用靶材、平板显示用靶材、太阳能电池用靶材等。

靶材应用性较强，溅射靶材行业在全球范围内呈现明显的区域集聚特征。国外知名靶材企业在靶材研发生产方面已有几十年的积淀，在靶材市场占据绝对的优势。根据智研咨询的数据，目前全球溅射靶材市场主要有四家企业：JX日矿金属、霍尼韦尔、东曹和普莱克斯，它们合计占据了全球80%的市场份额。尤其是溅射靶材中最高端的晶圆制造靶材市场基本被这四家公司所垄断，合计约占全球晶圆制造靶材市场份额的90%，其中JX日矿日石金属的规模最大，占了30%。从靶材种类的角度看，JX日矿日石金属是铜靶的主要供应商，攀时与世泰科为钼靶的主要供应商，住友化学、爱发科为铝靶的主要供应商，三井、JX日矿日石金属和优美科则是ITO靶材的主要供应商。

6. 硅片

半导体衬底材料通常被划分为三代：第一代以硅、锗为代表；第二代以砷化镓为代表；第三代以碳化硅、氮化镓为代表。这三代半导体衬底材料并无绝对的替代关系，而是在特定的应用场景中存在各自的比较优势，从而互为补充。

硅基材料为目前业界应用最为广泛的半导体材料，九成以上的半导体产品由硅基材料制成。硅具有易提纯、易刻蚀、制作工艺方便、禁带宽度大、耐高压性能较强、熔点高等特性。同时，硅在地壳中的储量丰富，成本优势显著。

半导体用单晶硅锭由电子用多晶硅通过直拉法（CZ）或区熔法（FZ）制备而成。单晶硅锭尺寸及晶体质量受熔体的温度、提拉速度、籽晶/石英坩埚的旋转速度等影响。单晶硅锭的电特性受元素硼、磷等的掺杂浓度影响。拉制工艺等因素会影响硅片的径向电阻率均匀性、硅片翘曲度。硅棒经过切片、倒角、研磨等硅片加工工序后即形成硅片。

硅片按尺寸划分为五种规格：12英寸、8英寸、6英寸、5英寸、4英寸。硅片按工艺可以分为三种类型：抛光片、外延片、绝缘片（SOI）。抛光片是硅片通过抛光工艺，去除加工表面残留的损伤层，提高硅片表面的平整度、降低硅片表面颗粒度后获取。外延片是在抛光片的基础上进行外延生长获得。绝缘片是在抛光片衬底上通过键合或离子注入等方式制作。

7. 抛光材料

在化学机械抛光（CMP）的过程中，抛光液的化学作用与磨粒、抛光垫的机械作用交替进行，使被抛光晶圆表面达到高度平坦化、低表面粗糙度和低缺陷的要求。抛光液和抛光垫是CMP工艺的核心材料。两者皆属于易耗品，且价值高，其他抛光材料还包括抛光头、研磨盘、检测设备、清洗设备等。抛光垫是一种具有一定弹性且疏松多孔的材料，在CMP过程中直接与晶片接触产生摩擦，以机械方式去除抛光层。抛光液是一种颗粒分布匀散的胶体，可以使硅片表面产生一层氧化膜，再由抛光液中的磨粒将其去除，从而达到抛光的目的。

2020 年全球 CMP 材料的市场规模约为 25 亿美元，占晶圆制造材料约 7%。根据国际半导体产业协会的数据，2014—2020 年，全球 CMP 抛光材料的市场规模从 15.7 亿美元提升至 24.8 亿美元，年均复合增长率约为 8%。其中，2020 年国内 CMP 抛光材料的市场规模约为 32 亿元，近 5 年复合增长率维持在 10% 左右。

抛光垫技术壁垒高、认证时间久，海外巨头垄断了全球市场。杜邦在抛光垫领域具有统治性地位，市场占比高达 79%，其余市场主要被卡博特微电子、TWI、富士纺等公司占据。

海外巨头占据抛光液的主要市场份额，卡博特微电子、日立、富士美三家企业在国际抛光液市场中合计占比超过 60%，国内安集微电子市场占有率约为 2%。

第四节　半导体封测

封测包括封装和测试，具体是指将生产出来的合格晶圆进行减薄、切割、焊线、塑封，使芯片电路与外部器件实现电气连接，为芯片提供机械物理保护，并对封装完毕的芯片进行功能和性能测试。封测起着安放、固定、密封、保护芯片和增强电热性能的作用，而且还是沟通芯片内部世界与外部电路的桥梁，是集成电路投入应用前的最后一环。

一、封装测试

封装的基本功能是为芯片提供电力及信号传送、物理性及环境性保护、散热。引脚系统将芯片与印制电路板（PCB）连接起来,从而实现电力及信号传送。物理性保护可以防止芯片破碎并免受微粒污染和外界损伤;环境性保护可以使芯片免受化学品、潮气和其他有可能干扰芯片正常功能的气体对其产生影响。此外,选择封装设计和封装材料时还要考虑其散热性,将传递所产生的热量去除,使芯片不致因过热而损毁。

封装技术主要分为四个类型:通孔连接法、表面贴装法(SMT)、载带自动焊(TAB)、焊球(凸点)技术法。

完成封装之后,需要对封装器件进行最终测试,主要包括环境适应性测试、电性能测试、老炼测试。

根据 Yole Development 公司的数据,2019 年,全球集成电路封装测试业的市场规模为 566 亿美元,同比增长 1%,其中封装测试代工业(OSAT)的市场规模为 272.2 亿美元,同比增长 0.8%,占全球市场规模的 48.1%,该比例近年来变化不大。

全球 OSAT 市场集中度较高,中国大陆企业已进入国际第一梯队。据芯思想研究院的数据,2020 年全球 OSAT 市场前三名的市场占有率约为 56.7%,前十名的市场占有率约为 84.0%,行业集中度高。中国台湾企业日月光(ASE)为封测行业全球龙头,2020 年市场占有率(按营收口径)约为 30.1%;美国企业安靠(Amkor)以 14.6% 的市场占有率位列第二;中国大陆企业长电科技、通富微电、华天科技分列第三、五、六位,市场占有率分别为 12.0%、5.1%、3.9%。其中,长电科技已处于国际第一梯队,通富微电与华天科技处于国际第二梯队。分地区来看,OSAT 企业前十中有 5 家企业来自中国台湾,3 家企业来自中国大陆,美国仅有 1 家企业。近年来,随着资本并购事件的不断发生以及行业竞争加剧，行业集中度呈进一步提升的趋势。

二、半导体封测设备

1. 封装设备

封装设备类型较多，主要包括贴片机、划片机/检测设备、引线焊接设备、塑封/切筋成型设备等。从各个产品种类来看，贴片机占比最大，达到30%；划片机/检测设备占比为28%；引线焊接设备占比为23%；塑封/切筋成型设备占比为18%。

全球封装设备企业以国外为主，贴片机的国外企业包括荷兰的 Besi、新加坡的 ASM Pacific、美国的 K&S 等，中国企业包括艾科瑞思、大连佳峰等；划片机/检测设备和引线焊接设备的国外企业包括 ASM Pacific、K&S 等，中国企业包括中电科 45 所等；塑封/切筋成型设备的国外企业包括 Town、YAMADA、Besi、ASM Pacific 等，中国企业包括富士三佳等。

2. 检测设备

检测设备分为前道量测设备和后道测试设备。前道量测设备主要在晶圆制造过程中使用，目的是检查每一步制造工艺后晶圆产品的加工参数是否达到设计要求或存在缺陷，更多地偏向于外观性、物理性检测，主要用到膜厚/光学关键尺寸（OCD）量测设备、电子束量测设备等。它具体分为量测和检测：量测指的是通过量定薄膜厚度、掺杂浓度、关键尺寸等关键参数，检验是否符合设计要求；检测主要是检测有无颗粒污染、机械划伤和图案缺陷等。前道量测在一定程度上反映了代工厂的竞争力。后道测试设备主要用在封测环节，目的是检查芯片的性能是否符合要求，更多偏向于功能性、电性能测试，主要使用测试机、探针台和分选机。

目前全球先进检测设备制造技术基本掌握在美国、日本等国的企业手中。2020 年全球前道量测设备企业中，科磊（KLA）排名第一，占比 58%；应用材料排名第二，占比 12%；国内前道量测设备企业主要有精测电子（子公司上海精测）、赛腾股份（收购 Optima）、上海睿励（中微公司持股 20.45%，为第一大股东）、中科飞测、东方晶源等。在后道测试机企业中，爱德万、泰瑞达和科休基本垄断了市场，占比分别为 50%、40% 和 8%，主要生产中高端设备，效率和稳定性较好；国内测试机企业主要有长川科技、华峰测控、联动科技等，以生产大功率测试机、模拟/数模混合测试机为主，主要用于分立器件、电源 IC 等产品，其中华峰测控在中国模拟测试机领域市场占有率约为 60%。

3. 半导体封装材料

半导体封装材料包括：芯片黏结材料、键合丝、密封胶、引线框架、基板。

芯片黏结材料是采用黏结技术实现管芯与底座或封装基板连接的材料。键合丝是用来焊接芯片与支架，承担着芯片与外界之间关键的电连接功能。密封胶用于承载电子元器件的机械支撑、环境密封等功能。引线框架作为半导体的芯片载体，是一种借助于键合丝实现芯片内部电路引出端与外部电路的电气连接，形成电气回路的关键结构件。基板是封装材料中成本占比最大的一部分，主要起到承载保护芯片与连接上层芯片和下层电路板的作用。

第十二章　　医疗健康：长寿之路

第一节　医疗健康产业概览

医疗健康产业是经济系统中提供预防、诊断、治疗、康复和缓和性医疗商品和服务部门的总称，通常包括医药工业、医药商业、医疗服务、保健品、健康保健服务等领域，是世界上规模最大和增长速度最快的产业之一（见图12-1）。较其他行业，医疗行业整体的需求呈刚性，与宏观经济的波动变化相关度小，属于典型的弱周期性行业。同时，医疗行业受人口数量增长、生活水平提高、人口老龄化等驱动力推动，被称为永不衰落的朝阳产业。

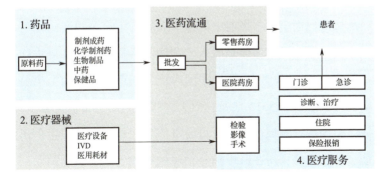

图12-1　医疗健康产业的板块

根据国家统计局发布的 2020 年第七次全国人口普查的数据，我国正在加速步入老龄化社会，65 岁及以上人口从 1.19 亿人增长到 1.91 亿人，占总人口的比例由 2010 年的 8.87% 增长到 13.50%。而老龄人口的医疗需求和医疗费用高于人群平均水平，由此会带来迅速增长的医疗保健支出。2015—2019 年，中国的医疗保健总支出从 40974.6 亿元增加到 65057.2 亿元，其年复合增长率为 12.3%，这表明医疗行业仍处于高速增长的快车道上。预计在未来，这种快速增长将会继续保持。

根据国际货币基金组织的数据，2018 年，中国医疗卫生支出占一般政府总支出的 7.07%，远低于西方发达国家的水平。目前，美国、日本和新加坡医疗卫生支出占一般政府总支出的比重分别达到 24.44%、19.80% 和 13.47%。而在医疗卫生服务条件较差的印度，政府医疗卫生支出仅占公共财政支出的 4.5%。从各国医疗卫生财政支出占 GDP 的比重来看，中国在医疗卫生方面的投入与西方发达国家差距较大，但重视程度在不断提升，国内医疗条件还存在很大的提升空间。

从微观层面来看，目前中国医疗领域的上市公司与跨国巨头公司相比，无论是市值还是收入、利润等方面，均存在巨大的差距。截至 2022 年 8 月 16 日，中国医疗领域市值最高的上市公司迈瑞医疗的市值为 3610 亿元，而美国强生集团的市值为 4310 亿美元，中国医疗领域前十大公司的市值总和约为一家强生公司的市值。从上市公司所在医疗细分领域的构成上来看，中国医疗领域前 20 名公司主要是以提供医疗或者医药服务为主营业务的公司，比如药明生物、药明康德、康龙化成、凯莱英、泰格医药，以及连锁眼科医院爱尔眼科；医药公司只有七家，其中包括了片仔癀、云南白药两家传统中药厂，新兴生物制药公司只有百济神州、中国生物制药和信达生物三家。然而，纵观美国医疗领域前20名公司则主要是由国际知名大药厂构成，其管线产品主要是化学药品、新兴的生物制药以及疫苗产品，具有全方位的产品开发和研究能力。总体上，中国医药公司仍在初期成长阶段，与发达国家差距较大。

尽管中国医药公司与发达国家存在差距，但是从近几年的增长数据来看，已经开始呈现高速增长。随着香港"18A"上市制度和科创板第五套标准的实施，越来越多的新型生物制药公司获得了融资能力，投资机构也获得了退出途径。结合具体公司分析，以东阿阿胶为代表的传统医药公司增速放缓，市值成长性较差；而以恒瑞医药、百济神州为代表的新兴生物制药公司发展迅速，代表了未来中国医药工业的发展方向。

在中国，由于城乡二元结构的存在，约5亿农村人口的医药卫生支出水平与城市人口差距悬殊。随着中国城市化的稳步推进，越来越多的农村人口进入城市后，将能享受到更好的医疗资源，并且具有更高的支付能力。根据国家统计局的数据，中国2020年人均GDP已经达到10504美元。如果人均GDP的增速能够保持与GDP相同的水平，即6%左右，那么预计到2032年，人均GDP将达到2万美元。这将成为整个医疗市场扩容和增长的底层驱动逻辑。

从资本市场层面来看，最新数据显示，生物技术和制药领域成为最受资本关注的细分领域，其次为医疗器械，再次为医疗信息化。2011年我国健康服务行业的投融资总金额为51.13亿元，2020年为1820.73亿元，近十年的复合增长率高达42.94%。2019—2020年，我国健康服务行业的投融资金额变大，单项投资金额总额变高，属于资金和技术密集型行业，融资需求旺盛。

从地域上来看，2020年以来我国健康服务行业中上海融资项目最多，数量为253起，占融资项目总量的24%；然后为北京、江苏和广东，融资项目数量分别为227起、166起和161起。生物技术与制药的融资主要发生在上海和江苏，医疗信息化以及医疗器械的融资主要发生在上海和北京。

从政策层面来看，2015年国家开始通过临床自查、药品上市许可持有人制度（Marketing Authorization Holder，简称MAH）、新版GMP制度（Good Manufacturing Practice，即良好生产规范）、仿制药一致性评价、医疗器械飞检、创新药优先审评、带量采购、两票制等政策的实施，中国国家药品监督管理局的监管审查制度基本实现了与国际规范市场的接轨，一大批创新药品和器械陆续问世。

总体而言，在各种利好因素的驱动下，中国医疗产业空间巨大且增长快速，带给投资机构丰富的投资机会，各方面数据和迹象表明中国医疗健康产业的发展及其投资事业方兴未艾。

第二节 药品

一、概述

在中国,药品的监管部门是国家药品监督管理局药品审评中心(CDE)。从药品注册分类上,CDE 将其分类为:化学药、生物药、中药;在每一个类别中,又细分为:创新和仿制。需要注意的是,在中国注册管理体制下,化学药、生物药和中药都涉及创新和仿制,而国际上标准的药品分类只包含化学药和生物药,不包含中药。其他常见的分类方法有:从使用方式上,将其分类为处方药与非处方药(见图12-2);从支付管理上,将其分类为国家基本药物、医疗保险用药、新农合用药、公费医疗用药;从病种管理上,将其分类为常见病用药和罕见病用药等。

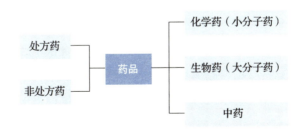

图12-2 药品分类概览

从药品制造的流程来看,药品的产业链构成如图 12-3 所示。

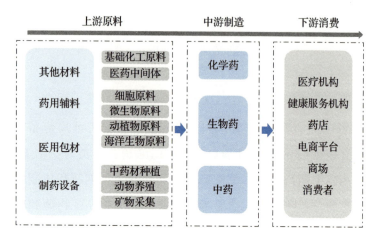

图12-3 药品的产业链构成

二、化学药

化学药是指通过合成或者半合成的方法制得的原料药及其制剂,从天然物质中提取或者通过发酵提取的新的有效单体及其制剂,用拆分或者合成等方法制得的已知药物中的光学异构体及其制剂。由于化学药的分子量通常小于1000,所以业内把化学药称为小分子药,通常以口服给药的方式。由于分子量小,化学药可以穿透细胞膜,在细胞内部起效。一般机制是信号传导抑制作用,能够特异性地阻断或者抑制细胞生长、增殖过程中所必需的信号传导通路,进而达到治疗目的。按照CDE的注册分类,化学药具有如图12-4所示的类别和特点。

常见化学药,比如以格列卫(来自电影《我不是药神》)为最知名的用于抗癌的替尼类药物,用于抗菌的磺胺类药物,用于化疗的铂类药物等。

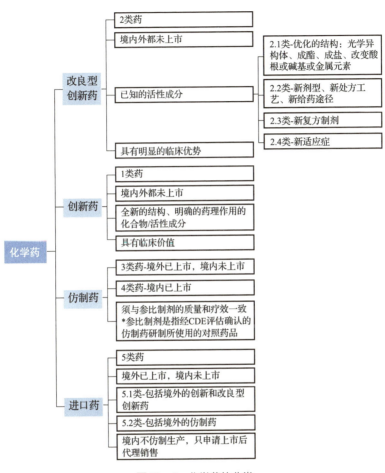

图 12-4 化学药的分类

我国化学药自仿制起步,经历了从普药到难仿药,再到创新药的过程。2011年以前,国内创新药进展缓慢,主要的研究申报都出自科研院所,企业的研发意愿不强,药品市场以普药为主。2011年,浙江贝达药业的肺癌靶向药埃克替尼上市,疗效超过国外原研药厄洛替尼,大大激发了国内药企研发创新药的热情。

三、生物药

生物药是指以微生物、细胞、动物或人源组织和体液等为起始原料，应用普通的或以基因工程、细胞工程、蛋白质工程、发酵工程等生物技术制成，用于预防、治疗和诊断人类疾病的制剂。生物药被业内称为大分子药物，其作用机制与小分子药物不同，通常是静脉或者皮下注射的给药方式。由于生物药的分子量较大，难以穿透细胞膜进入细胞内部起效，所以传统的生物药主要是通过刺激机体免疫系统产生免疫物质（如抗体）从而发挥其功效，在人体内部出现体液免疫、细胞免疫或者细胞介导的免疫。其本身具有生物活性、强免疫原性、形态学复杂、分离纯化难度高、稳定性低等特点。

按照CDE的注册分类，生物药具有如下类别和特点（见图12-5）。

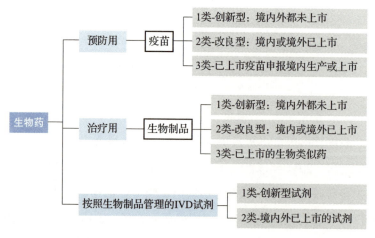

图12-5　生物药的分类

常见的生物药,比如修美乐、赫赛汀、恩利等抗体药。

相较于全球,中国生物药发展相对落后,从 1980 年才开始第一阶段的尝试,之后长期处于落后一代的状态。21 世纪之初,中国基本还停留在第二阶段,从被批准上市的一类生物药来看,大部分还是重组蛋白、疫苗。随着中国一系列新药政策的推出、海内外资本的涌入、高端医药人才的大批回归,生物药研发才进入了蓬勃发展的初级阶段(见图 12-6)。中国目前跳过了三期阶段的发展以三四期同步发展为特色,在细胞治疗、免疫检查点抑制剂和双特异性抗体等研究热点领域与国外逐渐缩小了差距,处于追赶的阶段。

图 12-6 中国生物药的发展史

四、中药

中药是指在我国中医药理论指导下使用的药用物质及其制剂。按照 CDE 的注册分类,中药具有如图 12-7 所示的类别和特点。

常见的药品,比如六味地黄丸、乌鸡白凤丸、板蓝根冲剂、川贝枇杷膏等。

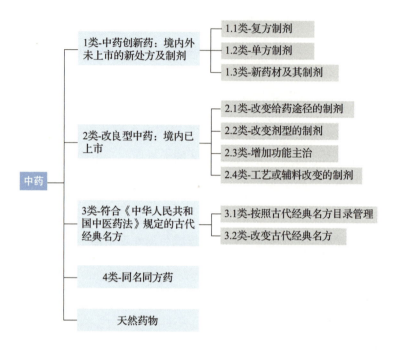

图 12-7 中药的分类

五、药品监管与法规

美国能成为全球最顶尖的制药大国,跟其背后强大的药品监管机构——食品药品监督管理局(FDA)有着密不可分的关系。FDA 在药品研发、注册、监管、流通等领域政策法规导向的合理性和先进性,对我国药品监管来说具有巨大的借鉴意义。我国药品监管上遗留了很多历史问题,也经历了多次改革。从 2015 年 8 月 18 日国务院印发《关于改革药品医疗器械审评审批制度的意见》起,我国对药品和医疗器械审评审批制度再次进行了大刀阔斧的改革。近五年来,我国创新药研发有了很大程度的提升。

1. 仿制药

仿制药是指与原研药具有相同的活性成分、剂型、给药途径和治疗作用的替代药品，具有降低医疗支出、提高药品可及性、提升医疗服务水平等重要的经济和社会效益。国际上普遍采取鼓励创新和鼓励仿制并重的政策取向，并在促进仿制药研发创新、供应保障、临床使用等方面进行积极探索。

在仿制药鼓励方面最有示范意义的国家是印度，印度主要通过制定严格的药品专利授予标准、对"常青专利"予以严格限制、注重发挥强制许可的威慑作用、鼓励有能力的企业积极提出强制许可申请等措施，促进仿制药的发展。而美国通过简化仿制药审评审批流程、推进仿制药替代使用、建立"橙皮书"制度（美国将所有 FDA 批准的、经过安全性和有效性评价的处方药与非处方药的药品名单编印成书，并在附录部分发布所批准药品的相关专利信息，定期公布。由于该书的书皮颜色为橘色，俗称"橙皮书"）、适度实施药品强制许可等政策，促进仿制药产业发展。

改革开放以来，我国仿制药行业取得了快速发展，产业规模不断扩大，数量品种不断丰富，在近 17 万个药品批文中 95% 以上都是仿制药，为保障广大人民群众的身体健康做出了重大贡献。但由于各种原因，我国仿制药行业虽大但不强，存在"多小散乱差"的局面，药品质量差异较大，高质量药品市场主要被国外原研药占领，而部分原研药价格虚高。鉴于此，2015 年，国家食品药品监督管理总局（CFDA）发布了《关于化学药生物等效性试验实行备案管理的公告》，化学药生物等效性试验由 CFDA 批准开展改为备案后企业自主开展。直到 2016 年 3 月，《国务院办公厅关于开展仿制药质量和疗效一致性评价的意见》发布，一致性评价工作才算落实实施。各省市区也相继出台了非常有力的政策，支持企业开展一致性工作，包括资金资助、对通过一致性评价品种给予招标采购的优待等。药品一致性评价工作的顺利开展，对于我国仿制药市场规范具有巨大的意义。

仿制药从立项到申报时间约为 12 个月，其研发流程见图 12-8。

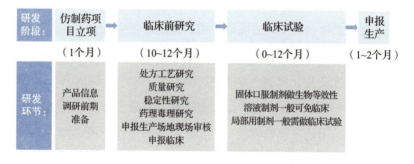

图 12-8 仿制药的研发流程

2. 创新药

按照国际惯例来分，创新药包括首创新药（也称"原研药"）和改良型创新药（见图 12-9）。首创新药指的是医药研发主体基于最新疾病生物学研究的重要突破，找到一些候选靶点，从无到有逐步合成候选化合物，通过反复试验筛选，最终创造的既满足治疗效果又满足人体安全性（耐受程度、药代动力等）要求的药物。它通常研发投入大，失败率高，但是一旦成功，会是药物治疗领域的重大突破，收益也十分巨大。研发投入几十亿美元的重磅新药一般都是此类型，比如治疗自身免疫性疾病的修美乐，是连续10年全球销量第一的抗体药。相对而言，改良型创新药的研发风险大大降低，研发费用降低了不少，因为靶点和药理机制都是已知的，只是其结构、剂型、给药途径等不同于原研药。

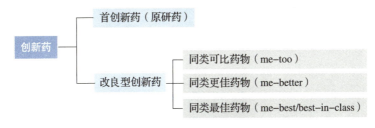

图12-9 创新药的分类

美国对创新药的定义是："凡在1938年的《食品、药品和化妆品法》公布后提出的任何具有化学组分的药品，其说明书中提出的用途未被训练有素并有评价经验的专家普遍承认其安全性和有效性的；或虽其安全性和有效性已被普遍承认，但尚未在大范围或长时间使用的。"

为了改变研发投入低水平、重复性建设的道路，我国监管部门在2015年对药品分类进行了调整，将新药由"未曾在中国境内上市销售的药品"调整为"未在中国境内外上市销售的药品"，并根据物质基础的原创性和新颖性，将新药分为创新药和改良型新药。调整后，中国1类新药的概念与美国新化学实体（New Chemical Entity，简称NCE）有了一定的共通性，可以在同一标准下进行比较，彰显了中国监管部门鼓励高价值、高水平原始创新的政策导向。

（1）创新药研发的流程（见图12-10）。一款创新药的成功

研发阶段：		药物发现与早期研究	临床前研究	临床试验	上市申请	上市销售
研发环节：		化合物研究（2~4年） 疾病、靶点选择与验证 HITs苗头化合物探索 LEADs先导化合物优化	临床前研究（1~3年） 原料药制剂（比如晶型、盐型）研究 药效、药代与机制研究 安评、毒代动力学 得到PCC并申请IND	临床试验（5~8年） 临床1期（20~100人） 临床2期（100~300人） 临床3期（300~5000人）	药品注册与审批（0.5~2年） 提交新药申请NDA 新药获得批准上市	上市后持续研究（4~10年） 临床4期 新药检测期
创新药研发涉及到的学科：	化学 生物学	新药提取、合成、衍生物合成	有效成分/API的分析确认、中试工艺稳定/CMC	供应API、工艺改进、规模合成		
	药剂学 药物分析学		剂型确定、质量、稳定性、生物利用度	制剂工艺优化、留样、稳定性试验		
	药理药效学		量效关系、药理机理	药效、机制		
	药动学		吸收、分布、代谢、排泄	人体内药代动力学、用药方案		
	毒理学	急毒	长期毒性、特殊毒性探索	或有的补充试验		
参与者提供的服务：		药物来源、生物研究、药物筛选、化学合成、药物改性	API制剂研究、药理药效研究、药代动力学研究、安评、毒理、委托小试中试	临床试验技术服务、数据管理、统计分析、注册申报服务		营销和销售支持服务
参与者代表企业：		Atmwise、Insilico、Exscientia、晶泰科技、深度智耀、药明康德等	药明康德、美迪西、睿智化学、康龙化成、昭衍、天勤生物、集萃药康等	康龙化成、凯莱英、合源生物、宜明细胞、PPD、Covance、合全药业、药明生物、泰格医药、博纳西亚等		CSO、药企

图12-10　创新药研发的流程

上市可能历时约 15~20 年之久，涉及的环节和流程众多，每个环节所使用到的学科知识都是不尽相同的，因此制药工业是典型的知识和人才密集的行业。对于行业参与者来说，进入的门槛相对其他行业来说颇高。药物研发中存在两个关键节点：一个是申请开展人体上的注册性临床试验（Investigational New Drug，简称 IND），另一个是申请新药上市生产和销售（New Drug Application，简称 NDA）。两个环节由 CDE 负责审评审批。

在整个创新药从研发到上市后的完整流程中，主要有药物发现与早期研究、临床前研究、临床试验研究以及上市四个关键环节，下面将逐一介绍每一个环节。

在药物发现与早期研究环节，过去常见的是创新药研发企业通过高通量药物筛选的方法，得到多个候选化合物。高通量药物筛选是指以分子水平和细胞水平的实验方法为基础，以微板形式作为实验工具载体，以自动化操作系统执行试验过程，以灵敏快速的检测仪器采集实验结果数据，以计算机对实验数据进行分析处理，同一时间对数以千万样品进行检测，并以相应的数据库支持整个体系运转的技术体系。随着基因组、合成化学等高通量方法的出现，药物筛选者面临着越来越多的新靶标或潜在的有效成分。高通量筛选就是在这样的背景下应运而生的。它的正常开展需要有一个高容量的化合物库、自动化的操作系统、高灵敏度的检测系统、高效率的数据处理系统以及高特异性的药物筛选模型。近年来，高通量药物筛选的方法已经被业界熟用。

随着人工智能技术的兴起并应用于药物研发领域，出现了一类特殊的临床前药物发现和早期研究的公司，即 AI 制药（简称

AIDD）。AI 即人工智能。越来越多的 AI 公司开始进入制药领域大展身手，设计出大量的具有潜在活性的化合物分子。目前，人工智能技术应用于药物发现这个环节，能够让药物的研发更快、成本更低、效率更高。截至 2020 年 11 月，根据公开资料的统计，全球一共有 44 家顶尖药企（包括 3 家中国药企）在利用 AI 辅助进行药物研发（全部调研对象共涉及 55 家 AI 初创企业、12 家 IT 云服务商、7 所高校）。

AI 制药公司从技术路线上可以分为两类：一类是以人工智能算法为核心技术的公司，再加上已知化合物数据库，开发各种模型，用数据驱动创新药分子的发现和设计；另一类是以物理计算为核心技术的公司，是从第一性原理即基本的物理定律出发，对微观世界的分子和原子如何运动进行计算模拟的一种研究方式，它不依赖于数据库的信息，由物理原理和算力来驱动新药分子的发现和设计（见图 12-11）。

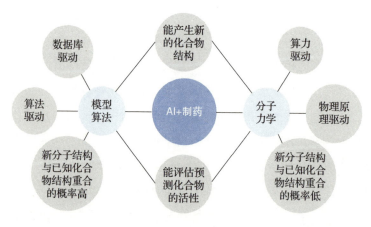

图 12-11 AI 制药的分类和比较

在国内AI制药公司主要有两种商业模式：一种是以向不同药企提供AI技术服务为主营业务的技术服务商，另一种是企业内部人员使用自主开发的AI算法完成药物发现，以完成药物的临床试验而上市销售产品为最终目的。目前，国内处于发展的初级阶段，业内人士普遍认为，AI辅助新药研发是交叉学科的典型应用，仍然面临着人才短缺、数据分散等许多问题。

不论是通过高通量药物筛选还是人工智能制药的方法，在得到了大量的新的化合物分子之后，需要进行不断优化和进一步的筛选，才能申报临床。图12-12展示了化合物筛选的数量变化。由此可见，创新药研发成功并上市销售的概率只有万分之一。

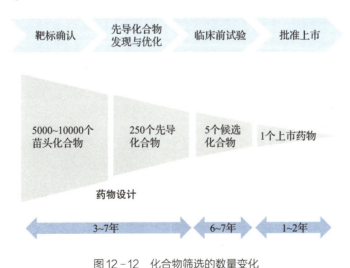

图12-12　化合物筛选的数量变化

在临床前研究和临床试验研究的过程中，CXO担任了重要的研究者角色。CXO是医药研发CRO和CDMO集合的统称，俗称制药行业的"卖水人",是为所有药物研发企业提供临床前和临床试验阶段的外包服务商的统称。合同研究组织(Contract Research Organization,简称 CRO)起源于美国,是通过合同形式为制药企业、医疗机构、医疗器械研发企业等机构,在基础医学和临床医学研发过程中提供专业化服务的一种机构。合同开发和生产组织(Contract Development and Manufacture Organization,简称 CDMO),为医药或医疗器械企业定制开发和生产,包括新药化合物的开发、合成、生产,见图 12-13 所示。

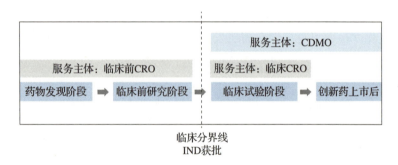

图 12-13 不同研究阶段的服务主体概览

临床前 CRO 服务内容主要包括:新药申报 IND 前的药理、药效、毒理和安评、PK 药物代谢动力学/PD 药物效应动力学的试验、化合物的制造和质控等。临床试验阶段 CRO 服务内容包括执行临床 1 期、2 期、3 期的试验方案、试验数据采集和统计分析、新药注册文件的编写整理提交等。

还有一类值得关注的服务机构是合同销售组织(Contract Sales Organization,简称 CSO),它是近年来国外颇受欢迎的商业机构组织,可为客户公司在产品或服务的销售和市场营销方面提供全面的专业帮助。CSO 模式的出现是医药行业专业化发展以及分工细化的一种必然趋势。换言之，CSO 模式的本质在于通过营销组织架构的优化和执行力的提升，以及专业人才和技术的引进，进一步发掘产品的临床治疗潜力，并有效地降低医药产品的销售成本、提升产出。在中国新医改以及两票制全面推行的大环境下，CSO 模式对中国制药企业的良性发展有着极其重要的借鉴作用。

（2）创新药研发方向。从创新药研发所面向的疾病种类来看，国内抗肿瘤药一枝独秀。过去四五年，肿瘤免疫疗法的出现在全球范围内极大地推动了肿瘤药的研发。肿瘤免疫疗法是区别于传统的手术、化疗、放疗和靶向治疗的一类新的生物技术，该疗法并不直接作用于病灶，而是通过刺激/激活人体内生的免疫细胞作用于病灶部位，从而间接实现治疗。从理论上来讲，该疗法对人体的副作用小，治疗效果可靠、有效、持久。

据 CDE 统计，2015—2019 年，中国新登记的肿瘤临床（1～4 期）从 104 个迅速增加至 424 个；排在第二位和第三位的是心血管和中枢神经类疾病临床，占比相对稳定，近年来都维持在 10% 左右；传染病受到丙型肝炎、EV-71 和新冠肺炎病毒等影响，临床数量迅速增加，占比提升至 13%。与全球市场对比可以发现，中国多个细分领域尚未充分开发。首先，肿瘤药开发占比过高（中国占比为 35%，全球占比为 22%），各细分领域并不均衡。其次，眼科、呼吸和胃肠道等多个领域临床数量明显偏少。综合来看，中国创新药研发与全球产业复苏同步，整体发展势头迅猛。同时，中国创新药研发"偏科"较为严重，当前冷门的细分领域是行业后续发展的潜力所在。

(3) 创新药发展的驱动和制约因素。中国创新药市场起步晚，但是发展快，主要得益于几个方面的因素。

1) 政策利好。中国对于医药创新发展不断地给予政策支持，如《关于深化审评审批制度改革鼓励药品医疗器械创新的意见》《关于药品注册审评审批若干政策的公告》及"4+7带量采购"等一系列政策，进一步引导医药企业加大研发投入，加速创新药审评、审批及上市的步伐，促进创新药行业快速发展。

2) 中国居民可支配收入提升，可负担高昂创新药药品费用的人群不断扩大；医保目录扩容，有助于降低支付负担，从而推动创新药行业持续发展。

3) 国家鼓励人才政策频出，吸引了大量海外优秀人才归国投身创新药行业。

4) 港交所发布了《新兴及创新产业公司上市制度》的文件，允许尚未盈利的生物科技公司在主板上市，为创新药企业的发展创造了更多的机会，第一次使得无收入的创新药企业可以对接资本市场，促进资本涌入创新药行业，助推行业发展。

但是，中国创新药行业起点低，短时间内无法弥补与发达国家的差距，主要受制于以下三个方面。

1) 中国医药企业的研发投入虽然逐年增加，但研发投入占营业收入的比例较发达国家还是低。欧美药企如强生、诺华、罗氏等，每年的创新药研发投入都在数十亿美元，研发投入占营业收入的比例在20%以上。但中国药企仅有少数研发投入占营业收入的比例达到10%，大部分企业仅为5%左右，甚至部分企业的广告投入大于研发投入,这制约了中国创新药行业的健康发展。

2)中国医疗支付体系主要是国家医疗保险体系为主导,商业保险体系发展严重滞后于发达国家,而创新药研发难度大、研发投入高、研发过程风险极大,利润被压缩,使药企研发创新药的积极性长期不高。

3)中共中央办公厅、国务院办公厅在 2017 年 10 月印发了《关于深化审评审批制度改革鼓励药品医疗器械创新的意见》,对加快药审提出了若干意见,CDE 也于近两年不断扩充药审人员数量、加快药审速度,积压批件数在 2018 年后已经明显降低。但在 2018 年之前,中国创新药的审批速度相对于美国、欧盟、日本等国家和地区偏慢,且存在严重的审批时滞。长期的审评效率低及速度慢也制约了国产创新药的发展。

第三节 医疗器械

一、概述

《医疗器械监督管理条例》第六条规定:国家对医疗器械按照风险程度实行分类管理。

第一类是风险程度低,实行常规管理可以保证其安全、有效的医疗器械。

第二类是具有中度风险,需要严格控制管理以保证其安全、有效的医疗器械。

第三类是具有较高风险,需要采取特别措施严格控制管理以保证其安全、有效的医疗器械。

针对第一类医疗器械,只需要备案管理,不需要开展临床试验。针对第二和第三类医疗器械,实行申报注册的管理方式,需要严格控制管理。

经过30年的持续高速发展,中国医疗器械产业已初步建成了专业门类齐全、产业链条完善、产业基础雄厚的产业体系。中国已经超过日本,成为世界第二大医疗器械市场。根据国家药品监督管理局《药品监督管理统计年度报告(2020年)》,截至2020年底,全国实有医疗器械生产企业2.65万家,其中:可生产一类产品的企业1.55万家,可生产二类产品的企业1.30万家,可生产三类产品的企业2181家。相比于创新药领域境外企业占据主导地位而言,创新医疗器械则是由国产企业占据主导地位。

根据《医疗器械分类目录》医疗器械技术审评中心对医疗器械产品的投资分类如图12-14所示。医疗器械领域的各个子板块之间相对独立,医疗器械产品属于多学科交叉发展的产物,呈现各自独立发展的特点。从投资的角度来看医疗器械板块,业界习惯于按照医疗设备、高值和低值医用耗材、体外诊断来进行细分领域的划分,其中医疗设备和高值医用耗材的市场份额占比最大。

与药品研发动辄十几年相比,医疗器械的研发周期更短,通常一款全新的医疗器械历经约8~10年时间即可成功上市(见图12-15)。

图12－14 中国医疗器械产品的分类

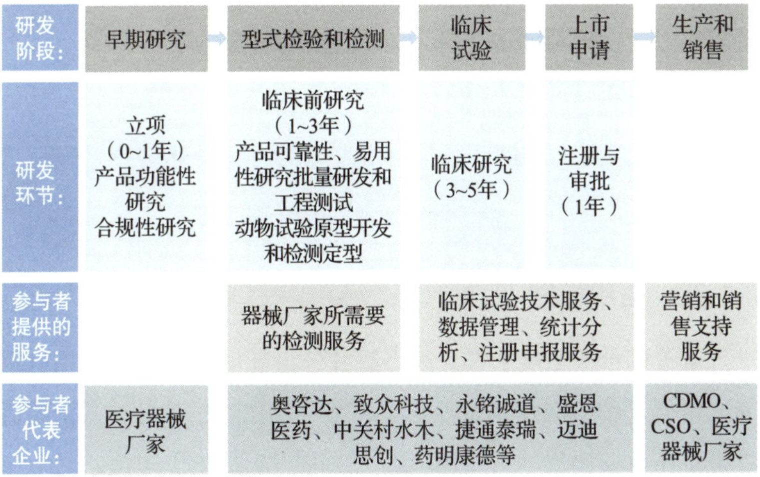

图12－15 医疗器械的研发流程

二、医疗设备

医疗设备市场依然是中国医疗器械最大的细分市场,2020年的市场规模约为3601亿元,同比增长19.52%。按照临床使用用途来分,它主要由诊断设备和治疗设备构成(见图12-16)。其中,诊断设备的临床使用场景较多,治疗设备主要是手术配套器械以及放疗设备等,通常都属于第三类医疗器械。

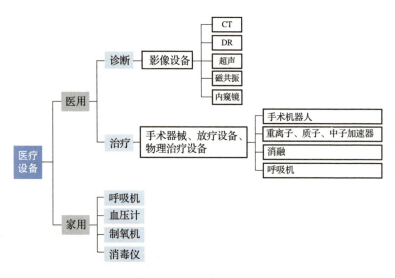

图12-16 医疗设备的分类

三、医用耗材

从投资价值角度来看,医用耗材分为高值耗材和低值耗材两类。根据《中国医疗器械行业发展报告2018》的统计,我国高值耗材总体市场规模约为1050亿元,年均增速超过20%,其中血管介入和骨科植入属于市场规模最大的两个子领域,目前分别有约 400 亿元和 300 亿元的市场规模；我国低值耗材的市场规模约为 641 亿元，增速保持在 20% 左右，其中市场份额排名前五的领域分别是注射穿刺类、医用卫生材料及敷料类、医用高分子材料类、医技耗材类、医用消毒类（见图 12–17）。

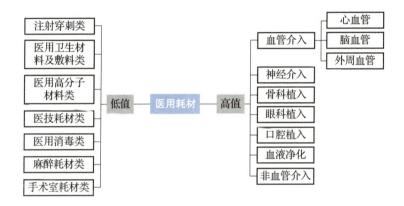

图 12–17　医用耗材的分类

四、体外诊断

体外诊断（In Vitro Diagnosis，简称 IVD），是指在体外通过对人体的样品（体液、细胞和组织等）样本进行检测而获取临床诊断信息的产品和服务，进而判断疾病或机体功能的诊断方法，包括试剂、试剂产品、校准材料、控制材料、成套工具、仪表、装置、设备或系统。根据我国国家药品监督管理局颁布的《医疗器械分类目录》标准，IVD 设备属于"临床检验分析仪器"类。根据产品风险程度由低到高，体外诊断试剂分为第一类、第二类、第三类产品；也有部分体外诊断试剂是按照药品管理的，按照药品管理的主要是用于血源筛查的体外诊断试剂和采用放射性核素标记的体外诊断试剂。80%左右的临床诊断信息来自于体外诊断，因此体外诊断目前已经成为人类进行疾病预防、诊断、治疗所必不可少的医学手段。

体外诊断行业伴随着生物化学、免疫学、分子生物学等基础科学的发展而发展。根据技术原理和方法的不同，分为生化诊断、免疫诊断、分子诊断、血液诊断等，其中免疫诊断已成为主流的体外诊断手段（见图12-18）。

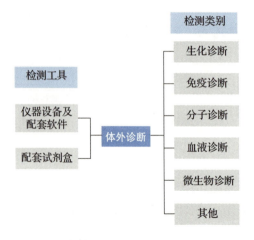

图12-18 体外诊断的分类

体外诊断的产业链见图12-19。

由于上游原材料直接影响检测成果，对稳定性要求高，而国产原材料在生产工艺、产物纯度等方面与国外进口原材料存在一定差距，所以我国90%的原材料依赖进口，主要国外企业有德国的宝德（Burkert）、美国的美鼎生物（Meridian Bioscience）和芬兰的墨迪斯（Medix Biochemica）等。诊断仪器主要包括电子器件和模具,目前国内厂家核心元件几乎全部依靠进口,所以电子器件和模具的议价能力相对较低。

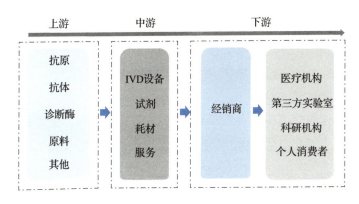

图 12-19 体外诊断的产业链

中游的 IVD 企业主要输出仪器设备、配套试剂和服务。在我国,海外几大巨头占据了约 50% 的市场份额,而国内企业整体呈现小而散的局势。检验设备和试剂生产商贯穿 IVD 产业链的上下游,其产品的质量和技术水平直接关系到下游终端检验实验室体外诊断的准确度和精密度,在产业链中占有重要地位。

根据公开资料显示,IVD 行业内保守估计有 2 万多个经销商,它们不仅为终端用户提供产品,还输出技术支持。终端用户主要有医疗机构、第三方实验室、科研机构、个人消费者等,需求主要来自医学检测和血液筛查,其中医疗机构是主要用户。

体外诊断行业业务模式相对简单,生产商主要通过生产、销售体外诊断产品给客户来获取营收。销售模式由经销商销售为主向直销为主转变。在过去,体外诊断产品的生产企业大都采用以经销商销售为主的销售模式,即生产企业先将产品销售给经销商，再由经销商销售给终端客户，并向终端客户提供主要的综合服务。近几年，随着两票制、集采等政策的公布，直销模式已经是大势所趋。

第四节 医疗服务

中国医疗卫生服务的提供者为医疗卫生机构，主要包括医院、基层医疗卫生机构、专业公共卫生机构、其他机构四类（见图12-20）。中国医疗卫生机构的监管部门为国家卫生健康委员会。医院按性质不同可以分为公立医院和民营医院。民营医院可以分为民办营利性医疗机构及民办非营利性医疗机构。民办营利性医疗机构一般为公司制医院，该类医院以营利为目的；而民办非营利性医疗机构一般为民办非企业单位，该类医院是为社会公众利益服务而设立和运营的，不以营利为目的。

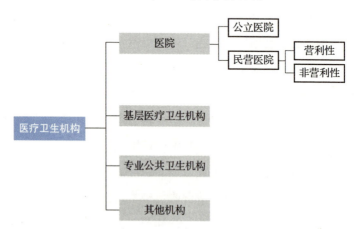

图12-20 医疗卫生机构的分类

中国存在巨大的诊疗需求，中国的医疗服务供给主要是围绕公立医院展开的。这主要是由于中国的医疗支出是以国家医保局作为主导，搭配商业医保支付主体，共同形成的多层次支付体系。对于民营医院而言，未来可探索的市场空间巨大。目前，中国在眼科、牙科和妇产科已经形成了寡头市场的竞争格局，发展较为成熟，知名上市公司有爱尔眼科、通策医疗、锦欣生殖等。

在发达经济体中，美国的医疗系统是个特例。与欧洲国家、加拿大、日本等发达经济体普遍建立覆盖全民的社会医保制度不同，美国政府主导的社会医疗保险集中于保障老年群体和弱势群体，工作人群的医疗保险则由商业保险机构提供。根据公开资料显示，2014年，美国卫生总费用为3万亿美元，占GDP比重达18%。在这3万亿美元中，医院收入占比达到32%，医生（含医生诊所）收入占比达20%。

除了狭义上的医疗专科服务机构，市场上还存在其他的医疗服务模式和相关主体，比如医疗信息化、互联网医疗、消费性医疗连锁机构等，具有代表性的公司有卫宁健康、平安好医生、美年大健康、鹏爱医美等。

第十三章　新能源汽车：移动之家

第一节　新能源汽车的发展

当前，世界新一轮的科技革命发展迅速，汽车与能源、交通、信息通信领域的技术融合和协同发展成为汽车行业的发展趋势。新能源汽车是汽车行业与新能源、新材料、互联网、大数据等多种变革性技术融汇，应对气候变化、化石燃料短缺、推动绿色可持续发展的战略举措。在传统汽车技术之上，新能源汽车提出了电驱动系统、储能系统、新型变速系统等系统总成之间复杂的耦合关系，具有结构和技术上的双重复杂性与多样性。

新能源汽车是指采用非常规的车用燃料作为动力来源（或使用常规的车用燃料、采用新型车载动力装置），综合车辆的动力控制和驱动方面的先进技术，形成的技术原理先进、具有新技术和新结构的汽车。依托国家政策的支持，各大汽车企业均在积极规划新能源汽车产品，主机厂也在加大投资力度，以丰富产品组合，扩大产能，开发新技术。本章按照目前的主流路线，即纯电动汽车与燃料电池电动汽车两个类别，以及新能源汽车智能网联化的发展进行介绍。

根据非常规的车用燃料的种类和提供动力程度不同,新能源汽车包括四大类型(见图13-1):混合动力电动汽车(HEV)、纯电动汽车(BEV,包括太阳能汽车)、燃料电池电动汽车(FCEV),其他新能源包括机械能(如超级电容器、飞轮、压缩空气等高效储能器)汽车等与非常规的车用燃料(除汽油、柴油之外的燃料),如液化天然气(LNG)、液化石油气(LPG)、乙醇汽油(EG)、甲醇、二甲醚。综合考虑成本、安全性和动力效率等因素,目前锂电池电动汽车与氢燃料电池电动汽车有望成为主流路线。

图13-1 汽车的分类

一、发展进程

1873年,英国人Robert Davidson在马车的基础上制造出一辆电动三轮车,由铁锌电池提供电力,由电机驱动;1881年,法国人Gustave Trouve第一次应用铅酸电池制成了电动汽车;1882年,巴黎有人将可乘50人的马车改为电动车;1886年,伦敦出现电动公共汽车;1899年,法国人制造的电动汽车时速达到106千米/小时,打破了当时世界汽车最高车速的纪录;从20世纪起,电动汽车迎来辉煌阶段。之后经过多次革新后，伴随着大量油田的发现以及高速公路的兴建，燃油车逐渐打败了电动车，成为市场主流。

从 20 世纪 70 年代起，能源消耗的增加、地球矿物资源的枯竭问题引发各国关注，各国纷纷出台严格的汽车尾气排放标准，节能环保逐渐成了汽车行业发展的硬性要求和关键因素。许多国家开始大力进行新能源汽车的商业化开发和应用。从 2016 年起，欧洲陆续有十余个国家提出燃油车禁售声明。

二、我国的发展规划

近年来，我国政府对新能源汽车的发展规划做出了许多积极推动。国务院办公厅 2020 年 10 月印发的《新能源汽车产业发展规划（2021—2035 年）》（简称《规划》），坚持纯电驱动战略取向。《规划》提出，到 2025 年纯电动乘用车新车平均电耗降至 12.0 千瓦时/百公里，新能源汽车新车销量达到汽车新车销售总量的 20% 左右，高度自动驾驶汽车实现限定区域和特定场景的商业化应用，充换电服务便利性显著提高。具体目标包括强化整车集成、模块化动力电池与燃料电池系统技术攻关、新一代车用电机驱动系统等关键技术、零部件、基础材料等的研发。

我国的新能源汽车整体上可以分为前端与后端两个部分。最重要的前端政策就是国家财政补贴，这也是对行业影响最为深远的政策。2020 年 12 月 31 日，财政部、工业和信息化部、科技部、发展改革委联合发布了《关于进一步完善新能源汽车推广应用财政补贴政策的通知》，其中明确 2021 年新能源汽车补贴标准在 2020 年基础上退坡 20%，加强新能源汽车监管，保持技术指标门槛稳定，完善市场化长效机制；在免征购置税的政策上，2020 年 3 月 31 日，国务院又将新能源汽车购置税的免征政策延长了 2 年，符合市场预期。

新能源汽车产业链整体上可以分为三段，上游为核心零部件供应商，中游为整车生产商，下游为汽车后市场服务商，整体产业链的国产化水平较高。与传统燃油车的不同之处在于，新能源汽车增加了"三电 + 双芯"的核心部分，其中"三电"是指电池、电机和电控，"双芯"是指电池电芯和电控系统中的芯片器件（见图 13 - 2）。

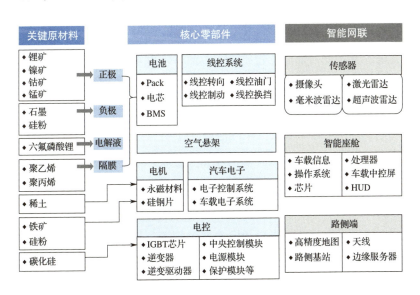

图 13 - 2　新能源汽车的产业链

第二节　纯电动汽车

一、动力电池

动力电池作为新能源汽车的主要动力来源，也是能量的储存装置，其技术水平对新能源汽车的续航里程、质量与安全等方面有着重要影响。电池成本占新能源汽车全部生产成本的40%左右。目前来说，电动汽车上普遍采用的动力电池有三种，分别为化学电池、物理电池与生物电池。

1. 锂电子电池

锂电子电池属于蓄电池的一种，是一种储存化学能量，必要时放出电能的电气化学设备，工作特点是在电池放电后，能够用充电的方式使内部活性物质再生，此时将电能储存为化学能，放电时再将化学能转化为电能。电动汽车用动力蓄电池与一般蓄电池不同，是以较长时间的中等电流持续放电为主，间或以大电流放电（启动、加速时），并以深循环使用为主。锂离子电池主要由正负极、电解质、隔膜以及外壳等组成，通常根据正极材料对锂电子电池进行命名。

从锂离子电池产量及收入来看，中国处于全球领先地位，韩国次之，日本近些年锂离子电池发展较缓，与中国和韩国之间的差距被进一步拉大。

2. 正极材料

正极材料是锂电池的核心材料，对电池最终的能量密度、电压、使用寿命及安全有着直接的影响,同时也是成本最高的部分。在选择正极材料时,通常要考虑六个方面:较高的氧化还原反应电位,使锂离子电池达到较高的输出电压;化学反应过程中的结构稳定性要好,使得锂离子电池具有长循环寿命;锂元素含量高,材料堆积密度高,使得锂离子电池具有较高的能量密度;电导率要高,使得锂离子电池具有良好的充放电倍率性能;化学稳定性和热稳定性要好,不易分解和发热,具有良好的安全性;制造工艺相对简单,便于大规模生产。

整体来说,锂离子电池的正极材料通常由锂的活性化合物组成,常见的主要成分有钴酸锂(LCO)、锰酸锂(LMO)、磷酸铁锂(LFP)、三元材料(NCM)等及其混合物,见图13-3。不同正极材料的能量密度、安全性和适用温度不同,特性的差距造成适用领域也不同。其中,以三元材料和磷酸铁锂材料最为常见。

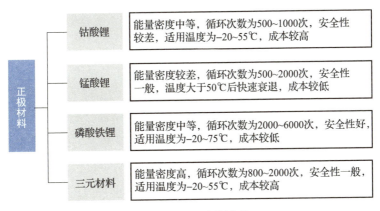

图13-3 正极材料分类

在新能源汽车续航里程提高和钴价不断高涨的双重刺激之下,高镍体系的镍钴锰三元电池(NCM)和镍钴铝三元电池

（NCA）材料也成为研发与市场关注的热点。NCA材料通常是镍钴铝以8:1.5:0.5的比例混合，铝的含量较少，接近二元电池。以Al（过渡金属）代替锰，是将镍钴锰酸锂通过离子掺杂和表面包覆进行改性，可以增强材料的稳定性，提高材料的循环性能。但是，NCA电池的封装技术有控制膨胀变形的优势。电池充放电过程中会产生气体，导致电池膨胀变形，循环和搁置寿命下降，而NCA电池通常采用耐压的圆柱电池壳，可以降低产气量。目前，NCA材料电池的代表品牌为松下。松下与特斯拉联合推出的21700的NCA电池单体能量密度接近300Wh/kg，是目前世界上能量密度最高的锂离子电池之一。

三元材料与磷酸铁锂的技术路线之争一直是新能源汽车行业备受关注的话题。新能源汽车根据不同的使用场景与工作需求，对电池的续航里程、安全性能、使用寿命和成本敏感性不同。正如中科院院士欧阳明高所说，三元锂电池和磷酸铁锂电池要均衡发展。

3. 负极材料

负极材料是电池在充电过程中锂离子和电子的载体，起着能量的储存与释放的作用。在电池成本中，负极材料约占5%~15%，是锂离子电池的重要原材料之一。锂电池的理论容量密度，其上限主要取决于正极材料和负极材料的短板。

作为锂离子嵌入的载体，负极材料需要满足锂离子在负极基体中的插入氧化还原电位尽可能低，接近金属锂的电位，从而使电池的输入电压高。氧化还原电位随锂的插入脱出变化应该尽可能少，这样电池的电压不会发生显著变化，可以较为平稳地充电和放电。同时，在基体中大量的锂能够发生可逆插入和脱嵌以得到高容量；在电池反应的各个阶段，负极主体结构没有或很少发生变化，保持稳定；插入化合物应有较好的电子电导率和离子电导率，这样可以减少极化并能进行大电流充放电。

具体来说，负极材料可以分为碳材料和非碳材料。碳材料包含石墨类碳材料、无定形碳材料等。石墨类碳材料可以分为天然石墨、人造石墨和复合石墨；无定形碳材料可以分为硬碳和软碳。非碳材料可以分为硅基材料、氟化物、锡基材料和钛基材料。见图13-4。

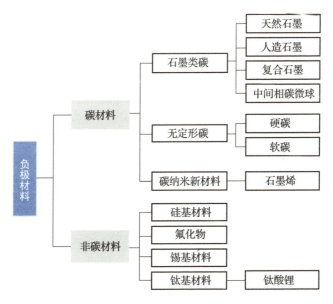

图13-4　负极材料分类

从负极材料出货量来看，价格便宜、各项技术指标较为均衡的人造石墨目前是主流选择。数据显示，2020年中国人造石墨出货量约为30.7万吨，在负极材料出货总量中的占比高达84%，较2019年的水平进一步提升了5.5%。

新一代的负极材料中，硅基负极是研究热点。其具有极高的能量密度，理论容量比可达4200mAh/g，远超石墨类碳材料。但作为负极材料，硅基也有缺陷，锂离子嵌入会导致严重的体积膨胀，破坏电池结构，造成电池容量快速下降。目前通行的解决方案之一是使用硅碳复合材料，硅颗粒作为活性物质，提供储锂容量，碳颗粒则用来缓冲充放电过程中负极的体积变化，并改善材料的导电性，同时避免硅颗粒在充放电循环中发生团聚。特斯拉的Model 3已经使用了掺入10%硅基材料的人造石墨负极电池，其能量密度成功达到300wh/kg。但是，目前硅碳负极材料的工艺还未成熟，且原材料成本较高。

4. 隔膜

隔膜是正负极之间的一层薄膜，在锂电池电解反应时隔离正负极，防止两极接触发生短路。隔膜浸润在电解液中，表面有大量允许锂离子通过的微孔，微孔的材料、数量和厚度会影响锂离子穿过隔膜的速度，进而影响电池的放电倍率、循环寿命等指标，在电池中的成本占比在8%~10%。目前采用聚烯烃类微多孔膜，如PE、PP或复合材料，不仅熔点低，还具有较高的抗穿刺强度，起到热保险作用。隔膜材料的选择与正极材料有关，目前聚乙烯主要应用于三元锂电池，聚丙烯则主要应用于磷酸铁锂电池。

隔膜的基本性能主要有五大要求：一是良好的电解液离子透

过性；二是厚度尽可能薄但拉伸度好，减少内阻，从而提升放电性能；三是孔径和孔隙率均匀，充放电效率高；四是对电解液的浸润性好，并且有足够的吸液保湿能力；五是化学性能稳定，具有高耐腐蚀度，保证隔膜的使用寿命长。

隔膜的生产技术分为干法与湿法两大类。干法技术路线的发展时间长，更加成熟，主要用于生产 PP 膜，工艺简单、成本低、环境友好度较高，但是产品性能较差。湿法又称为热致相分离法（TIPS），会对基膜表面进行涂覆，以提高材料的热稳定性，它厚度更薄，拉伸强度更理想，孔隙率更高，有着更为均匀的孔径和更高的横向收缩率，但是在生产过程中，工艺相对复杂、成本高、易对环境造成污染。

5. 电解液

在锂电池中，电解液主要作为离子迁移的载体，保证离子在正负极之间的传输，是锂离子电池获得高电压、高比能的保证。电解液一般由高纯度的有机溶剂、电解质锂盐和添加剂等原料按一定比例配制而成。锂电池对电解液的要求较为复杂，要求离子电导性好、化学稳定性高、熔点低沸点高、安全性好无污染。目前多采用方氟磷酸锂与乙烯碳酸酯、丙烯碳酸酯和低黏度二乙基碳酸酯等烷基碳酸脂搭配的混合溶剂体系。

电解液占电芯成本的 5%~8%。其中，溶质占电解液成本的一半，溶质的价格显著影响着电解液的价格，其作用是保证电池在充放电过程中有充足的锂离子来实现充放电循环，目前使用最为广泛的溶质是六氟磷酸锂；溶剂成本占比约 30%，质量占比达

80%以上，目前主要使用的是碳酸酯类溶剂；添加剂成本占比为10%，是电解液竞争力差异化的主要来源之一。

6. 封装技术

除了原材料，封装技术对电池的性能也有重大影响。即使是同样的材料配方，不同的加工工艺所生产的成品在安全性、能量密度和循环寿命上也不尽相同。

从市场占有率来看，目前方形电池凭借更高的性价比，大幅领先于其他技术路线。2019年，国内方形电池装机量为52.73GWh，同比增长24.8%，占总装机量的84.5%，是年度唯一保持同比正增长的技术路线。

目前，新兴的封装技术还有CTP技术，并相应地衍生出了"刀片电池"与"CTP电池"。CTP即电芯直接成组，可以提升电池包的空间利用率，在提高能量密度的同时减轻重量。当前以比亚迪为代表的"刀片电池"，选择的是彻底取消模组的方案；而宁德时代的CTP电池，走的则是将小模组整合为大模组的路线。

7. 热管理系统

相比传统汽车，新能源汽车的发动机、电池、电机、电控等组件需要热管理系统的加持，以提高工作性能和使用寿命。整车热管理的主要功能是为了保证功能单元工作在最佳温度工况区间，降低能量损耗，同时提高能量利用率，保证车辆运行的安全性、动力性和经济性。根据热管理保障的功能单元不同，可以分为发动机冷却、空调系统、电池热管理系统以及电机、电控等热管理系统。

具体在工作时，电池热管理系统的主要功能包括：电池温度较高时，活性化学物质可能会发生不可逆反应，破坏电池，此时需要进行有效散热，以防止发生热失控事故；在环境温度较低时，电池正极会发生析锂，此时需要对电池温度进行预热，提升电池温度，为低温下电池的充电、放电性能和安全性提供保护。同时，热管理系统还可以减小电池组内的温度差异，抑制局部温区的形成，防止高温位置处电池过快衰减，提高电池组的整体寿命。

随着国内新能源汽车销量的不断增加，按照国内空调和电池热管理的单车价格和未来的渗透率来测算，中国汽车工业协会预测 2022 年的新能源汽车销量约为 500 万辆，相对应的汽车热管理的市场空间为 405 亿元；电池热管理市场空间为 204 亿元。

二、电机

电动汽车是以车载电源为动力，用电机驱动车轮行驶。电驱动系统包括"大三电"及"小三电"总成系统，其中"大三电"包括驱动电机、驱动电机控制器总成、传动总成，"小三电"包括 DC/DC 变换器、车载充电机（OBC）和高压配电盒（PDU）。

驱动电机控制器总成是基于功率半导体的硬件及软件设计，对电机的工作状态实施控制的总成系统；传动总成是通过齿轮组降低输出转速提高输出扭矩，保证电驱动系统持续运行在高效区间；DC/DC 变换器从车载动力电池取电，给车载 12V 或 24V 低压电池充电，并为整车提供全部的低压供电，弥补新能源汽车中传统低电压发电机总成无法正常工作的变化；车载充电机的基本功能为电网电压经由地面交流充电桩、充电口,连接至车载充电机,给动力电池充电;高压配电盒是电动汽车电能的分配单元,主要连接电池、充电机、控制器、DC/DC 变换器、空调等高压电气设备。

电机按工作电源种类,可以分为直流电机和交流电机;按结构及工作原理,可以分为无刷直流电机和有刷直流电机,又可分为永磁直流电机和电磁直流电机。现在应用较为普遍的是永磁同步电机与交流异步电机。永磁同步电机一般被应用到搭载单电机的车身上,而交流异步电机一般被应用到搭载双电机的车身上。比如,Model 3 采用的是永磁同步电机,Model S 与 Model X 当前采用的是交流异步电机。两者的具体区别是,永磁同步电机更节能、更轻量化,但是它需要用到稀土材料,这使得它的成本更高,而且在高温和震动的情况下,还有退磁的缺点;而交流异步电机则不需要珍贵的材料,而且它还能适应恶劣的环境,不过功率和扭矩相较于永磁同步电机更低,而且它的体积也要比永磁同步电机大。国内新能源车永磁同步电机的装机比例占 98%~99%。

三、电控

驱动电机控制系统一般是指控制汽车驱动电机的装置,控制主牵引电源和电机之间的能量传输,由逆变器、逆变驱动器、电源模块、中央控制模块、软起动模块、保护模块、散热系统信号检测模块等组成(见图 13-5)。其中,逆变器负责蓄电池的"直-交转换",从而驱动电机运转。IGBT 应用于逆变器中,占整个控制器成本的 40%~50%。

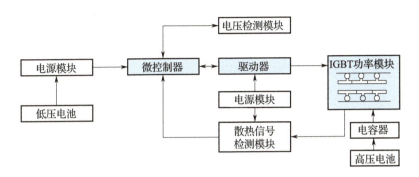

图13-5 新能源汽车电控系统的组成

在新能源汽车中，电池作为动力，驱动电机将电池能量转换为形式动力，而电控系统负责控制整个车辆的运行和动力输出。在车辆行驶过程中，逆变器接收到电池输送的直流电电能，将其逆变为三相交流电输出给汽车的驱动电机；控制器负责接收驱动电机运行状态下的信号，如转速、转矩等信号并传输到仪表盘，当出现加速或者制动行为指令时，控制器通过控制变频器频率的升降，进而达到加速或减速的目的。

四、汽车电子控制单元

1. 概述

汽车电子控制单元（ECU）是实现整车功能控制的关键元器件，主要由微控制器（MCU）、电源芯片、通信芯片、输入与输出处理电力组成。通过各种传感器、总线的数据采集与交换，依托内置相应的计算机软件程序，获得车辆状态及司机意图信息，计算后对阀、电极、泵和开关等进行控制。

功率半导体种类众多，主要分为单极型和双极型。双极型主要包括功率二极管、晶闸管、BJT（双极结型晶体管）、电力晶体管（GTR）、绝缘栅双极型晶体管（IGBT）；单极型主要包括MOSFET、肖特基二极管（SBD）。根据物理性能不同，可以应用于不同的电压和频率领域。其中，IGBT主要用在高电压环境的电力驱动系统（逆变器等）、电源系统（OBC、变换器等）和充电桩（整流器等），应用范围一般都在耐压600V以上、电流10A以上、频率1KHz以上的区域。IGBT成本占到新能源汽车整车成本的10%，占充电桩成本的20%，是零部件中至关重要的一部分。

IGBT是由BJT和MOS（绝缘栅型场效应管）组成的复合全控型-电压驱动式-功率半导体器件，既有MOSFET的开关速度高、输入阻抗高、控制功率小、驱动电路简单、开关损耗小的优点，又有BJT的导通电压低、通态电流大、损耗小的优点，在中高电压、大电流、高频率的应用场景下具有很好的适应性，显著优于其他功率器件。目前，车规级IGBT的竞争格局较为稳定，国外以英飞凌为主，参与者还包括三菱、富士电机、安森美等。国内企业追赶迅速，比亚迪、斯达半导、士兰微、扬杰科技等研发与市场拓展较快。

除IGBT外，新能源汽车对于功率半导体的需求还有OBC、DC/DC中的高压MOS管。车载OBC和DC/DC属于功率较低但频率要求高的零部件，是非常适合超级结中高压MOS的应用领域。

2. 第三代半导体材料对车规器件的影响

随着第三代半导体材料产业水平提高带来的成本下降，以及碳化硅为材料制造器件的工艺水平不断提高，以碳化硅为衬底制造器件成为功率器件发展的一个方向。碳化硅（SiC）和氮化镓（GaN）是第三代半导体材料的主要代表，和纯硅的衬底相比，第三代半导体材料具有更宽的禁带宽度，允许材料在更高的温度、更强的电压与更快的开关频率下运行。同时，碳化硅具有高临界磁场、高电子饱和速度与极高热导率等特点，使得其器件适用于高频高温的应用场景，相较于硅基器件，可以显著降低开关损耗。因此，碳化硅可以制造高耐压、大功率电力电子器件，如MOSFET、IGBT、SBD等，在汽车领域主要用于实现电动车逆变器等驱动系统的小量轻化。目前，碳化硅功率器件已在比亚迪、特斯拉等企业的电动车充电装置中使用，以替代一部分硅基 IGBT 的作用。但是，目前碳化硅的工艺技术与硅相比还不完全成熟，产品价格高昂。

五、整车制造

作为能源变革与信息变革的交会点，电动智能汽车有望成为 PC、智能手机后的第三代智能移动终端，重新定义人类生活与出行方式。目前形成了传统车企、造车新势力和外资车企国产化三大梯队。这里主要讲后两者。

1. 造车新势力

为鼓励新能源汽车行业发展，2018 年国家发改委发布了《汽车产业投资管理规定》，提出新建纯电动乘用车生产企业不再实行核准管理，调整为备案管理。也就是说，生产纯电动乘用车不再需要国家发改委的生产许可，由省级政府备案后即可开展生产。此外，纯电动乘用车相对传统燃油车没有复杂的动力系统、燃油系统和传动系统，在数字化、智能化上的革新使得新能源汽车的制造起点重塑。相比传统燃油整车制造的巨大差距，新能源汽车的门槛似乎放低了许多，也因此吸引了近百家初创车企加入造车市场，以智能化和极具创新力的风格形成"造车新势力"梯队。目前，国内的整车制造企业可以分为三大类：产业链成熟的传统车企、造车新势力及外资品牌的国产化。

2014年广州小鹏汽车科技有限公司与上海蔚来汽车有限公司进入新能源汽车市场，2015年威马汽车科技集团有限公司进场。但是，汽车行业入场门槛极高，时隔4年，蔚来、威马与小鹏才完成交付。

2. 外资车企国产化

国内另一梯队的车企为外资品牌的国产化。2018年6月，国家发改委、商务部发布《外商投资准入特别管理措施（负面清单）（2018年版）》，放开对新能源汽车的外资股比政策限制。政策发布后，特斯拉就迅速获得在中国独资设厂的首张牌照，宣布在上海建设集研发、制造、销售于一体的新工厂。

国内纯电动车市场在2017—2020年间经历了洗牌：销量排名前十的企业市场占有率维持在75%左右，但从前五名的排名来看，2017年和2018年市场占有率前五的车企在2020年全部跌出前五名。其中，上汽通用五菱凭借宏光MINI EV，以不到4万元的销售价格一举攀上全国纯电动车的销量榜首。而特斯拉（中国）凭借上海工厂的建成，一举克服困扰数年的产能瓶颈，成为国内市场占有率第二的纯电动车制造商。比亚迪通过不断推出新车型满足国内市场需求，连续三年排名市场前三。

造车新势力先天带有互联网基因，具有创造力，但相对于传统主机厂长期的资金储备，造车新势力的资金需要通过不断进行市场融资来解决；而传统车企供应链完备，品控和销售渠道成熟，但发展模式相对保守。

另外，互联网科技企业也纷纷入局新能源汽车，包括百度、华为、小米等。互联网科技企业的资金实力雄厚，拥有新的互联网和智能技术，凭借前沿的数智化优势加入汽车制造行业，可以增强生产商信息化、网络化、智能化的融合能力，形成新技术、新材料与先进制造行业新势能的协同创新平台。

六、能源基础设施

1. 充电桩

对于以蓄电池作为动力来源的新能源汽车，充电桩是目前比较广泛的动力补充方式。按使用地点，充电桩可以分为公共充电桩、专用充电桩和自用充电桩。按输出电流，充电桩可以分为直流充电桩、交流充电桩和交直流一体充电桩。其中，直流通常用于快充，功率大，充电速度快，但成本高；而交流则用于慢充，功率小，充电速度较慢，但成本低，多用于小区充电桩。

2. 换电站

换电模式是通过机械方式，快速将新能源汽车的动力电池更换以实现补能的方式，过程不超过 5 分钟。新能源汽车换电应用场景丰富，在私家车端、运营车端、商用车端均有良好的应用，能够充分解决运营车和商用车日均行驶里程多、补能效率需求高的问题，弥补充电桩的不足。

换电站主要由快换系统、充电系统、动力电池组成，在解决用户里程焦虑、降低车企成本、延长电池使用寿命和电网削峰填谷上均有较大优势。在电池层面：换电的电池由专业人士控制管理，可以延长电池 30%～60% 的使用寿命，在充电上充分利用波谷充电波峰放电，以慢充的形式降低电池损耗并提升盈利能力，提高电池的生命周期管理，促进电池的标准化统一；在用户层面：缓解了充电等待的时间，解决了里程焦虑问题，同时移除动力电池部分，降低车辆购置成本、减缓车辆减值的时间；在电网层面：减少对配电网设施的改造，有利于电网削峰填谷，积极参与电力辅助服务市场。

国家也通过不断出台标准行业规范来推动换电行业发展和换电基础设施建设，发展路径明确。截至 2021 年 6 月，全国换电站保有量为 716 座。预期未来换电模式将持续渗透，预计到 2025 年换电车型总销量将超 300 万；配套换电站规模将超 28000 座，对应 765 亿元的市场规模；电池配套约 55GWh，对应 388 亿元的市场规模，并对应电力收入 2168 亿元。

换电站运营商主要以奥动、蔚来、伯坦科技、蓝谷智慧等企业为主。其中，奥动主要服务于出租车、网约车等运营车辆；蔚来主要服务于 C 端市场，通过建立城市及高速换电网络，提高私家车主出行体验。

第三节　燃料电动汽车

一、燃料电动汽车概述

1839 年，燃料电池技术最早在英国由 Willam Grove 发明。20 世纪 60 年代，NASA（美国国家航空航天局）将燃料电池应用于双子星航天飞船，开启了燃料电池的现代发展史。20 世纪 70 年代，石油危机引起了能源恐慌，氢能作为一种新兴清洁能源开始受到各国政府的关注。20 世纪 90 年代，包括奔驰、福特在内的国际知名车企纷纷推出燃料电池概念车型。进入 21 世纪后，氢能与燃料电池技术发展逐渐成熟，日本丰田汽车于 2014 年 12 月推出了 Mirai 燃料电池汽车，续航里程达 502 千米，成为燃料电池领域内的里程碑事件。

2020 年 10 月，在工信部指导下发布的《节能与新能源汽车技术路线图 2.0》指出，在燃料电池汽车方面，我国将发展氢燃料电池商用车作为整个氢能燃料电池行业的破口，以客车和城市物流车为切入领域，重点在可再生能源制氢和工业副产氢丰富的区域推广中大型客车、物流车，逐步推广至载重量大、长距离的中重卡、牵引车、港口拖车及乘用车等。2030—2035 年，实现氢能及燃料电池汽车的大规模推广应用，燃料电池汽车保有量将达到 100 万辆左右，完全掌握燃料电池核心关键技术，建立完备的燃料电池材料、部件、系统的制备与生产产业链。

二、燃料电池发动机

燃料电池发动机系统主要由燃料电池发动机、DC/DC 变换器、车载氢系统等构成,其中燃料电池发动机主要部件包括电堆、发动机控制器、氢气供给系统、空气供给系统等(见图 13-6)。相较于传统燃油车或纯电动汽车的动力系统,燃料电池发动机系统结构较为复杂。

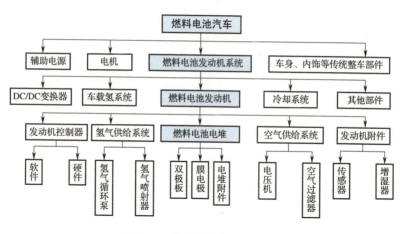

图 13-6 燃料电池汽车的产业链

燃料电池发动机系统的性能、寿命和成本是制约燃料电池汽车商业化发展的重要因素,因此燃料电池发动机系统的研发体系围绕提高功率密度、提升耐久性以及降低成本等核心指标,使其达到与传统内燃机相当的水平。燃料电池发动机系统有多项性能指标,包括能量效率、功率密度、低温启动性能等。

三、燃料电池

1. 燃料电池概述

燃料电池是将储存在燃料和氧化剂中的化学能通过电极反应直接转换为电能的发电装置。其基本化学反应原理是水电解反应的逆过程，即氢氧反应产生电、水和热。它不需要燃烧、无转动部件、无噪声，实际效率能达到普通内燃机的 2~3 倍，加之最终产物是水，可以达到清洁、可再生、无有害排放的要求。但是，目前制造成本和使用成本较高，相关的辅助设备又较为复杂，系统抗震能力也有待提高。

从成本构成上看，燃料电池电堆约占燃料电池发动机成本的 55%，而膜电极约占燃料电池电堆成本的 65%。

2. 结构与原理

膜电极是燃料电池发生电化学反应的场所，由质子交换膜、催化剂与气体扩散层组合而成。双极板是核心结构件，通常为正反均带有气体流道的金属或石墨薄板，其主要作用是通过流场给膜电极组件输送反应气体，同时收集和传导电流并排出反应产生的水和热，其性能优劣直接影响着电堆的体积、输出功率和寿命。

燃料电池的工作过程包括反应气体在气体扩散层内扩散、反应气体在催化层内被催化剂吸附后被离解、正极反应生成的氢离子穿过质子交换膜到达负极与氧气反应生成水，而电子通过外电路到达负极产生电。与锂电池作为储能装置不同，燃料电池的放电过程是通过消耗燃料来完成的,在加注氢燃料后可在 15 分钟左右将电池"充满"。目前,已经装配上车的燃料电池系统可以完成 500 公里左右的续航里程(见图 13-7)。

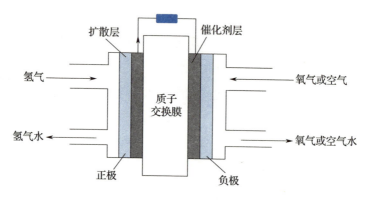

图 13-7　燃料电池的工作原理

3. 氢气的制备

目前,制取氢有三种路径。一是灰氢:化石能源制氢,即通过化石燃料加工而产生的氢气,优点是成本低,但是会造成碳排放;二是蓝氢:一种为控制化石燃料制氢过程中的二氧化碳排放,另一种为充分回收利用工业副产氢,前一种方法下的碳排放为灰氢的 10%,但是相应的成本会提高 2 倍,且纯度有限;三是绿氢:通过电解水制氢,不会产生碳排放,但是用电量大,成本高。

4. 燃料电池电堆

燃料电池电堆的研发和生产具备较高的技术壁垒,以丰田汽车为代表的国际知名车企大多自行开发或与合作伙伴共同开发燃料电池电堆,一般不对外开放。以 Ballard、Hydrogenics 为代表的国际知名电堆生产企业在燃料电池领域深耕多年，具有较强的技术积累和产业化能力，可以对外单独供应车用电堆。目前，国内能够独立自主开发电堆并经过多年实际应用的主要包括新源动力、神力科技等企业，一些新兴的燃料电池企业通过获得国外技术授权、成立合资公司等方式来生产燃料电池电堆。

从商业化进展来说，由于加注时间较短，燃料电池车在长途、重载、商用等领域目前已有应用落地，尤其是在封闭路线下的工作场景应用，有着较高效率的优势。由于非燃烧电化学反应的特性，与锂电池相比，氢燃料电池可在 $-30℃$ 完成自启动、$-40℃$ 低温下存储。而目前的锂电池产品，在 $-20℃$ 下的低温环境无法充电，且里程损失可能达到约 30%。目前燃料电池的基础设施，如加氢站的建设，还在扩展的过程中。同时，氢燃料的存储也是使用安全的一大关键要素。

四、加氢站

加氢站的大规模建设是推广燃料电池汽车商业化不可或缺的环节，也是现阶段制约我国燃料电池汽车发展的重要瓶颈之一。根据《节能与新能源汽车技术路线图 2.0》的规划，到 2030 年我国将建成 1000 座加氢站。由于加氢站建设成本较高，我国燃料汽车市场保有量较少，叠加较高的氢气成本后，加氢站在没有进一步政策扶持的情况下基本上处于亏损状态。目前的补贴政策也基本更偏向于技术研发和产品制造，加氢站补贴政策滞后。同时，当前国家及地方加氢站建设缺乏统一的审批流程，运营管理规范政策不健全，导致我国加氢站建设推广整体进度较慢。

第四节　智能网联汽车

当前，以智能化、网联化为重要特征的全球新一轮科技革命、技术革新、产业变革正在蓬勃兴起，人工智能（AI）与新一代信息技术的快速发展将推动人类生产生活方式发生变化。智能网联汽车与交通系统、能源体系、城市运行与社会生活联系紧密，是一项综合智慧交通、智慧城市和智能服务于一体的重大系统工程，也承载了构建未来交通创新性的关键使命。

智能网联汽车是指搭载先进的车载传感器、控制器、执行器等装置，融合现代通信与网络、人工智能等技术，实现车与X（车、路、人、云等）智能信息交换、共享，具备复杂环境感知、智能决策、协同控制等功能，可实现安全、高效、舒适、节能行驶。智能网联汽车包括智能化与网联化两个技术层面。

在智能化方面，国际汽车工程师协会（SAE International）、中国全国汽车标准化技术委员会、德国汽车工业委合会（VDA）和美国高速公路安全管理局（NHTSA）等组织已经发布了智能化分级方案。

一、智能驾驶

1. 智能驾驶概述

传统燃油车基本上都是机械和液压组成的结构，而电动汽车的核心部件为动力电池组、电机和电控系统。智能驾驶需要控制车辆的行驶状态，电力控制的电机无须太多的改造就可以与电子控制单元（ECU）结合。相比之下，燃油汽车发动机的纯机械结构，人工智能是很难控制其工作状态的，无论是可靠性、精准度、响应度都很难直接控制，需要研制新的操控装置。因此，智能驾驶与新能源汽车的结合具有天生的紧密感。

在国际汽车工程师协会的分级体系中，L0 至 L2 为低等级的驾驶系统，而 L3 至 L5 为高级自动驾驶系统。在 L2 到 L3 的跨越中，最为重要的就是环境的监控主体从驾驶员变为了系统。只有当系统能够自动地探查与分析附近区域的状况时，高阶的自动驾驶才能成为可能。这里的环境监控主体不仅需要持续不断地获取汽车周边的环境信息，更重要的是需要根据信息进行驾驶环境安全状况的判定。因此，仅仅拥有夜视（Night Vision）、交通标志识别（Traffic Sign Recognition）等功能并不代表环境监控主体为系统。因此，仅仅升级 L2 自动驾驶的摄像头与雷达，已经不能满足系统接管汽车时对环境监控的需求。

我国的无人驾驶是从 1992 年国防科技大学成功研制出第一辆无人驾驶汽车开始的。目前，以百度为代表的互联网巨头、传统 IT 企业、传统车企都开始逐步进入无人驾驶领域。其中，百度无疑是国内无人驾驶领域的领先者。2018 年，我国自动驾驶主要在物流运输、配送服务、作业、载客四大领域实现落地。根据政策规划，我国计划在 2025 年实现 L3 级别自动驾驶汽车的普及，实现 L4 级别自动驾驶汽车的规模化应用，这也就意味着我国将在 2025 年之前开放 L4 级别自动驾驶的路权。随着人力成本上涨、司机短缺、交通事故频发等诸多因素，商用车的自动驾驶需求会更为迫切，商业模式也更为清晰。港口、矿山等低速封闭场景已实现 L4 自动驾驶技术的初步商业化落地，而在干线物流、自动驾驶公交车（Robobus）等场景中，L3 级别自动驾驶即可产生商用价值。

2. 产业结构

智能驾驶的产业构成为零部件和技术供应商两部分：零部件主要以传感器和芯片为核心，技术供应商则包括系统集成商、数据服务商、地图商、算法及软件供应商。

自动驾驶汽车的参与企业主要分为两类：互联网企业和整车企业。从全球来看，互联网代表企业主要包括：谷歌、苹果、优步、百度、腾讯等；整车企业代表主要包括：奥迪、日产、特斯拉、奔驰、宝马等。互联网企业与整车企业切入自动驾驶的方式有所不同，整车企业一般从 L1 开始，逐步推进，稳扎稳打，将安全基础放在第一位；而互联网企业一般直接从 L3 级别的自动驾驶开始进行技术研发，直接跳过 L1 和 L2 级别的自动驾驶。

3. 感知系统

在车辆感知的关键技术层面，我国的技术和产品不断得到应用。多线束激光雷达产品已经实现量产，32 线、64 线、128 线等主流产品性能直追国外产品；在半固态激光雷达技术上也取得了突破性进展，已有多款产品发布。对于自动驾驶计算平台，代表性产品有华为的 MDC（Mobile Data Center）和地平线的 Matrix 平台等，形成了一定的产业生态。

传感器作为汽车电子控制系统的信息源，是汽车电子控制系统的关键部件，雷达、视觉、定位、姿态、压力、测速以及光学传感器共同构成了汽车的感知系统。它主要包括摄像头、毫米波雷达、激光雷达、超声波雷达四种。

（1）摄像头。车载摄像头作为车载摄像机的主要部件，是指安装在汽车上以实现各种功能的光学镜头，主要包括内视摄像头、后视摄像头、前视摄像头、侧视摄像头、环视摄像头等。车载摄像头是获取图像信息的前端，借由镜头采集图像后，摄像头内的感光组件电路及控制组件对图像进行处理并转化为电脑能够处理的数字信号，随后图像信息在视觉处理芯片上通过算法进行处理，提取有效信息后进入决策系统用于决策判断，从而感知与判断车辆周边的路况情况。

目前，摄像头在车内主要应用于倒车影像（后视）和360度全景影像（环视），高端汽车的各种辅助设备配备的摄像头可以多达8个，用于辅助驾驶员泊车或触发紧急刹车。车载摄像头是实现自动驾驶必不可少的构成部分。在应用中，车载摄像头成像清晰、成本低，但探测距离短，对环境光照要求较高，识别稳定性欠佳。

（2）毫米波雷达。毫米波雷达是工作在毫米波波段探测的雷达。通常毫米波是指 30~300GHz 频域（波长为 1~10mm）的电磁波。因为毫米波的波长介于微波和厘米波之间，所以毫米波雷达兼具微波雷达和光电雷达的部分优点。毫米波雷达可以根据所探知的物体信息对目标进行追踪和分类，电子控制单元结合车身动态信息进行智能决策，通过声音、光线及触觉等多感方式告知驾驶者，或直接进行自动变速、制动处理，从而降低驾驶事故发生的概率。

目前毫米波雷达主要分布在 24GHz 和 77GHz 两个频段。其中，24GHz 主要用于中短距离雷达，探测距离大约在 50~70 米；77GHz 主要用于长距离雷达，探测距离大约在 150~250 米。24GHz 的毫米波雷达目前大量应用于中短距离测量，包括汽车的盲点监测、变道辅助。其雷达安装在车辆的后保险杠内，用于监测车辆后方两侧的车道是否有车、可否进行变道等。目前采取"1 长 + n 短"的搭配，例如奔驰 S 级为"1 长 + 8 短"。随着自动驾驶等级的逐步提高、先进驾驶辅助系统（ADAS）功能的不断拓展以及对于路面环境监测精确度的提高，汽车所需要的毫米波雷达数量将更多。在主流自动驾驶车型中，通常 L2 级别的车配备 3 个 24GHz 和 1 个 77/79GHz 的毫米波雷达，L3 和 L4 级别的车配备 4~6 个 24GHz 和 2~4 个 77/79GHz 的毫米波雷达。

毫米波雷达包括雷达整流罩、单片微波集成电路（MMIC）、天线 PCB 板和固件。前端的 MMIC 是最关键的零部件，包括多种功能电路，如低噪声放大器（LNA）、功率放大器、混频器、收发系统等，目前芯片的供应商主要为国外企业，包括恩智浦、英飞凌、德州仪器等芯片设计公司。天线的性能对于这些车载雷达系统来说至关重要，它们需要向目标发射，并几乎瞬间同步接收目标（如其他车辆）反馈回的信号。关键的 PCB 天线性能参数包括增益、方向性和效率。低损耗电路材料对于获得良好的 PCB 天线性能至关重要。

在应用中，毫米波雷达的优势在于可以弥补摄像头的不足，具有精度高、指向性好、探测性能强的特点。此外，毫米波雷达对大气的衰减小，穿透雾、灰尘的能力强，因此抗干扰性较强，还能够全天候、全天时工作。但毫米波雷达的固有属性使得其对行人等非金属物体反射波较弱，难以对行人进行识别。

（3）激光雷达。激光雷达是一种集激光、全球定位系统（GPS）和惯性测量装置（Inertial Measurement Unit，简称 IMU）三种技术于一身的系统，用于获得数据并生成精确的数字高程模型（DEM）。这三种技术的结合，可以高度准确地定位激光束打在物体上的光斑，测距精度可达厘米级。激光雷达最大的优势就是精准、快速和高效。

根据测距原理，激光雷达主要分为飞行时间测距法（ToF）和连续波调频法（FMCW）。前者在产业链成熟度上更领先，成为当前市场上主要采用的方法。ToF 与 FMCW 能够实现室外阳光下较远的测程（100~250 米），稳定性高，是车载激光雷达的优选方案。ToF 通过直接测量发射激光与回波信号的时间差，基于光在空气中的传播速度得到目标距离信息。FMCW 将发射激光的光频进行线性调制，通过回波信号与参考光进行相干拍频得到频率差，从而间接获得飞行时间，反推目标距离。FMCW 法的优势在于高信噪比、抗干扰以及所需发射功率低，对人眼安全。未来随着 FMCW 激光雷达整机和上游产业链的逐步成熟，ToF 和 FMCW 有望在市场上并存。

激光雷达的结构包含激光发射、激光接收、扫描系统和信息处理四大部分，其中应用了大量的光学和电子元件。在激光器方面，以垂直共振腔表面放射激光器（VCSEL）为代表的半导体激光器成为激光雷达应用中的主流，主要供货商有滨松、朗美通（Lumentum）、艾迈斯半导体（AMS）等。在光束控制器方面，激光雷达企业主要通过自主研发或投资并购掌握 MEMS 转镜、振镜技术，零部件提供商主要有欧普斯（Opus）、滨松、知微传感等。光电探测器及接收器 IC 市场目前掌握在国外巨头手中，如 First Sensor、安森美、滨松等。

在应用中，激光雷达的优势在于精准高、抗干扰能力强，且同一时间下可获取的信息数量最大，便于获得周围环境点云图。但是，其目前的成本较高，体积和工艺的稳定性也有待改进。

（4）超声波雷达。超声波雷达通过发射装置向外发出超声波，到通过接收器接收到反射超声波的时间差来测算距离。超声波雷达的技术方案，一般有模拟式、四线式数位、二线式数位、三线式主动数位四种。四种技术方案在信号干扰的处理效果上依次提升，在技术难度、装配以及价格上各有优劣。目前市场上使用较多的是模拟式技术路线，其优点为成本低，但易受外界环境干扰。数位式技术路线的信号数字化，可以大幅提高雷达的抗干扰能力，但成本较高、技术难度大，现阶段的工艺水平多数只能采取四线式做法。

超声波雷达传感器单价为 5 元左右，而一套雷达模组的价格在 150 元左右。目前国内在售车型的倒车雷达功能渗透率已接近 100%，自动泊车系统渗透率在 2019 年达到了 22%，有望在 2025 年达到 50%。中短期内，超声波雷达市场渗透率将继续提升。但从长期来看，未来高级别自动驾驶车型中，超声波雷达会部分或者全部被综合性能更好的毫米波雷达等替代，预计汽车超声波雷达市场将在 2025 年左右接近饱和。

（5）智能驾驶传感器系统解决方案。随着汽车智能驾驶需求的不断提升,传感器作为汽车对于外部环境的"听诊器"也有着越来越严格和精准的要求。单一的车载传感器难以同时保障探测精度、距离,且无法摆脱对环境的依赖,因此,多传感器融合已成为主流趋势。该方案是在车身四周及顶部配置多类传感器,可以有效地保证传感器工作的实时性及稳定性,大幅提升探测精度与距离。不同类型的传感器对比见表 13-1。

表 13-1 车载传感器对比

传感器	探测距离	探测精度	优势和劣势
车载摄像头	0~200m	较高	• 可识别并分类物体种类 • 易受恶劣天气影响,对算法的要求非常高
毫米波雷达	24GHz: 15~30m 77GHz: 100~250m	中等	• 不易受恶劣天气与光线条件影响,探测距离较远 • 无法探测行人
激光雷达	200~300m	极高	• 探测精度极高,可以绘制3D环境地图 • 成本高昂

视觉主导方案主要依靠摄像头拍摄的画面,辅以毫米波雷达、超声波雷达等传感器捕捉数据,并通过图像处理与机器学习的结合对周围环境进行计算与分析,最终指导汽车做出决策。由于摄像头、超声波雷达的价格低廉,因此视觉方案成本优势明显,且更易通过车规测试。此外,摄像头所获的图像数据与人眼感知的真实世界更为相似,形态上最接近人类驾驶,高分辨率、高帧率的成像技术也使得感知到的环境信息更为丰富。然而,摄像头在黑暗环境中感知受限,精度及安全性有所下降,且视觉方案在硬件要求降低的背景下对软件的要求明显提高,即需要依靠

强大的算法才能保证图像处理以及命令下达、处理的效率。在 ADAS 阶段，决策权仍在驾驶员手中，其对汽车的软件算法要求相对较低，以 Mobileye 公司为代表的视觉方案被多数整车厂采用。然而，随着智能驾驶迈向 L3 及以上级别，自动驾驶平台将接替人的大脑进行驾驶决策，对算法和 AI 的能力要求明显提升。目前，仅特斯拉、百度、Mobileye 等具备软件和算法基因的企业完全采用或兼顾视觉方案。纯视觉解决方案多以黑盒方案为主，且 L3 及以上自动驾驶级别升级难度大，目前传统整车厂搭载意愿不强。

二、车用半导体

芯片大概有以下四种级别，分别是军工级、汽车级、工业级和民用/商业级。汽车级芯片即车规级芯片，其标准要高于工业级和民用/商业级芯片，仅次于军工级芯片。不同等级的芯片的标准不一，考虑到安全性、工作环境等一系列因素的影响，汽车级芯片的制作要求远高于工业级芯片和民用/商业级芯片，因此汽车级芯片的价格也明显处于高位。

按照功能，汽车级芯片可以分为控制类（MCU 和 AI 芯片）、功率类、模拟芯片、传感器芯片和其他（如存储器）。

传统汽车的控制类芯片主要为 MCU，其制程普遍在 40nm 以下，不同 MCU 来自不同供应商，通常为代工模式，台积电占所有汽车 MCU 晶圆代工约 70% 的市场份额，而智能汽车时代引入了 AI 芯片。功率类芯片包括 MOSFET 和 IGBT，制程在 90nm 以上，生产模式以 IDM（企业自行设计、制造、封装、测试）为主，部分产品逐步开始国产替代。模拟芯片主要包括电源管理芯片和信号链芯片，电源管理芯片壁垒相对较低，国内布局广泛，信号链芯片国内也有部分企业布局。传感器芯片可以分为车辆感知（动力、底盘、车身、电子电器系统）和环境感知（车载摄像头、超声波雷达、毫米波雷达、激光雷达），智能化带来了传感器芯片的高速增长。

1. MCU 芯片

电子控制单元（ECU）是现代汽车电子的核心元件之一，泛指汽车上所有的电子控制系统，根据管理功能的不同可以分为发动机控制器（EMS）、变速箱控制器（TCU）、整车控制器（VCU）等。而 MCU 是在 ECU 当中负责数据处理和运算的芯片，是把 CPU、内存（RAM + ROM）、多种 I/O 接口等整合到单一芯片上形成的芯片级计算机。当前汽车级 MCU 主要有 8 位、16 位和 32 位三种型号。三种型号的 MCU 在汽车的应用场景上有所不同。随着位数的增加，MCU 的运算能力逐渐增强，适用的场景也更加高端。8 位 MCU 主要应用于车体的各个次系统，包括风扇、空调、雨刷、天窗、车窗、低阶仪表板、集线盒、座椅、门控模块等。16 位 MCU 主要为动力系统提供控制，如电机、齿轮与离合器、电子式涡轮，也适用于底盘的悬吊、电子式动力方向盘、扭力分散控制、电子刹车等。随着汽车电子电器的发展，32 位 MCU 开始扮演车用电子系统中的主控处理中心角色，即将分散各处的低阶电子控制单元集中管理，如预碰撞、自适应巡航控制、驾驶辅助系统、电子稳定程序等安全功能，以及复杂的"X-by-wire"等传动功能。

2. AI 芯片

芯片作为智能汽车的大脑，对算力的要求愈发提高，AI 芯片随即进入汽车市场。不同于以 CPU 运算为主的 MCU，AI 芯片一般是集成了 CPU、图像处理 GPU、音频处理 DSP、深度学习加速单元 NPU + 内存 + 各种 I/O 接口的 SOC 芯片。

AI 芯片主要分为 GPU、FPGA、ASIC，当前主流的 AI 芯片是 GPU。三类 AI 芯片之间的区别在于适用范围不同。GPU 属于通用型芯片，ASIC 则属于专用型芯片，而 FPGA 芯片则是介于两者之间的半定制化芯片。三种 AI 芯片各有优劣，但是由于当前用量有限，ASIC 芯片难以形成规模，而 FPGA 的量产成本高，相比于 GPU 而言开发门槛又高，因此，目前两者在 AI 芯片市场的占比均不高。GPU 由于运算速率快，且通用性强，开发难度又相对较低，因此，在目前及未来一段时间都将占据主流地位。但是，随着 AI 芯片市场规模的扩大，预计在未来某个时间点，高性能、功耗低、量产成本又低的 ASIC 芯片将对功耗高、成本高的 GPU 形成替代，成为主流的 AI 芯片。而 FPGA 芯片由于功能可修改这一优势，在算法不断更新、迭代的环境下将有很强的竞争优势，在需求量较小的专用领域将保持住一定的市场份额。

目前，电动汽车的智能化的研讨集中在驾驶智能化与共享出行上，而新能源革命与人工智能革命的到来将与电动化融合发展，形成新的格局。正如欧阳明高院士所说，能源智能化、能源互联网与车网共享将进入成长期。面向未来，随着电动化技术的全方位成熟，能源革命与电动化革命将会迅猛发展。我们必须为动力电动化之后的能源革命做好准备。

后记

未来可期

生产方式的智能化、降本增效，经济社会运行的低碳化，企业运营的数智化、精益化，已逐渐成为大势所趋。随着新冠肺炎疫情、全球经济动荡、地缘冲突等一系列黑天鹅事件的爆发，过去人人自知但未引起足够重视的变革挑战终于以灰犀牛的姿态浮出水面。经济增长调速换挡、生产方式转型升级、经济社会发展低碳节能等趋势，向科研人员以及科技产业从业者和参与者提出了愈发紧迫的需求与挑战。

面对世界百年未有之大变局，遥望未来，科技创新无疑将在人类发展的历史长河中扮演至关重要的角色，坚定地看好科技创新的风险投资人与投资机构也将迎来更为广阔的空间。

人类科技的星辰大海

自古以来，科学技术就以一种不可逆转、不可抗拒的力量推动着人类社会向前发展。人类累积至今的科技成就，成为未来社会发展的基础和养料。16世纪以来，全球发生了多次科技革命和世界科技中心的转移，每一次都深刻地影响了世界力量的格局。从某种意义上讲，科技创新实力决定着世界政治经济力量对比的变化，也决定着各国各民族的前途和命运。

中科院院长白春礼提出，作为全球研发投入最集中的领域，信息网络、生物科技、清洁能源、新材料与先进制造等正在孕育一批具有重大产业变革前景的颠覆性技术。量子计算机与量子通信、干细胞与再生医学、合成生物和"人造叶绿体"、纳米科技和量子点技术、石墨烯材料等，已展现出可观的应用前景。而在基本科学问题中，关于宇宙演化、物质构造、意识本质的探索有可能获得重大突破。

2017年，美国公布了一份《2016—2045年新兴科技趋势报告》。该报告是由美国科研机构、智囊团、咨询机构、政府机构等单位在此前5年内基于32份科技趋势相关研究调查报告提炼而来。该报告梳理确定了20项可能颠覆人类生活的科技发展趋势，其中包括机器人与自动化系统、物联网、智能手机与云计算、智慧城市、量子计算、可穿戴设备、区块链等社交网络、混合现实、大数据、3D打印之增材制造、食物与淡水科技、对抗全球气候变化、网络安全、先进数码设备、新材料、太空科技、合成生物科技、生物医学、新能源、新型武器等。

新一轮科技革命和产业变革正在孕育兴起，一些重要科学问题和关键核心技术已经呈现出革命性突破的先兆。宇宙演化、物质构造、意识本质等基础科学领域取得重大进展，信息、生物、能源、材料、海洋、空间等应用科学领域不断发展，带动了关键技术的交叉融合、群体跃进，新的学科分支和新的增长点不断涌现，变革突破的能量正在不断积累。在科技发展的过程中，一个国家从跟跑到领跑的历史性跨越既是华丽的，又是艰难的。它需要高瞻远瞩地把握创新规律，认识到领跑特有的表现形式，并审时度势地选择正确的领跑方向。要建设世界科技强国，就一定要锻造以自主创新为利刃的颠覆式技术创新之剑。

创新驱动也是形势所迫。我国经济总量已跃居世界第二位，社会生产力、综合国力、科技实力迈上了一个新的大台阶。同时，我国发展中不平衡、不协调、不可持续的问题依然突出，人口、资源、环境压力越来越大。我国现代化涉及十几亿人，走全靠要素驱动的老路难以为继。物质资源必然越用越少，但科技和人才却会越用越多，因此我们必须及早转入创新驱动的发展轨道，把科技创新的潜力更好地释放出来。

当前，世界百年未有之大变局正在加速演进，世界经济复苏面临着严峻挑战。科技创新活动不断地突破地域、组织、技术的界限，演化为创新体系的竞争，在综合国力竞争中的地位日益重要。科技创新就像撬动地球的杠杆，总能创造令人意想不到的奇迹。

习近平总书记在讲话中指出，**中国要强盛、要复兴，就一定要大力发展科学技术，努力成为世界主要科学中心和创新高地。我们比历史上任何时期都更接近中华民族伟大复兴的目标，我们比历史上任何时期都更需要建设世界科技强国！**

风险资本的有序发展

在中国经济高质量发展新阶段的宏观大背景之下，**资本市场需为实体经济服务，为科技产业发展服务，为创新型企业服务。**

风险资本，首先要做服务实体经济的长跑者。

股权投资的项目本身来自于实体经济，项目源涵盖所有能够作为实体经济后备力量的企业。资本市场在服务实体经济发展方面发挥着不可替代的作用。从 2018 年中央经济工作会议提出"资本市场在金融运行中具有牵一发而动全身的作用"到 2020 年推进资本要素市场化配置，资本市场的地位不断提高。我国优秀的经济底色是资本市场稳健发展的重要基础。以 2021 年的数据为例，私募基金投资未上市公司股权在投本金逾 8 万亿元。未来，资本市场应继续作为承接和服务实体经济的重要枢纽，为经济高质量发展提供强有力的支持。

服务科技创新和实体经济的股权投资机构要当好耐心资本，成为以产业为导向的"长跑者"，不做资本运作的"短跑者"。投资机构要围绕高精尖产业体系，构建全周期的耐心资本科技服务平台，加强对重大科技成果转化方向的投资布局，为双创主体提供源源不断支持，并形成股权投资与科技创新集成服务联动的产业投资模式。

风险资本，更要做科技创新的助跑者。

科技创新是推动人类社会进步的重要力量，未来 10～15 年是世界经济新旧动能转换以及全球科技革命和产业变革的关键时期，同时也是我国坚持走中国特色自主创新道路、建设世界科技强国的关键时期。从科技创新的社会价值来看，科学技术转化为生产力，能够提升国家创新力；从经济价值来看，科技创新能够改善和提升人们的生活质量，创造更多的财富。科创新兴市场的巨大投资机遇，需要越来越多的投资机构投身其中。全球股权投资市场方兴未艾。据清科研究中心的数据，2021 年，中美股权投资市场双双进入快车道。2021 年，中国股权投资市场募资总规模大幅提升，约为 2.21 万亿元，同比上升 84.5%；新募基金数近

7000 只，同比上升 100.7%。

与此同时，近两年来，在全球范围内，无论是独立风险投资机构，还是企业风险投资基金，大部分都瞄准了科技初创公司。风投数据库 CB Insights 发布的报告显示，2021 年全球风投融资达 6210 亿美元，较 2020 年的 2940 亿美元增长逾一倍。一份来自调研机构 Dealroom 和伦敦发展促进署（L&P）的报告也显示，2021 年初创企业获得的总融资达到史无前例的 6750 亿美元，相比 2020 年翻了一番。

随着全球疫情的反复与国内外经济复苏的起伏，在中美竞争新格局的叠加效应下，围绕"科技兴国""进口替代""半导体""医药健康"等行业的科技创新方兴未艾，相关方向的投资也热度高涨。可以说，当前风险投资最大的发展趋势就是对科技创新、硬科技的投资，硬科技已经成为 VC/PE 投资的新风向和主旋律。

中国当下正处于从模式创新转向硬科技创新，从人口红利转向创新红利的历史性拐点，科技创新成为中国持续发展的共识。相应地，国内创投领域也经历了由模式创新转向科技创新的重心转变。在这个科创新时代，风险投资面临行业范式的重要转折，对风险投资人提出了全新要求。科技创新企业自身的特点和发展规律，决定了投资人只有秉持"做善意的耐心投资人"的理念，坚持顺势而为和实事求是的原则，把握投资规律，聚焦核心技术，才能在服务科技创新的投资实践中勇立潮头，为科技创新和实体经济发展贡献资本力量。

1990—2020 年，中国资本市场迎来了"而立之年"。30 年间，从无到有，从小到大，中国资本市场逐渐发展成为与我国经济体量相匹配、具有全球影响力和竞争力的重要资本市场。经过 30 多年的发展，我国资本市场已经具备了更高层次地服务经济高质量发展的基础和条件。新形势、新阶段和新格局对资本市场提出了新的更高要求。

当前，中国经济正处于从规模扩张的高速增长转向创新驱动的高质量发展的关键时期，必须加快建立与之相匹配的多层次资本市场体系。其中，注册制改革回归了资本市场体系服务实体经济的本源，也是贯彻落实市场应作为资源配置的决定性力量的重要体现。科创板作为注册制改革的重要试验田，为多层次资本市场建设积累了宝贵的实践经验，充分体现了市场化、法治化改革的方向，对帮助科创企业融资、推动创新驱动战略的支持效果显著。

目前，从不同市场、板块所支持的行业来看，**无论是聚焦于国家战略新兴产业和世界科技前沿"硬科技"的科创板，"三创四新"**（即企业符合"创新、创造、创意"的大趋势，或者是传统产业与"新技术、新产业、新业态、新模式"深度融合）**的创业板，还是"打造服务创新型中小企业的主阵地，培育一批专精特新中小企业"的北交所，它们虽行业上各有差异，但无一例外均有一个重合点——科技创新**。多位业界专家认为，无论从政策支持还是从目前的市场运行情况来看，**资本市场的行业属性将逐渐"科技化"，科技与创新将成为 IPO 的主流行业**。

国家对风险资本的监管与引导，也为其有序发展创造了更有利的生态环境。历经三年多的过渡期后，"资管新规"在 2022 年开始全面落地实施。相关细则明确了分类监管和功能监管的基本原则，厘清了政府和市场的关系，最大限度地消除了跨行业、跨市场的监管套利空间，减少了期限错配，打破了刚性兑付，抑制了多层嵌套和通道业务，增加了监管协调、信息沟通和政策协调，并实现了与国际标准接轨。

清华大学国家金融研究院副院长张伟认为，从行业结构来看，在资管新规发布后，符合"资管新规"导向的资管业务，如公募基金、私募基金、保险资管等，呈现持续增长态势，而与"资管新规"要求相左的资管业务则出现明显收缩，如银行的保本理财业务以及信托、券商和基金子公司的通道业务等。在此过程中，存在多层嵌套、期限错配等特征的资管产品退出历史舞台，非标投资、同业通道等业务大幅压降，银行理财净值型产品余额大幅提高，以及银行理财、基金、证券、期货、私募、保险等机构主动管理能力稳步提高。

从短期来看，"资管新规"在风险投资的资金募集渠道、投资客户门槛等方面对私募基金机构带来新的挑战。但从长期而言，随着整个大行业生态圈的重构与有序发展，对于私募股权投资来说同样意味着新的发展机遇。